嫩江县革命老区发展史

嫩江县老区建设促进会　编

黑龙江教育出版社

图书在版编目（CIP）数据

嫩江市革命老区发展史 / 嫩江市老区建设促进会编
. -- 哈尔滨 : 黑龙江教育出版社，2021.5
ISBN 978-7-5709-2284-0

Ⅰ. ①嫩… Ⅱ. ①嫩… Ⅲ. ①嫩江一地方史 Ⅳ.
①K293.54

中国版本图书馆CIP数据核字(2021)第086979号

顾　　问　于万岭
丛书主编　杜吉明
副 主 编　白亚光　张利国　李树明　李　勃

嫩江县革命老区发展史
Nenjiangxian Geming Laoqu Fazhanshi
嫩江县老区建设促进会　编

责任编辑　高　璐
封面设计　朱建明
责任校对　杨　彬
出版发行　黑龙江教育出版社
地　　址　哈尔滨市道里区群力第六大道1305号
印　　刷　哈尔滨博奇印刷有限公司
开　　本　787毫米×1092毫米　1/16
印　　张　19
字　　数　260千
版　　次　2021年5月第1版
印　　次　2021年5月第1次印刷

书　　号　ISBN 978-7-5709-2284-0　　定　　价　38.00元

黑龙江教育出版社网址：www.hljep.com.cn
如需订购图书，请与我社发行中心联系。联系电话：0451-82533097　82534665
如有印装质量问题，影响阅读，请与我公司联系调换。联系电话：0451-51789011
如发现盗版图书，请向我社举报。举报电话：0451-82533087

《嫩江县革命老区发展史》
编著委员会

顾　问	杨剑波	中共嫩江县委书记
	徐　峪	中共嫩江县委副书记、县长
主　任	丁国学	中共嫩江县委副书记
副主任	罗永生	县委宣传部部长
	姜宝林	县老区建设促进会常务副会长
	周炜韬	县委史志办主任
	张宝泉	县老区建设促进会副会长
委　员	贺　军	白云乡人大主席
	李长勇	塔溪乡党委副书记
	朱亚东	科洛镇党委副书记
	李大华	霍龙门镇党委副书记
办公室	朱志勇	县老促会秘书长

《嫩江县革命老区发展史》
编辑部

总策划　单连学

主　编　姜宝林

副主编　周炜韬

编　辑　朱志勇

总 序

在举国欢庆新中国成立70周年前夕，中国老区建设促进会王健会长请我为《全国革命老区县发展史》丛书作序，作为一名在老区战斗过并得到老区人民生死相助的老兵，回首往事，心潮澎湃，感慨万千，深感义不容辞，欣然应允。

中国革命老区，是以毛泽东为代表的中国共产党人在领导人民推翻帝国主义、封建主义和官僚资本主义三座大山，争取民族独立和人民解放伟大斗争中建立的革命根据地，在这片红色的土地上，诞生了无数可歌可泣的革命英雄儿女，为后人树起了一座不朽的丰碑。她是新中国的摇篮，是党和军队的根。

在艰苦卓绝的战争年代，老区人民把自己的命运与中华民族的命运紧紧地联系在一起，与中国共产党和人民军队的命运紧紧地联系在一起，他们生死相依，患难与共。我曾亲历过战争年代，并得到过老区红哥红嫂的救助，切身感受到发生在身边的一幕幕撼天动地的革命故事，在那极其艰难的条件下，老区人民倾其所有、破家支前，不怕艰难困苦，不怕流血牺牲。“最后一碗米送去做军粮，最后一尺布送去做军装，最后一件老棉袄盖在担架上，最后一个亲骨肉送去上战场”，这是当时伟大的老区人民为建立新中国做出巨大牺牲的真实写照，它将永远镌刻在中国共产党、中国人民解放军、中华人民共和国的历史丰碑上。他们的光辉业绩永载史册，他们的革命精神必将影响一代又一代的革命新人，造就一代又一代的民族脊梁。

在社会主义革命和建设时期，革命老区和老区人民响应党的号召，面对落后的面貌、脆弱的经济、恶劣的生态环境，他们本色不变，精神不丢，自力更生，艰苦奋斗，干一行爱一行。始终坚持“革命理想高于天”，自觉做共产主义远大理想的坚定信仰者和忠实实践者，勇于向恶劣的自然环境和贫穷落后宣战，他们在各条战线上为国建功立业，用平凡的双手创造了一个又一个不平凡的奇迹，彰显了老区人的崇高精神和人格力量。

在改革开放的伟大进程中，老区人民解放思想，勇于创新，发奋图强，攻坚克难，老区的经济社会建设取得了辉煌成就。特别是在改变中国的面貌、中华民族的面貌、中国人民的面貌、中国共产党的面貌的伟大实践中发挥了至关重要的作用。老区人民既是改革开放的参与者，也是改革开放的推动者。

艰苦练意志，危难见精神。老区人民在近百年的革命战争、社会主义建设和改革开放的伟大实践中，孕育形成了伟大的老区精神：爱党信党、坚定不移的理想信念；舍生忘死、无私奉献的博大胸怀；不屈不挠、敢于胜利的英雄气概；自强不息、艰苦奋斗的顽强斗志；求真务实、开拓创新的科学态度；鱼水情深、生死相依的光荣传统。这是党和人民宝贵的精神财富、丰厚的政治资源，是凝心聚力、振奋民族精神的重要法宝，也是社会主义核心价值观的重要内容。

中国老区建设促进会怀着强烈的政治责任感和历史使命感，组织全国各地老促会人员克服困难，尽心竭力编纂《全国革命老区县发展史》丛书，记录老区的光辉历史和辉煌成就，传承红色基因，弘扬老区精神，是功在当代，利及千秋的一件大事。手捧这部丛书的部分书稿，读着书中的故事，倍感亲切，深感这部丛书具有资政、育人、存史的社会功能，有着重要的时代和历史价值。它是不忘初心、牢记使命的源头活水，是赞颂共产党、讴歌老区人民的一部精品力作，是弘扬老区精神、传承红色记忆的丰厚载体，是一项继承优秀传统文化、弘扬革命文化、发展社会主义先进文化，坚定“四个自信”的宏大文化工程。它必将成为一种文化品牌，为各界人士了解老区宣传老区支持老区提供一部有价值的研究史料。希望读者朋友们能从中了解并牢记这些为党和民族的利益不断奉献的老区人民，从中得到教益，汲取人生奋斗的精神动力。

新时代赋予新使命，新起点开启新征程。让我们更加紧密地团结在以习近平同志为核心的党中央周围，坚持以习近平新时代中国特色社会主义思想为指导，增强“四个意识”，坚定“四个自信”，做到“两个维护”，弘扬老区精神，铭记苦难辉煌。为实现“两个一百年”奋斗目标，实现中华民族伟大复兴的中国梦做出新的更大的贡献！

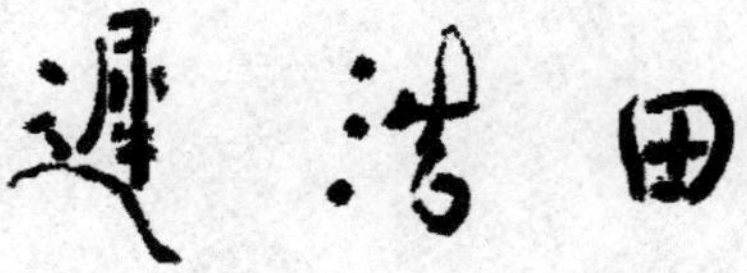

2019 年4 月11 日

编写说明

2017年6月，中国老区建设促进会组织全国各地老促会启动编纂《全国革命老区县发展史》丛书，按照“建立中国共产党、成立中华人民共和国、推进改革开放和中国特色社会主义事业”三大里程碑的历史脉络，系统书写革命老区百年历史，深入挖掘革命老区红色文化资源，这对于充实丰富中国革命史籍宝库、在新时代传承红色基因、弘扬革命精神、强固根本，对于激励人们在新的历史条件下夺取中国特色社会主义伟大胜利，实现中华民族伟大复兴的中国梦具有重要意义。

丛书编纂以习近平新时代中国特色社会主义思想为指导，以《中国共产党历史》《中国共产党的九十年》等重要文献为基本依据，以党的领导为核心，以老区人民为主体，以老区发展为主线，体现历史进程特征，突出时代发展特色，坚持辩证唯物主义和历史唯物主义相统一、历史真实性与内容可读性相统一的原则，书写革命老区从站起来、富起来到强起来的光辉革命史、不懈奋斗史、辉煌成就史，把老区人民的伟大贡献、伟大创造、伟大成就、伟大精神充分展示出来，形成一部具有厚重历史特征和鲜明时代特色的精品力作。这是一部培根铸魂、守正创新，既为历史立言，又为时代服务，字里行间流淌着红色血脉、催生着革命激情的传世之作。丛书的编纂出版将成为讴歌党讴歌人民讴歌时代、传播红色文化、为革命老区和老区人民树碑立传的重要载体。丛书按照编年体与纪事本末体相结合、以编年体为主的编写体例确定框架结构；运用时经事纬、点面结合的方式记述史实；坚持人事结合、以事带人的原则处理人与事的关系；采取夹叙夹议、叙论结合以叙为主的方法展开内容。做到史料与史论、历史与现实、政治与学术统一，文献性、学术性、知识性相兼容。

为编纂好《全国革命老区县发展史》丛书，打造红色文化品牌，中国老区建设促进会认真组织积极协调，提出政治立场鲜明、史料真实准确、思想论述深刻、历史维度厚重、时代特色突出、编写体例规范、篇目布局合理、审读把关严格、出版制作精良的编纂出版总要求，力求达到革命史籍精品的精神高度、思想深度、知识广度、语言力度，增强丛书的权威性和社会影响力。各省（区、市）、市（州、盟）、县（市、区、旗）老促会的同志，以强烈的使命感、责任感和紧迫感，勇于担当，积极作为，认真实施，组织由老促会成员、专家学者等参加的十余万人编纂队伍。编纂工作主体责任在县，省、市组织协调、有力指导、审读把关。各方面人员以高度负责的精神和科学严谨的态度，满腔热情地投入工作，为丛书编纂出版做出了重要贡献。丛书编纂工作还得到了党和国家有关部委、地方各级党委政府及有关部门的大力支持和积极参与，社会各界也给予了热情帮助。中共中央政治局原委员、中央军委原副主席、原国务委员兼国防部长迟浩田上将，对老区人民怀有深厚感情，对革命老区建设发展十分关注，欣然为《全国革命老区县发展史》丛书作总序。

丛书由总册和1 599 部分册（每个革命老区县编纂1部分册）组成，共1 600 册。鉴于丛书所记述的史实内容多、时间跨度长和编纂时间紧，不妥之处，敬请批评指正。

中国老区建设促进会

目 录

序 言

为全面客观地记录嫩江作为革命老区县历史的演变，了解嫩江县革命老区的历史与现状，再现一些鲜为人知的历史事件，挖掘嫩江县革命老区宝贵的精神财富和厚重的政治资源，搜集整理嫩江红色史料既是贯彻落实“习近平总书记把红色基因代代传下去”指示精神的重要举措，也是一次让社会各界了解嫩江，关注嫩江和支持嫩江发展及推介、宣传、展示嫩江的良好机会，同时也是一项革命历史的挖掘和抢救工程。这部书从多个侧面，不同角度展示了嫩江县老区人民的爱国主义精神，用真实的历史事实，生动形象地记述了嫩江县老区人民十四年抗击日军侵略，建立人民民主政权崛起于民族危亡的低谷，建立人民民主政权的英雄壮举。详细记述了日本侵略者在嫩江大地犯下的种种罪行，以及给经济社会发展带来的破坏。因此，了解嫩江老区的抗战史，对了解东北的抗战史具有相当重要的意义。在挖掘红色资源过程中，着重挖掘抗日战争、解放战争、抗美援朝史料，便于读者了解史实、理清十四年抗战的脉络，并对其有一个较为清晰准确的认识和把握，把红色历史保存下来，传承下来，为后人留下更加丰富，更加翔实的珍贵的爱国主义教材。

《嫩江县革命老区发展史》通过丰富的史料和准确翔实的记载，运用辩证唯物主义和历史唯物主义的立场、观点和方法，重点记述了嫩江县土地革命时期和抗日战争时期，由中国共产党领导创建的革命根据地，历经人民政权建立，改革开放，特别是党的十八大以来嫩江县作为革命老区取得的丰硕成果，着重记述老区人民革命斗争史，钩沉他们的史迹，传述他们的轶闻。于今之借鉴、增知休闲，不无裨益，大而言之，重新认识嫩江的抗联光荣历史，在东北抗联的地位，特殊作用的认识，增强历史责任感和荣誉感。注重突出老区革命精神和光荣传统的弘扬和宣传，对于推动老区脱贫攻坚、振兴发展具有实用性和参阅价值，是一部专业性的革命老区县咨情资料库，是一部以史实为主，其材料基本来自县档案馆，也兼采嫩江党史、地方志、老区志等记载，以政事为主，具有史料性、知识性、可读性，从中可见东北抗联第三路军多次有影响的战斗发生在嫩江史实记述的全过程，看出当时抗联在决定这几次战斗时的进退取予，指挥上的韬略谋断，可从中受到启迪。

中共嫩江县委副书记 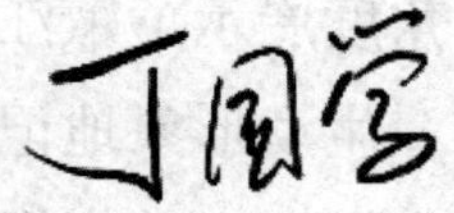

嫩江县情简介

嫩江县历史悠久，是清代东北边疆著名的“边外七镇”之一，曾是黑龙江将军衙门驻地，两度设墨尔根副都统，历时203年。1908年撤墨尔根副都统，改立嫩江府，开始定名嫩江，一直沿用至今，1913年撤嫩江府，设立嫩江县行政公署。嫩江县辖区面积1.52万平方公里，居全省第三位。县辖14个乡镇147个村，总人口50万，有汉、满、达斡尔、鄂伦春、鄂温克等26个民族；驻有中储粮北方公司、农垦九三管理局及其10个国营农场、14个驻军农场。

嫩江县位于大小兴安岭与松嫩平原的过渡带，属中温带半干旱半湿润大陆季风气候，年平均气温0.4℃，年降雨450~500毫米，横跨三、四、五、六积温带，无霜期80—120天，年有效积温1 800℃~2 200℃。嫩江全长1 370公里，县内干流长度404公里，境内有科洛河、门鲁河、卧都河、固固河等主要支流，地表水资源丰富，平均地下水补给量为2 893万立方米/年。嫩江县地处世界三大黑土带之一，县域内耕地面积1 026.4万亩，其中县属耕地面积647.6万亩，黑土类土壤占耕地面积的58.8%，是全国著名的麦豆主产区、国家重要商品粮基地、农业产业化基地，非转基因大豆种植面积为全国之首，强筋春小麦种植面积为全省之首，粮食产量年均30亿斤，是全国产粮大县，素有“北国粮仓”美誉。森林覆盖率34.4%，林地面积1 108.8万亩、草原面积229.5万亩、水面面积16.5万亩，是农牧业生产的黄金地带。有国家级自然保护区、省级森林公园各1个。湿地面积45.5万亩，有省级湿地公园、湿地保护区各1个。矿产富集，已发现金、银、铜、钼、煤等矿藏63种，其中探明资源储量的有28种，发现矿床40处（铜和沸石储量居全省之首），潜在经济价值3 000多亿元，有“矿产富地”美誉。交通便捷，京加、齐加、哈漠铁路，嫩双G231公路、萝额G332公路、双嫩G4512公路、黑双S211公路、黑加S302公路、呼嫩S215公路穿境而过，嫩江墨尔根通用机场正式通航，交通优势明显，商贸物流繁荣活跃，已发展成为黑龙江省西北部区域中心城市。嫩江县曾先后8次获得“全国粮食生产先进县”称号，连续5年获得“全省双拥模范县”称号，还曾获得“中国大豆之乡”“全国农村综合实力百强县”“国家级实施妇女儿童发展规划示范县”“全国最具投资潜力百强县”等荣誉称号。2017年被评为“国家卫生县城”“全国中小城市投资潜力百强县”。

第一章　党领导的爱国军民在嫩江的反帝爱国斗争

1931年，日本帝国主义发动了蓄谋已久的侵略中国东北的“九一八”事变。当时，国民党当局对日本侵略者采取了不抵抗政策，很快东北全境沦陷。民族危亡关头，中共满洲省委于9月19日发出了《为日本帝国主义武装占领满洲宣言》；9月20日，中共中央发表《为反对日本帝国主义强占东三省宣言》，号召全国人民反对日本帝国主义强占东北，为民族生存和祖国神圣领土完整而战。东北人民在中国共产党的号召和领导之下，掀起了规模宏大的抗日救国高潮。先是蜂起各地的义勇军抗日运动，之后党领导的东北抗日联军在极其艰苦的条件下，转战于丛山密林、冰天雪地之间，经常同数于自己几倍甚至几十倍的日本侵略军浴血奋战，前仆后继，英勇不屈，坚持游击战争达14年之久，歼灭了大量日伪军，牵制了敌人的大量兵力，为东北和全国抗日战争胜利做出了重要贡献。

在中华民族危亡时刻，嫩江人民同全国人民一道，群情激奋，奋起抗日，许多仁人志士在嫩江这片土地上成立了多支抗日游击队，或奔赴前线或驻扎当地进行武装抗日斗争。1933年1月，日本侵略军占领嫩江，随即成立伪县公署，采取种种野蛮措施，进行政治压迫、思想奴化和经济掠夺。1934年春，北满省委曾派陈涤非（又名王伟岩）到嫩江县向群众宣传抗日救国的革命道理，开展抗日救亡活动。1939年春，中共北满省委代表李兆麟派遣欧某（抗联某部指导员，负责北满特别支部的组织工作）来嫩江进行党的地下活动；8月，北满省委批准设立讷河县委，领导讷河、嫩江、克山、甘南、布西等县的抗日斗争。这期间，东北抗日联军的主要领导者王明贵、冯治纲、王钧、陈雷等率领抗联第六军第十二团、第三路军第三支队战士在嫩江开展了艰苦卓绝的抗日斗争，取得了一次次的胜利，鼓舞了抗日军民的斗志，沉重地打击了侵略者，有力地支援了全国的抗日战争。他们可歌可泣、英勇无畏的牺牲精神，是中华民族争取独立宁死不屈精神的集中体现，在东北抗联史上留下了光辉的一页。

第一节　日伪的反动统治与爱国军民的抗日斗争

1932年，日本侵略者在东北拼凑起伪满洲国，伪满洲国名为“独立国家”，实则完全是日军占领下的殖民地。1933年成立的日伪嫩江公署，在日本侵略者操纵下，依靠地方上的地主豪绅等封建势力，作为其殖民统治的工具。嫩江县地处中苏边境附近，东北抗日联军经常活动于这一地区。因此，日本侵略者及其傀儡政权对这一地区人民的殖民压迫尤深，政治控制更严，武力镇压更残酷。哪里有压迫，哪里就有反抗。在抗联队伍坚持同日本侵略者英勇战斗的同时，嫩江人民群众的抗日斗争表现在不同的阶层中，反抗方式多种多样，反抗斗争连绵起伏，始终不断。

一、建立伪政权进行法西斯统治

操纵伪政权实施残暴统治

1932年3月1日，由日本侵略者操纵，在中国东北建立了伪满洲国，各省政府改为省公署，由伪满汉奸任省长，日本人任总务厅长（后改为省次长）掌握实权。至1935年初，日本侵略者从上到下建立起殖民统治体系，伪满洲国的伪地方政权实行省、县二级制。

1933年2月，在日军守备队队长米山操纵下，伪县公署建立；4月，日本参事官高井虎夫到伪县公署就任。伪县公署内设总务科、内务局、警务局、税务局、营林署、邮政局和电话电报局。1934年，增设“治安整肃委员会”，由日军守备队队长出任主任委员、伪副县长担任副主任委员。1934年12月，嫩江县划归伪龙江省；1937年6月，改属伪北安省。

1938年12月1日，伪满洲国实行“新县制”。伪县公署进行机构改制，总务科改设为庶务科，内务局改为行政科，警务局改设警务科。1941年4月，伪政权开始推行伪政府与协和会“一体化”，广设“协和会”，会员大都是伪满职员和伪村长。伪政府的施政决策，许多都是由“协和会”首先提出来的；伪政府颁布的施政纲领，“协和会”都极力予以推行，充当伪政权实施反动统治的别动队。1943年10月，嫩江县改属伪黑河省。1944年，行政科劳务股改为动员股，专门从事“国兵”民籍、“勤劳奉仕”、抓派劳工为主的劳务“统制”的征调和控制。

至1945年日军宣布投降时，崔作智、庄绍裕、段降衷、盛文光先后任伪县长，高井虎夫、伊藤博文、柴田信次、关田金作、菊田米吉先后任伪参事官和副县长。伪县公署名义上的职官是县长，由中国人担任，实际权力却由日本人担任的参事官、副县长所把持，县内的大事小情均由参事官和副县长定夺，日本人的科长和股长提出的主张和意见，傀儡县长也得听之任之。

嫩江沦陷后，日本侵略者和伪县公署将县域划成6个区，分别设立区公所，协助伪警察机构实施控制。1934年1月，伪满公布《暂行保甲法实行规则》，改中华民国区乡制为保甲制。至1934年12月，全县共设6个保、36个甲、314个牌。日伪政权将城乡居民编入牌、甲、保之中，实行“十家连坐”，保甲各户互相连保，并立有证书，如果出现所谓“扰乱治安”之“罪犯”，各户负有连带责任，课以“连坐金”。

1939年3月，伪县城保公所改为嫩江街公所，农保公所改为村公所，设街（村）长1人、助理1人、司记1人，内设民籍、财务、实业、动员、庶务系等办事机构；街（村）以下划分间、组，设间长、组长加以控制，对民众仍沿“十家连坐法”，对人民实施反动残暴统治。

日伪政权在嫩江实行反动统治，首先实施《暂行惩治叛徒法》等一系列反动法令，剥夺人民的言论、集会、结社和出版权利，拟定了各种莫须有罪名，虐害平民百姓。同时“嫩江县治安肃正委员会”经常以“治安肃正”为名进行军事扫荡，追捕起义武装，屠杀无辜群众。1940年3月15日至1941年5月，日伪军警在嫩江、讷河及霍龙门间的列车内和嫩江站内检查中，累计对22.5万人进行盘查，每天殴打数人，逮捕累计约1 250人。

据不完全统计，嫩江在抗战期间人口伤亡总数15 550人。直接人口伤亡6 463人，其中，死亡936人，受伤5 527人。间接人口伤亡9 087人，其中，被俘捕393人，灾民16人，劳工8 678人。[①]

日伪统治者为了占有大片优质土地，实行“坚壁清野”，建

---

①嫩江县党史地方志工作办公室编著：《历史见证——嫩江县革命遗址及日本侵华遗址纵览》，2010年内部出版，第247页。

立“集团部落”，大搞归屯并户，制造无人区，以分离抗日武装力量与人民群众的联系。所谓“集团部落”，就是强迫人民群众离开世代居住的家园，迁到指定的区域之内，将原来的村庄一律烧光、抢光。所建部落四周砌有高墙，只有一面或两面设有大门，围墙内设木栅，外挖壕沟并围以铁丝网，四角设有炮楼。一般在部落中央都设有军警派出所和村公所，不仅监视百姓的一言一行，而且还对其百般勒索和刁难，老百姓出入要“挂号”。在这些部落的建立过程中，被杀害的百姓，被宰杀的牲畜，被烧毁的村屯民房，以及荒芜耕地不计其数。据《嫩江文史资料》（第二辑）记载：科洛原有大小屯11个，在日本“集团部落”统治下，小屯并大屯合并为5个部落，不走的农民的房屋招致强行拆除或烧毁，大多数农民无处栖身，被毒打成疾，村落处处呈现凄惨惨、悲切切景象。①

在伪满洲国成立以后，从伪中央到地方的伪政权中，都由日本人官吏掌握施政之实权，而中国人官吏只不过是傀儡而已。所以，嫩江日伪政权的施政过程，也就是日本帝国主义对嫩江人民实行残暴殖民统治的过程。

密布警特机构屠杀抗联战士和爱国群众

1933年1月嫩江县沦陷后，日本侵略者为巩固殖民统治，不断强化警特机构。2月，组建伪政权时，将原公安局改为警务局，由3名日本人担任“指导官”加以控制。保留县城、伊拉哈、科洛、塔溪4个分局，增设警察大队和华丰分驻所，警察人数猛增至183人。②1934年10月，伪警务局增设特务股，设主任

---

①嫩江县文史资料工作委员会编著：《嫩江文史资料》（第二辑），1993年内部出版，第8页。

②嫩江县地方志编纂委员会编著：《嫩江县志》，中国·三环出版社1992年版，第496页。

及外勤收捕人员，该股人员多为日本人。城乡各警务分局也配备了专职特工人员，建立特务活动据点。当时，县内的左藤洋行、兴亚饭店、千岁屋、清扬旅馆、满蒙饭店等都是其重要的特务网点，均有日伪特务活动。

1937年6月，伪县公署在伪嫩江街警察署院内西侧增设拘留所1处，为伪县警务科拘押人员之所，可拘押40人左右；当年，伊拉哈、华丰、科洛、塔溪、霍龙门伪警察署各设拘留所1处。12月，伪警务局改名警务科，内设警务、警防、特务、刑事等7个股室，将原有的4个分局和1个分驻所改为警察署，增设霍龙门警察署、沐河森林警察队、县城直辖警察派出所、4个县城城门警察分驻所和前官地、双山、柏根里、库漠屯警察分驻所，警察人数突破200人。此间，各警察署还组建所谓“武装义勇自卫团”，由管区内各村屯抽调壮丁组成，归警察署领导和调用。1940年，日伪在沐河村始设森林警察队，全队120人。至1945年初，全县日伪警察人数已达300多人。

日伪警察署的“指导官”几乎每天都审讯所谓的国事犯、政治犯、思想犯，特别是与抗联有关案件，被审犯人要跪着候审。还进行了多次所谓“大检举”，对坚持抗日的共产党员和抗联战士进行疯狂的屠杀和迫害，众多的爱国群众被捕被杀。1935年秋，日军在霍龙门北山搜捕10余名抗联战士和老百姓，日本兵押解被捕人员在县城示众，随后10余名抗联战士在县城西北门外被枪杀。1937年4月，1名抗联战士进城进行侦察，在云甫饭店吃饭时，被汉奸发现告密，当即被捕关押2个月，最后被日本军人中夏平魁砍头杀害。1938年12月，日伪“讨伐队”将杀害的抗联战士人头挂在塔溪乡光明村道旁的树上，恫吓群众。1940年6月，日军在鹤山站附近将5名反日爱国者射杀。1941年4月，日伪军警在嫩江县城、伊拉哈等地逮捕爱国群众150多人，均移送伪讷河区法院，许多人被害，剩余人员送往各地强制劳动。

二、武力侵占广布军事设施

日本侵略者驻军

日本侵略者对中国人民的政治压迫，是以武力镇压为后盾的。嫩江日伪政权不仅在城乡设置地方警察组织，还屯驻日本关东军、伪国军和“满洲青年义勇队”等准军事组织，不断对抗日武装力量进行武力镇压。

1933年1月，日本侵略军侵占嫩江县，主力部队向黑河推进，留米山大尉率日本守备中队100余人驻守嫩江。1935年冬，日本关东军1个旅团进驻县城郊区东大营。同年，齐齐哈尔日本宪兵队派1个分遣队进驻县城。此后，随着日军机场、仓库、车站的建设，各处普遍设有日本守备队，一般配置1个小队，最多的达百人，最少的十余人。[①]1940年，日本宪兵分遣队一度扩编为分队。1944年7月，因关东军的主力部队几乎全部调走，根据关东军总部的整编命令，由第五国境守备队、第六国境守备队、第七国境守备队大部编成独立混成第136旅团进驻嫩江，旅团长土谷直二郎少将，实有兵力5 690人。

伪满洲国军

1933年，原驻塔溪四站南大营的东北军降日被改编为伪满洲国军。1940年，伪满洲国军独立旅石兰斌部一度在嫩江至塔溪一线驻扎，准备随时“围剿”抗日联军。1941年，伪满洲国军混成十五旅由黑河移来四站驻扎，该旅撤走时由伪军骑兵二十一团接替，全团实设1个机枪连、3个普通连，兵力不足500人。1944年末，伪骑兵二十一团移往洮南，由伪步兵十八团进驻四站南大营。

①嫩江县地方志编纂委员会编著：《嫩江县志》，中国·三环出版社1992年版，第515页。

"满洲青年义勇队"

"九一八"事变后，日本帝国主义为实现统治中国的目的，配合其军事侵略，他们又制定了《满蒙开拓青少年义勇军计划》。1937年1月30日，当时日本国内第一次近卫内阁会议决定，由青少年代替壮年移民。从此，"满蒙开拓青少年义勇军"制度正式建立。除此之外，伪满"开拓总局"还设立"满洲青年义勇队"训练所，训练所直接隶属关东军。大小训练所分布于东自东宁起，经勃利、铁力、孙吴，西至嫩江，即沿伪满洲国东北部边境线上，以准备对苏联作战。"满蒙开拓青少年义勇军"实质上是关东军的后备军源，这些青少年入所后，完全按军队编制进行严格的军事训练。

1937年7月，伪满政权在新京（今长春市）召开会议，确立"满洲开拓青年义勇队"训练所的建设方针，决定成立由"满洲拓殖株式会社"直接管理的嫩江训练所。该所位于伪北安省嫩江县伊拉哈附近（今双山镇）。同年9月至12月，先后有319名"义勇队"先遣班成员入所，所长山奇芳雄，兼任第一"开拓团"团长，下设20个中队。截至1940年12月，除嫩江训练所外，县内还有柏根里、青山、伊拉哈等9处甲种训练所和一处"训练本部"直管的乙种训练所，共有11处训练所，辖中队20个，共训练"青年义勇队"队员4 563人。

这些训练所，实为日本侵略者在嫩江的兵站基地、军马供应站、兵力宿营地。原邵家间居民部庆云、柏根里村居民李少华两位老人回忆：当时的训练所的训练生全为16岁至19岁日本青少年，他们每天早晨站队向"膏药旗"敬礼，唱日本国歌，然后进餐，白天大部分时间进行军事操练。1941年太平洋战争爆发后，这些青少年大部分被派往前线参军打仗。苏联远东军出兵东北后，日本关东军命令所有的"青少年义勇军"加入战斗部队，被送上战场，成为日本侵略战争的牺牲品。

广筑军事设施

日本侵略者不仅在嫩江屯驻重兵，还构筑大量军事设施，使嫩江全县成为一座大兵营。

1935年，日本关东军开始在县城东修建兵营，通称东大营。东大营占地面积约3平方公里，建有砖木结构营房6 000平方米，水、电、气设施齐全，辟有耙场和马场，四周用铁丝网隔离，构筑相应的防御工事。东大营北临九八三军用仓库和陆军医院，有铁路和公路联结内外，是功能齐全的军事建筑群。此兵营建成后，一直是日本关东军营房，解放前夕驻有日本独立混成136旅团。其他主要兵营还有，火车站侵华日军军营、火车站侵华日军宪兵指挥部、塔溪四站南大营、霍龙门车站侵华日军军营。

同年，日本侵略军开始在县内修建军用仓库。至日本投降时，县内共有独立仓库6处，附设仓库数十处，使嫩江成为名副其实的军事补给基地。九八三军用仓库，位于县城东郊，南临日本关东军兵营，占地面积约4平方公里，内有纵向公路4条、横向公路3条，分割成20个库区，建有成排的库房；有的库区为露天货场，有铁、公路通向库外，储存被服、食品、军械、物资材料等。四号仓库，位于今海江镇曙光村附近，为半地下军用弹药库，该库修建于1939年，侵华日军从天津、山东等地强征1 000余劳工，用近3年时间修建完成。共修建12个弹药库，全部为钢筋混凝土结构，是当时伪黑龙江省较大军火库之一。六号仓库，位于县城东南约3公里处，为军械仓库。七号仓库，位于城东南庙屯附近，为弹药仓库。博霍佗山和泥鳅西南6公里建有2处山洞仓库，储存物资不详。除此之外，日本侵略军还在县内各军用机场、火车站等地建有军用仓库，储存油料、军火、被服、食品、物资材料等。

自1936年起，日本侵略者为适应空战、空运和北侵作战之需，先后在县内修建军用机场10余处。一号、二号、三号飞机场，分布在东起贲家岗西至阎家屯（今海江镇贲家岗村至红星村）一带，每个机场均建有钢筋混凝土构筑的飞机库数十座，水、电、气设施配套，附设仓库、医疗、气象等机构。今海江镇西孟村一带的孟家庄机场，该建筑群由9个飞机库和9个相同的附属设施组成，建筑均为钢筋水泥结构，西侧有6个飞机库、东侧有3个飞机库，每个可容纳一架战斗机，飞机库间为跑道。今嫩北农场场部东面的柏根里机场，机场占地120万平方米。两条跑道呈U型相连，全部由15厘米厚混凝土辅成，全长约4 000米。已建成使用的机场还有：县城南2公里处以民航为主飞机场、今前进镇永胜村东的前何家机场、今前进镇保胜村一带的前永安机场、今海江镇太平村一带的太平机场。尚未建成的机场有：沭河南山的沭河机场、今联兴乡东宁村的东一号机场、今山河农场六分场的科洛机场等。

除此之外，日本侵略军还修建了众多碉堡和炮楼，现存的主要有：长福侵华日军碉堡，位于长福镇中合村北，北距嫩黑公路2公里，碉堡为钢筋水泥结构，直径9米，共6 个，每个相距约100米。侵华日军霍龙门站北炮楼位于霍龙门乡北岗村，东距霍龙门林场约50米，为3层砖混结构，占地270余平方米。

三、推行愚民政策毒化民众

文教专制奴化民众

伪满洲国建立以后，在东北逐步推行了一套殖民主义的文教专制政策，极力摧残中国民族文化，毒化民众思想。

1934年，伪县公署设立大同、盛京两个报馆。所卖报刊和图书，完全是基于“新东亚建设”这一殖民主义宣传意图的出版物。1937年，嫩江私营兴嫩电影院建成，设座400个，放映无声电影；同年6月，嫩江日伪政权依据伪满公布《电影取缔规则》，影院上映的影片受到日伪当局严格控制，对电影实行检查，禁止关内和苏联影片输入。上映影片多是“娱民影片”（故事片），或是直接为日本侵略政治服务的“启民影片”（宣传片、教育片）。影片内容多是宣扬为建立“新满洲”立下功绩的人物，鼓吹建立“大东亚共荣圈”，成为向伪满洲国统治下的中国人民灌输日本文化的工具。

其间，嫩江的教育由原来的民族教育被奴化教育取代。为了进行奴化教育，传授殖民主义思想，培养“御用”知识分子，伪县公署增设小学至34所、试办中学1所，课程增设至11科。课程内容，一是经过篡改的所谓“满蒙”①史，二是日本史；根本不提中原历史，使中国青少年不再知道自己是炎黄子孙。并以日语代替汉语，日语被列为中、小学的必修课。

1941年，嫩江伪县公署在“振兴孔教”“祀孔参政”的掩盖下，向民众灌输“日满一德一心”意识，进行反动的思想宣传，加强殖民控制。

1942年以后，嫩江各中小学开设“爱国精神”课，所讲内容均为“日、满亲善”“五族协和”②和“大东亚共荣圈”③。教育学生都必须虔心诚意地崇拜日本天皇和伪皇帝，稍有不敬，即遭到严厉责罚。另一方面，日本侵略者因害怕学校培养出来的人

---

①“满蒙”：日伪时期日本侵略者对东北三省和内蒙古进行殖民统治的称呼。

②“五族协和”：日本军国主义政府向在伪满洲国中国民众渗透王道政治和日本人、汉人、蒙古人、朝鲜人、“满洲人”民族“协和”的殖民统治指导理念。

③“大东亚共荣圈”：日本军国主义政府妄图在亚洲、澳洲和西南太平洋地区建立殖民大帝国的侵略计划。

对其实行殖民主义统治不利，对教师资格要求甚严，必须经“师道”训练方可任教。同时，日本侵略者又把其提出的“王道乐土”的口号，解释为来之孔丘的“先王之道”，并把一年两次的祀孔列为国家法定祭日。同时把卑躬屈膝于日本统治者的人作为“有功”人员予以表彰，号召人们效法。

此外，日本帝国主义不惜用篡改历史的卑劣手段，大肆宣扬“满洲非中国论”，把中国东北说成自古以来就不是中国的领土，污称中国中央政府对东北的管辖是对“满蒙”的“侵略”，同时，宣扬所谓“日满一家”的思想。嫩江伪县公署按照伪满执政溥仪通令的要求，强令嫩江境内不得悬挂中国地图，不得使用“中华”字样，妄图彻底泯灭嫩江人民的民族意识。

日本帝国主义对沦陷区的奴化宣教，是伴随着军事、政治、经济、文化侵略而产生和进行的。奴化教育不仅是其整个侵略政策的重要组成部分，而且比军事占领、民族压迫、经济掠夺更狡猾、更毒辣、更具欺骗性，危害也更严重。

开设妓院败坏风气

嫩江沦陷后，日本侵略者遍设妓院，败坏社会风气。嫩江日伪时期，县内设拥有日妓60余人的日本妓院“青杨旅馆”、拥有日妓30多人的“千岁渥”和拥有朝鲜妓女40余人的朝鲜妓院“料理店”。同时，中国妓院亦竞相开业，成为盛极一时的行业。当时，城内辟有“窑子街”，内有中国妓院34处、妓女397人。仅日本宪兵队密侦、花界会会长陶相武就经营妓院7处，拥有妓女50余人，其中“光花阁”为最大的中国妓院。日本宪兵队密侦绰号“母老虎”杜桂卿经营的“桂卿堂”妓院，拥有妓女20余人。拥有妓女10人以上的中国妓院还有“香六阁”“小红巷”“燕云楼”等。靠近采金点的霍龙门、西斯阁、五道沟等地设中国妓院6处，拥有妓女50余人。妓院的兴起，不仅败坏社会风气，使人们身心受到折磨和摧残，而且腐蚀和麻痹人们的思想。

纵吸鸦片毒害人民

东北沦陷后，日本殖民主义者在东北尤其是黑龙江地区大力提倡种植鸦片，并在“禁烟”的幌子下放纵吸食鸦片。日本侵略者侵占嫩江县后，就积极支持吸毒，使之公开化、合法化。1934年，在县城始设烟馆1处，可容纳百人，并内设单间10余个，每日前往吸毒者近300人。1935年，又增设烟馆1处，可容纳40多人，所需“大烟”由伪县公署供给。1937年，伪县公署在保健股增设“鸦片零卖所”，吸毒者可申领“吸烟证”，每周售烟1次，按每日1份至4份量售给烟膏。1941年，伪县公署保健股在城内新建砖房9间，自营烟馆，内设单间每日接待150多人，并向分散吸毒者发“烟票”570余份。许多人因吸食“大烟”，妻离子散，家破人亡；许多人“谈唠无笑容，往来若病夫，瘦弱皮包骨，走路直哼哼”。纵吸鸦片不仅有其经济掠夺的目的，更是日本殖民主义者毒化中国人民的一种恶毒手段。

四、奉行殖民经济统制展开疯狂掠夺

经济统制压制民族工商业

伪满政权成立初期，对一般工商业主要从计量、特许权、商标权、输入检查等方面进行控制。后来，在流通领域里建立若干特殊公司，对物资的生产、供应和价格实行全面统制，排挤民族商业，阻碍了民族经济的发展。

1934年6月27日，嫩江日伪政权开始推行“产业统制”，建立各种“组合”，控制原材料和产品，日货充斥市场。诸如食糖、毛巾、肥皂、针线、纸烟等生活用品均由日伪当局控制，限量供给；农民则须“以粮换物”交售粮食换取食盐、火柴、棉布、煤油生活日用品。

1938年，伪县公署开始强制实施“粮谷统制”政策，对农产品实行强制性的全面管制和掠夺。伪县公署成立农产品的配给机构，对城镇居民的口粮也实行严格控制。稻米主要供给日本人，部分配分朝鲜人食用；高粱、玉米、谷子、其他杂食等主要供给中国人食用。特产品大豆等主要出口日本，小麦上缴专买官署，制粉业实行许可证，少量供给中国市民。推行粮谷组合制后，取消粮食市场，将县内所有米面粮铺“组合”起来。每年伪县公署通过兴农合作社强制从农民手中征收组合粮，经“磨坊组合”加工，然后由“粮谷组合”按配组数分发给一些固定粮铺，居民再凭配给票证前去购买，如发现私人买卖粮食，即按“经济犯”处罚。

1941年，日伪当局颁布《价格临时措施法》，规定所有物资都必须由日伪统制机构配给、定价，货商不仅分配到的资源数量少，而且多是销路不畅的冷门货，致使货商亏损严重，中小商店纷纷倒闭。

1942年，伪县公署强化“产业统制”，建立各种组合垄断商业，进一步强控市价；并实行第二次战时增税，新增清凉饮料税、酒税、交易税，改变劳动所得税，修改事业所得税率，恢复面粉、棉纱和水泥的统税。1943年8月1日，伪满洲兴农金库在县城内设立嫩江支店，主管向兴农合作社提供农业经营资金，兼营农业生产贷款、票证抵押及贴现、吸收存款和储蓄、发行兴农债券和储蓄债券、办理其他特别业务，由伪县公署融资控制经营，极力排挤和压制民族工商业。

与此同时，日伪各种工商业组合大量倾销日货，从中谋取高额利润，肆意巨敛民财，导致县内绝大部分工商业户停业倒闭，少数维持经营的业户勉强维生，艰难度日，县内民族工商业遭受严重摧残。如：嫩江沦陷前，县内已有采煤公司3处，其中柏根里煤矿公司矿区面积达5 400亩，而沦陷后，除甘河矿区划归巴彦旗，柏根里、石砬子2个煤矿公司被迫停办，县内已无采煤业。1913年，县城内有吉祥炉、马家炉2家私营铁匠铺和长兴号、长盛和2家银匠铺，科洛有铁匠和银匠铺各1家，塔溪有铁匠铺1家；1926年，县内曾设有私营永兴铁工厂，生产规模较大。而到1934年，县内已无金属制品加工厂。日伪初期，县内有照相馆9家，到后期只剩4家，其余的全部倒闭。

殖民占地残酷压榨农民

“九一八”事变后，日本为实现其永久占领中国东北、将其变为殖民地的野心，开始有计划地向中国东北移民。1932年10月，日本关东军正式出台了《对满移民的全面方针和移民计划案》。自1932年日本开始移民，到1945年8月黑龙江省解放前，在47个县中有398个村驻有日本“开拓团”，共有日本移民116 119人。

嫩江沦陷后，伪县公署以“整理地籍”为名，确立封建土地占有制度，通过地籍整理，使土地更加集中于地主手中。据统计，1934年全县地主和富农只占总户数的10%，却占有42.8%的土地，平均每户占有50垧；自耕农佃农占总户数的90%，虽占有57.2%的土地，平均每户仅占有7垧。此后，日伪政权还通过武装占领、武装移民、低价收买、并村迁民等途径，加紧掠夺土地。1936年，日本侵略者开始派遣“开拓团”来嫩江圈占熟地、大量开荒，强占、开垦土地近40万亩。1937年，日伪嫩江县政府专门成立了“开拓科”，专管“开拓”事务。1938年6月，宁黑铁路（今富裕至黑河）讷河到嫩江段通车；1939年10月，嫩江到黑河段通到霍龙门站。伴随着铁路线的不断向北延伸，一批一批各种名目的“开拓团”蜂拥而至。

1940年，伪县公署实施《满洲开拓政策基本纲要》，在嫩江掀起了移民侵略的狂潮，组建朝鲜“集团部落”18个，分布在门鲁河、柏根里、联兴一带，仅柏根里一地就移来朝鲜人1 931户、4 481人。同年，伪县公署开始推行“粮谷出荷”，设立兴农合作社和农产品交易所，加强对粮食的控制。1939年10月2日，伪“满洲帝国产业部”在县城内始设嫩江县农事合作社。2年后改称兴农合作社。合作社用发放高利贷盘剥农民，少数有权势的豪绅和大地主，将取得的贷款转手以更高的利息贷给贫困的农民从中获利，致使许多农民破产，生活陷于绝境。

1941年，太平洋战争爆发以后，伪县公署奉行《战时紧急经济方策要纲》和《战时农产物增产方策要纲》等法令，进一步严格“粮谷出荷”制度，出荷量由伪县政府摊派给各乡，再由各乡摊派到各村，然后逐级摊派给农民，不管有无，一律强行缴纳，即使受灾歉收，出荷粮也不得少交。农民生产的粮食几乎半数被强迫“出荷”，剩下的还要交纳租税，真正能够作为农民口粮的已为数不多，农民和市民不得不以糠菜、草根、豆腐渣等充饥。

至1943年12月，日本侵略者在嫩江境内设立“开拓团”17处、“开拓部落（点）”12处，实际移民1 628户2 070人。伪县公署规定开拓地为重要区域，普通民众不得进入。

由于日伪残酷压榨，嫩江农民生计艰难，被迫弃耕外流，播种面积和产量逐年下降。1943年播种面积降至37.3万亩、总产降至2万吨。两年后播种面积又降至24.8万亩、总产仅达0.9万吨，减产2.5万吨粮谷，农业生产和农村经济呈现日益萎缩和凋敝的景象。

掠夺资源奴役残害劳工

嫩江县自然资源丰富。日本侵略军侵占嫩江后，圈占土地，毁林开荒，野蛮开采，土地、森森、矿产资源遭到严重破坏。

1934年，伪县公署假借“解决贫民生活”之名，向伪省公署提出采伐森林的请求并获得批准，开始颁发“入山经营许可证”，当年入山900多人，流送木排800多张（每张排由70—100根原木组成），沿嫩江河道流送至齐齐哈尔、大赉等地出售。

1935年，中东铁路林业局在县内设立嫩江森林事务所，专营林木采伐，兼管林政，审批采伐。但只控制民众，而为日本侵略者提供木材的各采伐组织则不受任何限制，均供日本侵略军调用。

1937年，嫩江森林事务所改设嫩江营林署，主管嫩江、讷河、莫旗、巴彦旗等地的营林、采伐和林政管理等事务。下设由日本人经营的满林株式会社、义和原组、佐佐木组等9个采伐组织；由朝鲜人经营的满鲜坑木1个采伐组织，由日本人招用沙俄遗民经营的采伐组织1个和由本地豪绅经营的采伐组织1个。采伐组织众多，每年采伐木材两万多立方米。至伪满洲国崩溃时，卧都河以南的松木被砍伐殆尽，县内的原始森林已不复存在。

嫩江沦陷后，日本侵略者为集聚战争资金，垄断采金业。1935年，在兴安金矿区设警察署，在各金厂插牌划界，霸占矿区，强征劳工在乌里亚、西斯阁、霍龙门沟等处掠夺开采金矿资源。1938年，各金厂改由采金社统一经营，在兴安金厂建造采金船进行机械化开采，年采金量在200公斤左右。1941年后，日本侵略者忙于太平洋战争，遂将采金船拆除运走，2年后各金厂均闭沟停采。

日本侵略者为加紧掠夺资源，在推行的“劳动新体制”中，其中之一是“紧急就劳”制度，就是以强力的手段，摊派劳工和抓捕劳工。日军经常在嫩江抓劳工，或在嫩江为日军九八三部队修建飞机场和军用仓库，或到矿区和林区采矿、伐木。这些劳工劳动强度大，住的是席棚子，穿的是麻袋片，吃的是橡子面，过着不堪忍受的非人生活，众多的人在服劳役期间死于非命。凡是修筑秘密军事工程，完工后日军害怕泄密，劳工均被集体屠杀。

1941年5月至1945年8月，日军酷使3 000名劳工给日军金水、科洛、南门外等机场沿线修建军用建筑，每天工作从早四点到晚九点，每天给两次少量食物，不给被服，对病人不给任何处置，将逃亡的100余名劳工逮捕，进行殴打刑讯，甚至将其虐杀。这期间因营养失调、患冻伤、酷使虐待等原因，科洛约30名、金水约20名、其他地点约50名中国劳工被残害致死。同年冬，日本侵略者在城内抓“劳工”赴北部山区修铁路，在路上一次冻死劳工60多人。据逃回的劳工说，修铁路的劳工，死的比枕木还多。1942年冬，日本侵略者在霍龙门一带修筑军用及民用设施时，劳工冻死100余人。1943年6月至1944年9月，日军第四军道路部即七一八部队以“勤劳奉公队”“勤劳报国队”名义在各地抓来3 600余名劳工，日本宪兵对他们严加监视，强制劳役，一年内死亡400余人。1944年1月中旬至3月下旬，130名劳工冻伤而死在科洛关东军机场西约四公里道路上。这些劳工，大多来自山东和河北省。[①]

日本侵略者占领嫩江以后，大肆掠夺嫩江的自然资源和其他财富，使嫩江的经济遭到严重破坏，给广大人民带来深重灾难。据不完全统计，嫩江县在日伪时期的社会财产和居民财产损失达88 525余万元。社会财产损失21 859余万元，其中：掠夺黄金1 000公斤，合341万元；砍伐木材28万立方米，合1 017万余元；税收18 883元；人力资源532.8万劳动日，合825.84万元。居民财产损失6 666余万元，其中：掠夺耕地26.7万亩，合26 667元；耕

①嫩江县党史地方志工作办公室编著：《历史见证——嫩江县革命遗址及日本侵华遗址纵览》，2010年12月内部出版，第241—244页。

地误耕200万亩，合2 400万元；农作物减产2.5万吨，合4 000万元。[①]

五、爱国军民的抗日斗争

抗日义勇军等武装的抗日义举

抗日战争初期，嫩江各阶层人民爱国热情高涨，积极要求抗日，抵抗侵略者。原东北军中部分爱国官兵不顾国民党政府的不抵抗政策，纷纷组织起义勇军、自卫军、救国军、同盟军等各种名目的抗日队伍，奋起抗战。

1932年4月1日，曾被伪满政权任命为“军政部总长”和“黑龙江省省长”的马占山重举抗日大旗，4月2日即率军抵达嫩江，在这里整顿部队；几天之间，就地组建陆军步兵第二旅骑兵团，又称抗日补充团，下设4个连，约400人。这是在嫩江组建的第一支抗日部队。

6月12日，县城游击队队员吴绥运将队长击毙，率13人起事，夺取枪支39支、马24匹，建立抗日救国救民义勇军，号“东来好”，佩戴“灭日救国救民义勇军”臂章，举旗抗日，队伍近80人。6月17日，县游击队排长冯华珍接受马占山命令，组建抗日独立营，下设4个连，约300人。

7月15日，马占山部将张竞渡部3 000余人移驻嫩江，组建抗日义勇军，自任总司令。这是当时正规军改旗易帜的第一支队伍，他们在嫩江扩大武装力量。同时，驻嫩江的还有嫩江、讷河、布西、甘南四县旗联防游击队总指挥徐子鹤组建的义勇军，以嫩江为中心，扩充抗日力量。期间，嫩江县人民或在东北军领导下，或自发地组织起来，一时间，义勇军一类的抗日组织在嫩

①嫩江县党史地方志工作办公室编著：《历史见证——嫩江县革命遗址及日本侵华遗址纵览》，2010年12月内部出版，第253页。

江城乡群起抗日。9月15日，张竞渡部与徐子鹤部联合抗日，开赴拉哈进攻日本侵略军，其余各部队以嫩江山区、乡村为依托，建立游击区，备战抗日。

1933年1月嫩江沦陷后，仍有“访贤”等十多支抗日武装不时袭击日伪军，多次在今嫩江镇、前进镇、长福镇、多宝山镇、科洛镇、塔溪乡、联兴乡、霍龙门乡、白云乡等地同日伪军作战，长达四年之久。抗日战争是民族战争，嫩江县的抗日斗争历史是各种政治力量共同抗日的历史。

抗联战士和爱国民众的抗日活动

抗联部队在嫩江期间，嫩江人民以高度的爱国主义精神，发扬反侵略、反压迫的光荣传统，经常有人为抗联部队带路、侦察敌情、救护伤员；鄂伦春和达斡尔族群众多次掩护部队，帮助部队渡江。

陈雷在回忆录《征途岁月》中写道：“撤出松门山（应为松树砬子山——引者注）战斗之后，我们又继续北进。走了一天一宿，到达嫩江县四站东北方嫩黑公路上的十五里弯子屯。这一带的居民大多是‘站上人’，相传他们的先辈是清朝政府派来守卫和开发边疆的。‘站上人’热情好客，知道我们是抗联部队之后，又是杀猪，又是做饭，招待我们这些远来的客人。吃过饭之后，为了不给百姓添麻烦，战士们都在院子里的柴草堆里休息。我住的那家房东老太太说什么也不让我在外边过夜，连推带拽，硬是把我让到屋里炕上。老太太问这问那，我就借此机会向她一家老小讲了抗联部队的性质和任务，讲我们这次行动的目的就是为了在黑嫩地区开辟新的游击区，为了找关内的八路军。他们听了十分高兴，希望我们留在这里打游击，我告诉他们：‘我们明天还有新的任务，天亮就出发，但我们一定会回来的。’我们一直唠到深夜。第二天一早，我们就告别了十五里弯子的乡亲们，继续北上，在蔺家屯筹集了一点给养就又上路了。”①

王明贵在回忆录《忠骨》中写道：“（1940年）5月5日夜晚，我三支队涉过了沭尼河（应为沭河——引者注），秘密地进入沭河村。我带着两名战士悄悄地走进了一户只有孤儿寡母的房子，我向他们说明来意。一个约有10岁的小男孩，机灵地说出了警察队的详细地址，并主动提出作向导。小男孩的母亲是一位中年妇女，怕孩子出去冒风险，顾虑重重，神态不安。我用抗日的道理耐心地说服了这位中年妇女之后，小男孩勇敢的带领着队伍摸进了警察队的后院。”②

抗日战争期间，由党直接领导和在党的抗日救国政策影响下的抗联战士及城乡人民群众，以不同形式进行的抗日斗争也在广泛地进行着。

抗日群众组织的反满抗日斗争。在抗日游击战争不断发展的同时，第三支队积极配合讷河县委作群众工作，所到之处广泛发动群众参加抗日救国斗争，嫩江各地的抗日救国会等群众组织秘密建立起来。海江镇抗日救国会下设3个分会，救国会会员秘密协助抗联部队进行侦察、搜集情报等具体工作。在救国会的带动下，还成立了华丰妇救会，为抗联战士做衣服、鞋子，救护伤病员。抗联第一支远征支队在松门山（应为松树砬子山——引者注）遭遇战后，塔溪乡各村群众在抗日救国会的组织下，掩护抗联战士使尾追的日伪军一无所获，并用马爬犁护送张光迪等伤病员至瑷珲境内。科洛抗日救国会在抗联的支持下，以合法的公开形式同日本侵略者“开拓团”进行斗争。有一次，“开拓

---

①《征途岁月——陈雷回忆录》，黑龙江人民出版社1991年版，第146、147页。

②《忠骨——抗联名将王明贵将军回忆录》，白山出版社2012年版，第148页。

团”伙同日军强征当地群众的耕牛，救国会带领群众与之斗争，维护了群众的利益。据《烽火嫩江》记载：“截至1941年，海江救国会为抗联输送战马14匹，救护伤病员24人。”“截至1941年底，当地群众在救国会的组织下支援抗联，送往抗联营地各种物资，……以及大量的药品、食盐、咸菜等，有力地保证了三支队有充足的实力投入战斗。”[①]

“铁孩子”史化鹏的抗日活动。史化鹏原名史长发，14岁参加东北抗联，作战极为勇敢，多次身负重伤。1939年秋，17岁的史化鹏在作战中腰部受重伤。在没有麻药和手术器械的情况下，部队领导用剃头刀切开他的伤口，取出子弹，伤口没有缝合，只是简单地进行包扎，部队首长称赞他真是个“铁孩子”。

1938年抗联六军西征时，史化鹏因病留佳木斯调养，年底来到讷嫩地区重返部队，编入抗联第六军第十二团。之后，奉第十二团首长之命，扮作劳工，打入嫩江日军一号飞机场，佯装积极，骗取敌人赏识，当上劳工小队长，乘此机会，逐步摸清机场的兵力部署、飞机数量、配套设施及活动特点，将情报送回部队。1939年4月上旬，第十二团按既定作战计划夜袭一号飞机场，他率机场劳工切断对外电话联系，引导抗联部队消灭机场守备队，使这个空战和军运基地变成废墟。1940年7月，为破坏日军修筑反坦克工事的计划，他出现在赴神武屯（瑷珲境内）的劳工队伍中，下车后，用铁锹砍死日本工头西村曹一，组织全体劳工暴动，使神武屯反坦克工事建设计划化作泡影。8月，奉命潜入泥鳅口子车站，一夜之间将日军积蓄几年的木炭全部烧掉。同年10月，又奉命潜入科洛南山日军七号飞机场，利用工头克扣工人的丑行，组织拉沙工人罢工，延缓了工程进度。1941年3月，

①嫩江县老区建设促进委员会编著：《烽火嫩江》，2005年版，内部资料，第9页、59页。

奉命潜入日军三号飞机场，住进靠近仓库的席棚内，入夜用油灯将席棚点燃，火势迅速向四周蔓延，顷刻间连成一片火海，等日军赶来时，仓库物资和机场设备已荡然无存。同年10月，为戳穿日伪大肆散布的“东北抗日联军已被最后消灭”的谎言，只身进入嫩江县城，在集市上痛打一名欺压群众的伪警尉补，边打边说：“抗联是杀不尽的，我就是抗联！”此举轰动一时，群众为之振奋，伪政权人员则谈虎色变。

范革人“通苏抗日秘密小组”的抗日活动。1931年“九一八”事变后，范革人①在齐齐哈尔参加了马占山领导的抗战活动，1932年编入马占山组建的陆军步兵第二旅骑兵补充团（又称抗日补充团）。1933年1月嫩江县沦陷后，转赴黑河，在瑷珲女子中学任教。

1935年3月，经哈尔滨地下党组织介绍，范革人参加了苏联远东军司令部情报局，成为苏联在东北的地下工作者。以后，因工作需要又发展了王冥、付松岩两人，三人建立了“通苏抗日秘密小组”，任务是在黑河瑷珲一带搜集日军活动情况和军事建筑情况。这个秘密小组直接归苏联远东司令部第四科领导，这个科是专门协助和领导东北抗日联军和苏联在东北地区的地下工作人

①范革人（1905—1986），原名范文魁，中共党员，黑龙江省嫩江县人。1935年3月，加入苏联红军远东司令部情报局，建立通苏秘密小组。1945年9月，任嫩江县民主大同盟委员长之职。1945年12月，任嫩江县民主政府副县长。1946年3月，任嫩江县政府副县长。1947年，奉命率担架队赴四平地区参加战地勤务工作。1948年后，历任嫩江县战勤支队副支队长、省民政厅战勤科长、省荣军干部学校校长等职。新中国成立后，历任黑龙江省民政厅战勤处处长、优抚处处长、省计划委员会物资处处长、省物资局副局长、东北局经委物资局副局长、国家物资局沈阳办事处顾问等职。1986年7月16日，因病逝世。

员的一个专门机构。小组成员将搜集到的情报，经哈尔滨地下党直接报给苏联海兰泡情报机关。

最初，情报组开展社情情报活动，继而通过各种关系了解黑河上下的日伪驻军及一般性军事阵地、防务设施等情报。一次，范革人去苏联领回侦察任务后，不料回境内时被日伪流动哨发现，经范革人做敌伪人员工作，将日本哨兵扔到江里才得以脱身。

1937年，日伪当局正在修建嫩江经霍龙门至黑河的嫩黑铁路，苏联远东局指令范革人小组调查嫩黑铁路战略情报。范革人受命回到嫩江后，以修铁路需要运输队伍为理由，组织大车队，出任运输大队会计，参加嫩黑铁路的修建，在很短时间内，不仅传递情报，还绘制了嫩黑铁路及沿线的山脉、河流和军事要地地图，出色地完成了这项情报活动，多次受到远东局表彰。苏联远东军根据范革人提供的这些情报，为指挥和帮助东北抗联进行活动和苏联出兵东北都起到了一定作用。

此后，范革人情报小组活动被日伪特务机关怀疑，远东情报局获得情报，指令情报小组停止活动，范革人转移到林甸、巴彦等地暂避。1941年，范革人重返嫩江，出任塔溪村村长。当时，塔溪南大营驻有伪军，他开始筹划策反工作，但部队几经换防，工作没有落实。直到1945年6月，他策动驻塔溪的两个“自卫团”哗变，打死日军27人。

“大二土木建筑公司”劳工激奋罢工。1938年中秋节，被日本“大二土木建筑公司”包工头从关内骗到嫩江来筑工事的劳工，因一直未发工资，100至200名劳工集体罢工。进入县城后，他们披着麻袋穿着破烂衣服，还有不少的人腰间围着水泥袋子当裤子，几乎个个光着脚，人人面黄肌瘦，沿着世隆德百货商店往南到华太昌大街前往“大二土木建筑公司”，并呼喊着要工钱。道路两旁不少人向他们投去了同情的目光，罗圈铺的老板听说是向日本人讨债的，就把自己家的镐把、木杈都给了劳工。县城内大“二土木建筑公司”有两处，“大二土木建筑核株式会社”在北大街华太昌商店北胡同口路西，“大二公司总部”在今嫩兴路中段。劳工队伍到达“大二土木建筑核株式会社”后，派3至5名劳工代表和“大二公司”的日本公司代表谈判，要他们发工钱。其他劳工们手持木棒，木杈、镐把高声呼喊着：“要工钱”，日本代表被劳工的吼声吓得哆哆嗦嗦，一直说：“钱的给、钱的给、我们要‘大柜’的说话……”意思是给钱，他们必须向经理报告，也就是向公司总部报告。而实际这几个日本代表在应酬欺骗劳工的同时，偷偷地给日本关东军驻嫩江城东北街的守备队打电话，称修嫩江至霍龙门铁路的劳工暴动了。日本守备队很快来到，包围了劳工队伍，殴打劳工代表，把这几名代表打得满脸是血，并抓进守备队，其他劳工被押送到火车站。①

嫩江沦陷的13年，既是日本帝国主义对中国人民实行残酷的法西斯暴政的13年，同时也是各界爱国军民在中国共产党领导和影响下，同日本侵略者进行艰苦不屈斗争的13年。

第二节　党领导的抗日武装在嫩江的活动

1937年7月7日，日本帝国主义制造卢沟桥事变，发动了企图灭亡中国的全面侵华战争，中国军民奋起抵抗，抗日战争全面爆发。为团结全国各族人民，打败日本侵略者，中共中央于7月8日发布了《中国共产党为日军进攻卢沟桥通电》，号召全国同胞和军队团结起来，筑成民族统一战线的坚固长城，抵抗日本侵略

①嫩江县文史资料工作委员会编著：《嫩江文史资料》（第二辑），1993年内部出版，第22页、23页。

者。1938年后，在中国共产党的领导下，嫩江的抗日斗争进入了新阶段。抗联第六军十二团、第三路军第三支队开辟了讷嫩游击区，在嫩江境内创造了奇袭一号飞机场、霍龙门大捷等以弱胜强的战绩，消灭一批敌人有生力量，沉重地打击了日本侵略者。

1938年后，东北抗联第六军、第三路军在极其艰苦的环境下，开辟了包括讷河、嫩江、德都等地在内的讷嫩游击区，沉重打击了日本侵略者。

东北抗日联军远征作战图

一、讷嫩游击区的开辟和发展

组建北征支队开辟讷嫩游击区

1938年5月至6月间，中共北满临时省委[①]连续召开第七、第八两次常委会，决定抗联第三军、第六军、第九军、第十一军跳出敌人包围圈，向小兴安岭西麓、黑嫩平原地区西征，开创黑嫩平原抗日游击区。从6月开始西征队伍分三批相继出发，至12月各部冲破敌人堵截，于海伦县八道林子会合，完成了西征计划。

8月至10月间，第三军、第六军远征部队先后到达海伦以后，北满临时省委决定组织已到达海伦的队伍进行北征，依托大兴安岭的森林地带向北，然后向西、向南挺进，以达到贯通关内外抗日游击战争联系的目的。

10月9日，北满临时省委召开了会议，会议根据实际情况决定：一部分队伍在铁力、通北、海伦一带活动，另从第三军、第六军、第九军中抽调一部分队伍，组织两支远征队继续远征，第一支远征队伍由第三、第六军组成，由第三军新三师副师长张光迪和第六军宣传科长陈雷负责，以德都、讷河、嫩江一带为目标继续远征。第二支远征队由第三军、第六军、第九军各一部组成，向通北、龙门、克山一带行进。会后，第一支远征队伍由第三军三师八团第一连38人与第六军第一师第六团40余人组成，

---

①中共北满临时省委：1935年11月，中共驻共产国际代表团作出关于撤销满洲省委，建立东满、南满、吉东、松江4个省委和哈尔滨特委的决定。1936年9月18日，珠河、汤原中心县委和抗联第三、第六军党委负责人在汤原县帽儿山抗联三军被服厂召开党委联席会议。会议通过决议成立北满临时省委员会（未称松江省委），在政治上、组织上、工作上暂时领导北满（哈东、哈南、松江、龙江、嫩江流域、呼海、齐克路沿线等地）党的组织。会议选举产生了中共北满临时省执行委员会，执委会主席赵尚志，书记冯仲云。

在张光迪、陈雷率领下开始远征。10月中旬，几经战斗，第一支远征队伍克服重重困难，经北安、德都，转战到嫩江境内，在县内东部和北部开展游击战斗打击日伪军。11月27日，张光迪与陈雷率队行至塔溪松门山（松树砬子山）露营时，突然遭到日军袭击。激战中，第三军八团一连连长、指导员等20名战士英勇牺牲，支队长张光迪负伤。这次战斗损失严重。

对于这段战斗经历，陈雷在回忆录《征途岁月》中实事求是的写道："敌人猛烈进攻的枪声大作，即使这样，如果我们立即沿山林隐蔽撤退，也不至于会有多大损失。但是，由于我们军事上判断有误，敌人明明已经上来了，而我们在未弄清危急情况之前总想亲眼去看看，因而贻误了战机。这时，二百多敌人形成散兵线往山上爬，边爬边打枪。支队长张光迪正在观察，一颗炸子在他胸前爆炸，他的棉衣前襟被炸烂，鲜血直流，好在没有伤到要害处，他简单地裹了一下，仍继续指挥战斗。其实这时敌人还没攻到近处，要撤的话还来得及，因为敌人在坡下，我们的地形还是相对有利的。但是我们想占据有利地形，消灭敌人，于是命令三军八团一连到西边的一个山头去打。其实西边的山头正好暴露在敌人的火力之下。敌人见西边山头有情况，立即掉转枪口猛击西山刚进入阵地的我军。我们这边的压力减轻了，但一连的阵地却完全处于不利地位。全连的战士不顾敌人攻击，拼死抵抗，日军指挥伪军'哇啦哇啦'地又喊又叫。一连战士虽顽强抵抗，但终因地形不利，火力不如敌人强，大部壮烈牺牲！这完全是因为我们指挥失当而造成的一次重大损失，至今回忆起来，还是心有余愧。"[①]此次战斗后，敌人继续加强对这支远征部队的围追堵截，支队全体指战员以顽强的战斗意志，与敌周旋多次甩掉尾追的敌人，保存了部队的有生力量。但由于部队孤军深入，远离

①《征途岁月——陈雷回忆录》，黑龙江人民出版社1991年版，第144页。

后方，被迫于1939年3月经黑河上马场过境进入苏联境内休整。三个多月后，于同年六七月间张光迪、陈雷又先后分别返回东北抗日战场。

1938年底，第二支远征队伍所属的抗联第六军二师第十二团在第六军参谋长冯治纲、第十二团政治部主任王钧的带领下越过北黑铁路进入嫩江境内。王钧在回忆录《血荐轩辕》中写道："我们十二团变成骑兵，像驾驶坦克一样，在龙北大地横冲直闯，自由活动了。我们为了锻炼行军和解决骑兵的装备，首先顶风冒雪，通过龙镇北部，越过北黑铁路，到达龙门山、尾山，五大连池北方的七星泡，进入嫩江县，缴了南齐岭警察分驻所和何家大泡子伪自卫团枪械。为了迷惑敌人，我们骑兵又突然往东进杨树屯之后，转向北进海江，西进到嫩江县北部土腰，遇敌人打了一仗，冲过冰封的嫩江，到达内蒙古管辖的巴彦旗。"①

第十二团进入嫩江境内，通过几次对敌战斗，深深感到嫩江人民群众对日本侵略者的憎恨和爱国热情，决定在此辟建游击区。"经过一段时间的活动，我们突出地感到嫩江这个新区的开辟很重要，有利条件很多，从自然环境来看，有朝阳山，有嫩江的许多支流；特别是这里群众爱国热情很高，仇恨日本帝国主义。根据这种情况，决定向李兆麟同志汇报情况，建议大力开辟这个新区，广建地方组织。"②李兆麟听取十二团转战嫩江源头两岸，并取得初步胜利的汇报后。他指示十二团：原北征支队的任务是开辟讷河、嫩江的，他们已撤至苏联境内休整；现在十二团的任务是顶替北征支队，开辟讷河、嫩江的游击区。"他

---

①《血荐轩辕——王钧回忆录》，哈尔滨出版社1994年版，第115、116页。

②《抗联在讷嫩地区的革命斗争回忆录》，嫩江档案馆12号全宗、1号卷宗。

表示支持支队长冯治纲的行动计划，对部队在讷河、嫩江一带开展游击活动时说：‘在敌强我弱的统治区域开展游击活动，不能固守在一个地方，要贯彻抗日游击战争中的机动灵活的战略战术原则，采取夜袭、突袭和远距离奔袭的战术，才能有力的打击敌人，保护自己’。”①

1939年1月，北满临时省委召开第九次常委会。这次会议围绕开辟黑嫩平原游击区这一战斗任务进行了认真的研究，总结了反“讨伐”作战和进行远征的经验教训，提出了北满抗日游击运动的新策略。特别提出在组织远征时，切记“平推主义”，必须采用“分开前进”和“轻兵奇入”的战术，要选拔对远征信心坚定、耐劳机警的干部担任领导，并要求熟悉当地情况，团结少数民族，接近群众，掌握抗日民族统一战线政策。在开辟新游击区时，尽量避免与强敌正面作战，不能轻举妄动，孤注一掷，要将平原的骑兵游击与山地的步兵游击结合起来，以有效地牵制敌人。2月，为开辟讷嫩地区群众工作，第三路军总指挥李兆麟派下江特委宣传部长方冰玉和抗联指导员欧某分别到讷河、嫩江开展抗日斗争宣传工作。

第九次常委会及其规定的新的游击运动方针，统一了北满党组织和抗联部队的思想认识，为讷嫩平原游击战争的开展提供了有力的思想武器。第十二团按照会议精神，以小兴安岭山地为依托，机动灵活地在讷嫩平原地区与敌开展游击战斗。4月，完成西征的东北抗日联军第六军第十二团，在抗联第六军参谋长冯治纲和第十二团政治部主任王钧率领领下，在嫩江成功袭击日军一号飞机场，炸毁飞机7架，击毙飞行员和守备日军30余人。历经多次战斗，抗联十二团有效的打击日本侵略者，令敌人闻风丧

①刘枫、李颂鸾编著：《抗联将领丛书——李兆麟传》，黑龙江人民出版社1989年出版，第143页。

胆，讷河、嫩江地区人民群众称其为“英雄十二团”。

讷嫩地区游击战争的初始阶段，不仅在一定程度上打击了日伪的反动统治，扩大了抗联部队在这一地区的影响，积累了开展平原游击战争的经验，同时为进一步广泛开展讷嫩地区游击战争打下了基础。

讷嫩地区游击战争的发展

1939年5月30日，中共北满省委[①]决定将抗联第三军、第六军、第九军、第十一军整编为东北抗日联军第三路军，李兆麟任总指挥，冯仲云任政委，许亨植任总参谋长。部队划分为龙南、龙北和下江3个区域性指挥部，其中龙北指挥部由李兆麟、冯治纲、张光迪等率领，主要活动于嫩江、讷河、德都、通北、北安、克山、克东等地。抗联第三路军成立后，使北满抗联各军实现了统一领导、统一指挥、统一行动，增强了抗联战斗力量。

抗联龙北支队在冯治纲的带领下，寻找敌人统治的薄弱环节，主动出击，运用突袭、奔袭等战术打击日伪军。先后于6月进攻北安附近李桂芳屯，随后攻破曹乃修屯，全歼守敌；7月，袭击德都红霍尔基伪警察署；8月，攻陷龙门车站，接着又攻破克山北兴镇。龙北支队连战连胜，极大地鼓舞了指战员的士气。

8月22日，李兆麟给筹建讷河县委的伊子奎、耿殿君、王恩荣等人发出指示信，指出：“现在根据客观环境的要求，决定你们暂时以讷河、嫩江、德都为工作中心，组织讷河中心县委。”随后中共讷河县委正式成立，积极开展发动群众、发展党员、建立抗日救国群众组织等工作，并直接配合抗联部队袭击讷河、克山县城。“讷河县委成立后，讷嫩地区的抗日救国会、青年救国

①1939年4月12日，中共北满临时省委召开第二次执委全会。会议通过决议，将中共北满临时省委改称为中共北满省委员会。会议选举金策为省委书记，张寿篯为组织部部长，冯仲云为宣传部部长，组成省委常委会。

军等群众抗日组织得到迅速发展，抗日活动接连不断，规模越来越大。”①直至1940年12月，由于日伪统治者的残酷镇压和叛徒的告密，讷河县委遭到破坏，停止了活动。讷河县委虽仅存在一年多时间，但它的创建，一方面有力的鼓舞了广大群众的抗战热情，坚定了民众驱逐日本侵略者的决心；另一方面，对讷嫩地区游击斗争的开展起到了重要的支持作用。

9月，苏日诺门坎战争进入后期，日伪军主力大部分调往中蒙边境地带，使黑龙江腹地敌人力量减少，北满省委和第三路军总指挥部决定进一步推进抗日游击运动，变山地游击战为平原游击战，采取积极军事行动，破坏敌人军事设施、兵站、仓库、桥梁、打击敌人。此间，在讷河县委的密切配合下，攻占了伪龙江省重要城镇讷河县城，击毙日军10余名，缴获轻机枪两挺、步枪130支及大量军需物资。轰动了北满各地，振奋了讷嫩地区民众的抗日热情，“在群众中、豪户中、商号中、满军中都起了强烈的反日好的影响”。②此次战斗后，龙北支队避开敌人的“追剿”，又接连获得讷河孔国村、龙门镇，克山西城镇，嫩江鹤山车站等战斗的胜利。

10月下旬，大批日伪军集结在讷河东部，准备在讷河、嫩江、德都（今五大连池市）3县交界地带“讨伐”抗联第三路军龙北支队。为了冲破敌人的“讨伐”，第三路军总指挥李兆麟分别给活动在讷嫩地区的抗联第六军第十二团、第三军第八团发出

①中共黑龙江省委党史工作委员会编著：《黑龙江党史资料》（第九辑），1987年内部出版，第151页。

②《张寿篯关于北部部队活动情况给许亨植的信》（1939年11月19日），载中央档案馆、辽宁档案馆、吉林档案馆、黑龙江档案馆编：《东北地区革命历史文件汇集》甲56，第54页；参见《东北抗日联军史》编写组编著：《东北抗日联军史》（下册），中共党史出版社2015年版，第847页。

训令，要求第六军第十二团在11月上旬由讷河姜家油坊东渡讷莫尔河，深入讷莫尔河南，采取大步前进、大步后退的战术，寻找敌人弱点，巧妙第打击敌人；加强宣传鼓动工作，建立群众关系，提高群众抗日救国决心。命令第三军第八团仍留在讷河、嫩江一带活动以牵制敌人。并强调进行广泛宣传工作，深入发动群众，并将群众组织起来、武装起来；巩固自己的部队，加强部队党政工作，注意保存实力；积极开辟新区，努力争取军事胜利，以分散敌人力量，与第六军第十二团遥相呼应，配合行动①。

秋冬季，龙北部队所属抗联第三军第八团和抗联第六军第十二团根据第三路军总指挥部的部署，在北安、黑河、讷河、嫩江一带开展平原游击战，取得了一系列胜利，使抗日联军声威大震。北满省委在总结1939年三路军平原游击战时指出："我第三路军部队在（龙）江省北部极端困难的斗争中，英勇地开展游击运动……开辟德、讷、嫩等县广泛的游击区，建立了初步的游击据点的后方，开始产生新的反日部队，建立了初步的地方组织基础，摧毁了相当有意义的镇站，使敌寇更加心寒胆颤。"②日伪关东军宪兵司令部在其编写的《满洲共产抗日运动概况》，对这一时期的抗联游击战斗有这样的记录："1939年，在北安、龙江省游击区，以第三军第三团姜福荣匪帮、第六军三师王铭贵（应为王明贵——引者注）匪帮及第四师耿殿臣（应为耿殿

---

①《东北抗联第三路军总指挥部密令（元号）》《东北抗联第六军司令部训令（1939年10月28日）》，载中央档案馆、辽宁档案馆、吉林档案馆、黑龙江档案馆编：《东北地区革命历史文件汇集》甲55,第435、439页；参见《东北抗日联军史》编写组编著：《东北抗日联军史》，中共党史出版社2015年版，第849页。

②常好礼编著：《东北抗日联军发展史略》，东北大学出版社1993年版，第254页。

君——引者注）匪帮等约350人，开辟北从龙江省嫩江县南至北安省拜泉、望奎、绥化广大游击区。”“其中尤以冯治刚（应为冯治纲——引者注）、姜荣富、耿殿军（应为耿殿君——引者注）、王铭贵（应为王明贵——引者注）匪帮活动最为频繁，彼等善于忽聚忽散，纵橔奔驰于游击区，肆无忌惮以“九一八”纪念日为期袭击讷河县城，又于11月13日北黑线小兴安车站胆敢袭击列车、袭击宁黑线鹤山车站及北黑线小兴安车站，恣意放火、杀伤、抢掠。”[①]敌人的咒骂和哀叹就是抗联部队取得胜利的证明。

在讷嫩地区的抗联龙北部队经过艰苦斗争，取得了多次的胜利。因此从冬季起，日伪政权派出数千名日伪军加强对讷河、嫩江等地抗联部队的“讨伐”，对抗日群众也进行残酷的镇压。在不断地战斗中，抗联第三路军各部大量减员，损失很大。为突破敌人对讷嫩地区的“讨伐”，11月，北满省委召开龙北各支队干部会议，对龙江北部游击区运动作出新的部署。会议正式决定由冯治纲担任龙北军事指挥部指挥。北满省委要求龙北部队在抗联第三军、第六军中组织选拔一批队伍，以东北抗日联军第三路军欢迎马占山将军出关抗日挺进军先遣队名义，向嫩江西部地区进行远征，插入大兴安岭以开辟新的游击区。[②]北满省委和第三路军总指挥部要求龙北支队越过嫩江向大兴安岭地区发展。根据这一指示精神，冯治纲率领龙北支队120名骑兵，突破敌人“讨伐”，于12月末越过嫩江，深入伪兴安东省的布西、阿荣旗一带继续进行抗日斗争。

---

①吉林省档案馆编译：《东北抗日运动概况》，吉林文史出版社1986年版，第105—106页。

②《东北抗日联军史》编写组编著：《东北抗日联军史》（下册），中共党史出版社2015年9月出版，第850页。

1940年2月4日，冯治纲率部在阿荣旗三岔河上游任家窝堡与日伪军展开遭遇战，不幸牺牲。3月末，抗联龙北支队跨越嫩江返回朝阳山后方基地进行休整。抗联第三路军指挥部成立后，到1940年初讷嫩地区游击战争得到发展，龙北支队与敌人进行规模较大的战斗近40次，发展队员250名以上，特别是攻袭讷河县城以后，在秋、冬季所取得的一系列战斗胜利，使抗日联军在北安、黑河、讷河、嫩江一带名声大震，粉碎了敌人所谓“黑河、北安、龙江三省汇攻计划”，为讷嫩地区游击战争的更大发展创造了条件。

4月间，按照吉东、北满两省委代表伯力会议精神，第三路军总指挥李兆麟、北满省委常委冯仲云对北满抗联部队进行整顿，废除原来各军、师、团和临时编成支队的番号，将第三路军改编为第三支队、第六支队、第九支队、第十二支队4个支队。原在龙北活动的部队被改编为第三支队、第九支队，其中第三支队以原第三军第八团、第六军第一师为基础编成，王明贵任支队长、赵敬夫任政委、王钧任参谋长，白福厚和池万军分别任七大队队长、政治指导员，徐宝和、姚世同分别任八大队队长、政治指导员，安永化任教导队队长。该部队以朝阳山为后方基地，主要在嫩江、讷河、德都、布西、阿荣旗等地开展游击战。

经过整编后，第三支队不断加强队内党政工作，每逢战斗间隙或休整时都开展政治、军事学习活动。这些学习活动极大地提高了指战员思想觉悟，增强了指战员的政治军事素质。[①]第三支队认真总结平原作战经验，采取声东击西、远距离奔袭等机动灵活的游击战术，在讷嫩地区积极开展游击活动。每到一地便没收日本合作社的物资，分发给贫苦农民，同时采取开会、讲演、

①中共黑龙江省委党史工作委员会编著：《黑龙江党史资料》（第九辑），1987年内部出版，第124页。

演节目、谈话多种方式进行抗日救国宣传，扩大了抗联的政治影响。王明贵在回忆录《忠骨》中写道：“这次战斗（袭击伪沭河森林警察队战斗——引者注）后，我们在屯子召开了群众大会，宣传了中国共产党的抗日救国主张，动员群众积极支援杭日部队，为争取全民抗战的胜利做出贡献。沭河屯的群众对东北抗联的爱国正义斗争深表同情，经过教育被释放的45名警察也表示感谢我军的宽大政策。”①

3月24日，北满省委为动员民众掀起反日斗争高潮，以响应配合全国抗战，发出《关于“红五月”②的通告》。《通告》指出：五月份有许多革命纪念日，号召全党同志行动起来，尽量采取胜利的军事行动，广泛开展纪念“红五月”的民众运动。《通告》要求第三路军各部队根据实际情况，积极开展游击战，如袭击敌人城镇、防所、车站，破坏铁路、桥梁、电线，缴获枪支、衣服、经费，发展队员和新党员，建立地方群众组织，等等。③并于4月中旬向活跃在北满广大地区的各抗日部队发出了开展“红五月杀敌竞赛”的号召，这次杀敌活动中，北满省委和抗

①《忠骨—抗联名将王明贵将军回忆录》，白山出版社2012年版，第148页。

②“红五月”，即五月份的几个革命纪念日，包括“五一”国际劳动者纪念日、“五四”中国新文化运动纪念日、“五七”中国人民反对日贼灭亡中国的二十一条纪念日、“五卅”惨案纪念日。

③《中共北满省委关于“红五月”通告》（1940年3月24日），载中央档案馆、辽宁档案馆、吉林档案馆、黑龙江档案馆编：《东北地区革命历史文件汇集》甲26，第103页；参见《东北抗日联军史》编写组编著：《东北抗日联军史》（下册），中共党史出版社2015年9月版，第899页。中共黑龙江省委党史研究室编著：《中共黑龙江历史》（第一卷）下册，中共党史出版社2013年版，第460页。

联第三路军总指挥部要求第三支队进攻敌人的城镇，破坏敌人的兵营、飞机场、兵器库、铁路、桥梁等设施，以响应全国总抗战的号召。从5月初开始，第三支队按照北满省委的要求，以朝阳山为依托，冲破敌人的围追堵截，在讷河、嫩江等县迅速地展开了“红五月竞赛活动”。在嫩江境内与日伪军先后进行了袭击伪沭河森林警察队、夜袭塔溪四站南大营和突袭二十里河“集团部落”3次大的战斗，俘敌70名、缴获长短枪90多支、子弹8 000余发，给日伪军以有力打击。由于第三支队取得优异战绩，被评为第三路军4个支队中第一优胜单位，受到北满省委的表扬。“红五月”活动中，抗联部队得到了发展，第三支队在上半年队员就发展到近300人。队伍壮大了，第三支队乘胜追击，在嫩江境内接连打击日伪军。6月，第三支队又袭击了嫩江大椅山开拓团青年训练所工地，烧毁房屋，解救了被日本侵略者抓去的167名中国劳工，活捉日本工头横山作次郎等4名监工人员；7月17日，攻打嫩江科洛村，打开了村公所。战斗中，第三支队副官用日语向日本武装人员喊话，交代政策，4名日本人放下武器投降，此次战斗缴自动步枪4支、油印机和粮食及其他物质。第三支队的英勇活动，引起了敌人的极大注意，立即调驻嫩江的日军和伪军，混合编成150余人的“讨伐队”跟踪追击第三支队。7月20日，日伪骑兵“讨伐”队150余人，袭击并包围了第三路军总指挥部朝阳山驻地，第三支队政委赵劲夫率总部24人奋勇抗击，击毙嫩江森林警察大队大队长以下十余人，掩护第三路军总指挥李兆麟安全突出重围。战斗中，北满省委委员张兰生、第三支队政委赵敬夫、第三路军总部机要主任兼电台台长崔清秀等十余人不幸英勇牺牲，曹玉魁等8人负伤，这就是著名的“朝阳山保卫战”。此后，第三路军每个支队所面临的日伪“讨伐队”至少有800到1 000人，北满抗联开始进入困难的时期。

这一时期，第三支队严守群众纪律，对群众百姓丝毫不犯，与群众保持良好关系，在人民群众中树立了良好形象。同时，队内党组织健全，政治工作不断加强，支队所属教导队经常坚持政治学习，开展军事教育。第三支队在与敌作战中，战术战法运用得当，战绩突出，部队得到发展和壮大，讷嫩地区游击战争得到进一步发展。

讷嫩地区游击战争得到了发展

1940年秋，敌人为镇压包括讷嫩地区在内的北满的抗日运动，又施以新的野蛮措施：一是加强反共宣传，每家墙壁上都要张贴反共传单，提出“不打土匪、专打抗联”的口号；二是统一居民证明书，证明书上不仅贴有照片，还按有指纹，以备盘查；三是强化各县谍报网，按时报告抗联动向；四是在进出山地、平原的道路，安置大批日本武装移民，组成严密的封锁线；五是强迫群众沿公路站岗放哨，拉网搜查高粱地、苞米地；六是逼迫农民提前秋收，放倒青纱帐。这期间，由于敌人的封锁，抗联部队一连断粮近两个来月，只能到山里挖野菜、拣榛子、采蘑菇充饥。在极端艰难的岁月里，抗联战士们毫不动摇抗日到底的信念。为了保存部队实力，摆脱敌人“围剿”，10月初，第三支队在支队长王明贵率领下，遵照李兆麟总指挥部命令绕道北上，奔赴大兴安岭地区，并于10月13日在北进途中攻袭了敌人重要据点霍龙门火车站，缴获大批军需物资和给养。随后，横渡嫩江，进入巴彦旗，然后迂回南下，在莫力达瓦旗、阿荣旗、甘南、泰来一带开展抗日游击活动。

自1940年冬季起，日本侵略军改变了“分区屯驻、分进合击”的战术，实行“集中主力、随时出动、各个击破”，把“逐主力部队”为目标变为“穷搜山林、打击领导机关”为目标。11月，第三支队摆脱伪兴安省军轮番追击，日夜兼程北上，经黑河五马架子回到嫩江西北部，决定向朝阳山转移。途中，英勇善战的第三支队缴获了西斯阁金矿警察部队的大批物资，补充了部队，并召开群众大会，宣传抗日主张，接着又攻打黑嫩铁路线泥鳅车站，于12月中旬到达朝阳山根据地。面对日军的严密封锁和“讨伐”，为了保存有生力量，以利再战。第三路军除保留少数抗联战士在朝阳山活动外，其余80余抗联战士于1941年1月从瑷珲跨过黑龙江进入苏联休整。

在苏联休整期间，第三支队队长王明贵赴伯力向李兆麟、冯仲云汇报第三支队挺近嫩西,在大兴安岭进行游击战争的全部情况，总指挥部肯定了第三支队的战绩。同时指出：第三支队确是一支英勇善战的队伍，其影响和威望在各阶层、各民族群众中都在日益增长。因此，要求部队休整到开江之前返回东北战场。3月起，第三支队重新回到讷嫩平原进行游击战争，“我们一年来的游击活动区域，包括嫩江、布西、阿荣旗、布特哈旗、甘南……”[①] 6月22日和29日，在嫩江上游第三支队连续作战，打响了攻破罕达气金矿和突袭八站、腰站伪黑河国际警察队战斗，缴获大量武器弹药和军备物资。第三支队采取轻骑疾进在山区和半山区袭击敌人的游击活动方针，不断打击敌人，牵制了伪满洲国边境线上的大量敌军。

1942年1月，为突破日伪军的围追堵截，抗联第三支队决定重返群众基础比较好的嫩江和讷河，在转移的途中多次遭到日军铃木“讨伐队”的追击，部队伤亡很大，支队政治部主任兼参谋长王钧、指导员赵喜林等身负重伤，不得不随30名抗联战士先行赴苏治疗。2月1日，第三支队在嘎啦河营林工地与尾追之敌展开

①雨田：《第三支队一年来游击活动的检讨》（1942年2月），参见中共黑龙江省委党史工作委员会编著：《黑龙江党史资料》（第十辑），1987年内部出版，第39页。

战斗，第七大队大队长杨利荣等40余人牺牲。[①]2月13日，部队在库楚河边再次被铃木“讨伐队”和伪警察部队包围，战士们奋起抗敌，战斗异常激烈，敌我双方伤亡惨重。第三支队因地形不利，第八大队长徐保和等60余名战士伤亡，只有16人冲出敌人包围圈，在支队长王明贵、宣传科长陈雷率领下，历经千辛万苦，冲破敌人层层围追堵截，于2月26日到达黑龙江边境进入苏联境内。3月初到达的北野营时，部队只剩11人，其中8人是伤员。

抗联第六军第十二团和第三路军龙北支队、第三支队在讷嫩地区开展游击斗争认真贯彻党的群众路线，在群众中宣传党的抗日主张和政策，大力激发广大群众的抗日热情，并紧紧依靠人民群众，采取灵活、主动的战略战术，在极其艰苦的环境下，给予敌人持续有力的打击。正如陈雷在总结三支队1941年游击工作时说：“一年来的游击活动经验告诉我们，游击队应以‘作战与联民的工作’并重，才不致使自己孤立起来，特别是‘作战与破坏的工作’并重，才能增加敌人的困难，处处削弱敌人的力量，在战术上时时都本着秘密、灵活、主动，才能‘指挥’敌人，打击敌人。同时我们在战斗中不但能取得胜利，还能保存胜利，并能使自己的部队经常处于优势地位。在政治工作方面，我们提高了战士的民族觉悟。在队伍里养成一种克（刻）苦耐劳的精神。这样就冲破1941年度敌人的“讨伐”计划，初步奠定和开展了自己活动的区域。”[②]

讷嫩地区游击战争是黑嫩平原游击战争的重要组成部分，是

---

①中共黑龙江省委党史研究室编著：《中共黑龙江历史》（第一卷）下册，中共党史出版社2013年版，第508页。

②雨田：《第三支队一年来游击活动的检讨》（1942年2月），参见中共黑龙江省委党史工作委员会编著：《黑龙江党史资料》（第十辑），1987年8月内部出版，第43页。

一次具有战略意义的军事转移，它的目的不仅在于开辟新的游击区，而且在以期与在热河、河北的八路军会师，打通与关内的联系的战略构想。这一战略意图后来虽然因各种原因未能实现，但其本身的意义却是十分重要的。在广袤的讷嫩平原上燃起了熊熊地抗日烽火，撼动着日伪反动统治，是东北抗日战争艰苦阶段的一个英勇壮举。

二、抗联第六军、第三路军在嫩江开展的典范战例

奇袭一号飞机场

1938年底，完成西征的东北抗日联军第六军第二师第十二团在冯治纲和王钧率领下抵达嫩江、讷河一带抗日，由于第十二团接二连三地成功伏击日伪军，又几次围歼日伪“讨伐队”，敌人无奈调集空军参与作战。嫩江地域多缓坡漫岗，冬季积雪没膝，部队在雪原上活动其行踪暴露无遗，常遭日军机袭击，造成很大损失，特别是战马损失较多。

一号飞机场遗址

为解除空中威胁，第十二团经王钧决定捣毁当时号称“亚洲第一”的嫩江日军一号飞机场。经过研究，决定由龙北地委军事委员耿殿君率第十二团侦察班长史化鹏摸清敌情，待机出击。耿殿君通过长福德发村的抗日救国会据点，为史化鹏买到一张“良民证”，乘一号飞机场扩建之机，混进劳工队伍。史化鹏通过卖

力干活、受伤也不歇工的办法，骗得机场当局赏识，被委任为劳工小队长，利用这一方便条件，将机场情况摸得一清二楚，还暗中发展抗日救国会会员多名。

1939年7月中旬，耿殿君携史化鹏传出的情报赶到朝阳山抗联驻地。随后得知一号飞机场日军守备中队派两个小队押送劳工到嫩江火车站卸水泥，守卫机场兵力仅一个小队，决定抓住这一战机，采取突袭行动。第十二团兵分四路：副官王万俊率一个连卡住县城至机场公路；派一个加强班切断县城至科洛公路；团主力部署在机场北侧，以防西、东、北三面之敌来援；团首长王钧率1个突击排经双泉屯直捣飞机场。各路按预定时间进入战斗位置，突击排于当日半夜12时到达机场东壕外与史化鹏会合，史化鹏带来两名劳工作向导，来前已切断机场与外部的电话联系并将哨兵除掉。王钧在确认机场敌情无变化后，果断地下达了战斗命令：由史化鹏率一个班携一袋手榴弹去消灭日军守备队，龚副官率1个班破坏飞机，齐排长率一个班破坏机场设施，王钧率机枪班进入跑道与营区的中间地带居中指挥并分割敌人。

当日夜，春风强劲，在空旷的机场上人们很难站住脚，炫目的探照灯使人一时难以看清周围情况。战斗打响后，史化鹏带领一个班迅速包围了日军守备中队营房，将事先准备好的一袋手榴弹投了进去，并辅以机枪火力，未待日军放一枪一弹，史化鹏和战士们便将营房内的30余名日军全部歼灭。此时，整个机场“乱了营”，有一伙人操着日语朝停机坪赶来，机枪班长秦长胜迎头一阵猛扫，将来人打得死的死、逃的逃，一验尸体原来是日军飞行员。担任破坏飞机任务的部队进展不甚顺利，因缺少对付飞机的经验，大家用枪打用刺刀刺，只给机身留下一些洞眼，但不能彻底摧毁。此时，有2名日军飞行员乘乱绕到停在最外边的三菱九六式飞机旁，1人坐在驾驶舱，1人搬动螺旋桨启动发动机，龚副官击毙了地上的那个飞行员，飞机却摇摇晃晃地冲上跑道。守在跑道尽头的抗联战士赶忙用高射机枪射击，飞机升空瞬间中弹爆炸，坠毁时燃起熊熊大火。火光使战士们受到启发，于是将汽油泼到机身上用火点燃，跑道上的7架飞机如同7堆篝火照亮了夜空。破坏机场设施的部队，炸毁了发电设备，烧毁了待运的物资和机场油库。

在清理战场时，发现了机场日军司令的尸体，活着的人只有两名随军日妓。战士们带上缴获的枪支、弹药、药品、食品等，按预定部署向空中发射两发白光信号弹，通知配合作战的各路队伍撤离。临行前，王钧在机场司令尸体旁的白色墙壁上书写了“今日折你翅膀，来日平原再战”12个字。

一号飞机场在诺门罕战役期间，担负给日军运输饮水、食品等物质任务，此次战斗有力配合苏联红军反法西斯战争。王钧在回忆录《血荐轩辕》中写道：“可把日本兵打痛了！前线没有水喝，喝自己的尿也没有了，因为没有铁路、公路，食品、弹药和军用物资供应不上了。”[①]这次夜袭，重创了日军在东北战场上的空中力量，仅次于八路军“夜袭阳明堡飞机场”[②]的战绩，创造了步兵击毁日军飞机的成功战例。

夜袭科洛伪警察署

日伪统治时期，在嫩江县沭河屯常驻的嫩江森林警察大队是日军的马前卒，日军每次进山“讨伐”都先派他们打头阵，专门寻找抗联隐蔽的深山、沟壑、密林、苇塘、沼泽地进行搜查、袭扰、堵截，对抗联在嫩江平原开展游击活动的威胁很大。经过充

① 《血荐轩辕——王钧回忆录》，哈尔滨出版社1994年版，第131页。

② “夜袭阳明堡飞机场”：指1937年10月八路军在晋北战场上进行的一次战斗，一二九师七六九团秘密潜入敌机场，突然袭击，一举击毁日军飞机24架。

分研究，改编后的抗联第三路军第三支队作出“活捉警察队头子董连科，捣毁匪徒窝”的决定。

1940年3月17日晚9时许，围墙高筑的科洛伪警察署，门口岗楼内由值班警察站哨守卫，第三支队战士摸上岗楼，突然将哨兵抱住摔倒，夺下步枪，口中塞满毛巾，捆绑起来。进攻部队占据有利位置后，在大门口架起机枪，派10余名战士冲进院内，把枪口对准门窗，连声喊话：“交枪饶命！”屋内的警察知是抗联来了，吓得魂飞魄散，都乖乖地缴枪投降。此次战斗，共缴获轻机枪1挺、步枪42支、手枪3只、子弹4 200发。战斗后，第三支队对俘获的伪警察进行抗日形势和民族教育，警告他们不要再当日本侵略者的鹰犬，要认清形势，悔过自新，等等。在搜查伪警察署之后，放火烧掉了伪警察署长住宅，伪警察署长董连科到嫩江县城办事未在警察署，成为漏网之鱼。在袭击伪警察署的同时，第三支队还包围了科洛村伪公所，伪村长孙云卿已闻风脱逃，缴获马两匹。

这次战斗，是改编后的抗联第三路军第三支队在嫩江的第一次战斗，战斗后的政治思想宣传教育，不仅警告了伪警察人员，同时唤起了嫩江民众抗日救亡的必胜信心。

袭击沐河伪森林警察队

1940年5月5日，抗联第三路军第三支队响应北满省委和抗联第三路军总指挥部关于纪念“红五月”的号召，决定对为虎作伥的沐河伪森林警察队进行打击。

下午5时许，第三支队切断沐河村的电话线和交通线，派4名战士扮作农民乘畜力车来到伪沐河森林警察队门前。站岗的哨兵将他们喊住，欲进行搜查，他们便下了车，有1人溜到哨兵身后，出其不意地将哨兵抱住，其他人上来夺下枪械。除掉岗哨后，冲进院内，此时又有几名抗联战士从角门冲进院内，大家一手持枪、一手握手榴弹，向营房高喊："缴枪不杀！""投降饶命！"正房内的伪警察均扔掉枪支举手投降，而西厢房有七八个人欲寻机逃跑，看见大门口架着机枪只得投降。伪警察队队长董连科去科洛村与孙云卿聚赌，侥幸漏网。此次战斗，第三支队投入兵力70余人，俘敌45人，缴获轻机枪1挺、步枪40支、手枪5只、子弹5 000发及其他军需品，被俘的伪森林警察经教育后全部释放。6日黎明前，第三支队安全转移。

这次战斗，打击和教训了日伪统治者，大长了抗日军民的志气，为日后讷嫩游击战争的进一步开展创造了条件。

夜袭塔溪四站南大营

1940年5月21日，抗联第三路军第三支队从朝阳山后方基地转至黑嫩公路附近活动。根据预定作战计划，决定袭击塔溪四站南大营。深夜，第三支队支队长王明贵和参谋长王钧率60余名抗联战士出其不意地包围了塔溪四站南大营，各大队按照预定的作战计划，分别向刘素"讨伐队"及伪自卫团100余人、伪警察20余人发起猛烈进攻。伪警察队、自卫团不堪一击，全部缴械。伪军"讨伐队"兵营则因兵营坚固，敌军依仗堡垒负隅顽抗，抗联战士虽以机枪、手榴弹发动猛烈攻势，始终不见奏效。此战持续到凌晨4时许，第三支队首长为减少人员损失，率队撤出战斗。此次战斗，除将伪警察和伪自卫团30余人缴械外，还在伪军营房中缴获三八式步枪27支、毙敌2人、战马2匹和弹药若干，战斗中伤敌4人（其中副连长1名），4名抗联战士牺牲。

这次战斗，采取了机动灵活的战略战术，巧妙地与敌人周旋，打击了敌人的嚣张气焰，扩大了党在人民群众中的影响。

霍龙门大捷

霍龙门位于日军修筑的从嫩江到黑河的"国防铁路"线上，是敌人的一个军事据点，也是黑龙江省北部金矿、木业的中心。

那里设有日本修筑北（安）黑（河）铁路的物质供应总站。该处驻有日伪守备部队，车站南侧有日军大营，东侧有日本铁路工程干部宿舍，日军每天有一列车往返于霍龙门与嫩江之间。

1940年10月13日，第三支队为解决部队越冬装备和补充给养，决定奔袭霍龙门。为了保证万无一失，支队长王明贵率先头部队侦察敌情。当部队行至距霍龙门10公里处遇一位烧炭老汉，便停下来了解情况。烧炭老汉原住佳木斯地区，对抗日联军早有认识，便如实告知霍龙门敌情：常驻日军30人至40人，有时县城日军来此可达百人，伪满洲国军有70人至80人，霍龙门车站守备日军仅十余人。为了解确切情况，王明贵恳请老人前去探察，老人欣然前往。太阳尚未落山时已从霍龙门返回，察明从县城来的50余名日军已经离开，该地只有常驻武装力量，抗日联军第三支队决定袭击霍龙门车站。并做了部署：一是七大队以一个中队40人的兵力，用两挺轻机枪埋伏在日军兵营门外，占据有利的地形，以交叉火力阻止日军出击，另一个中队缴火车站的警察武装。二是八大队要全力以赴缴伪军骑兵连的全部装备和马匹。三是支队直属中队，攻占日本铁路工程技术人员宿舍，烧毁房屋、仓库、马车队，给敌人以重大的破坏。四是各部在完成上述任务的同时，要派出部分兵力，把敌仓库的粮食、武器、弹药、冬装等物资，尽量用马车拉走，剩余物资分给当地群众或全部烧毁。五是各部接近敌人要秘密、迅速，如被敌人哨兵发现，除指定人员消灭哨兵外，大部队立即发起冲锋，把敌人堵在营房内，如敌人不交枪则以手榴弹消灭之。六是部队完成战斗任务后，迅速沿车站大路方向撤离。

入夜后，第三支队骑兵趁朦胧夜色，由烧炭工人带路，迅速向霍龙门挺近。当接近霍龙门车站时，各部队到指定地点将马匹隐藏好，变骑兵为步兵，奔向预定目标。夜11时，第八大队大队长徐宝和、指导员姚世同带领全队最先摸到伪骑兵连阵地，用两条毛毯搭在铁丝网上，越过障碍，迅速冲入营区。酣睡中的伪军被枪声惊醒，乱作一团。战士们冲进营房，将伪军全部缴械，收缴了枪支弹药。与此同时，七大队在大队长白福厚、指导员迟万钧的带领下摸到霍龙门车站，白福厚命令中队长安邦华带一个中队冲进车站，进行缴械，自己带另一个中队飞速冲到日军大营门口准备阻击。这时，日军正从营内向外冲出，准备增援车站敌军，阻击部队以机枪火力猛烈射击，将敌击退。日军在数次冲锋均告失败的情况下，放弃增援。参谋长王钧带领直属中队迅速占领车站北边的敌人仓库，在烧炭工人的协助下，将大米、面粉、服装、呢料、毛毯等大批军需物资运出。日本侵略者铁路物资供应站变成了抗联的物资补给站。

霍龙门大捷遗址

此次作战历时90分钟，第三支队投入兵力80余人，经过激战，击毙日军5人，伪满洲国军某连全部投降，另俘虏日本工程技术人员10人。所俘虏的伪军及日本工程技术人员等经教育后释放。战斗中缴获步枪120支、马200匹、弹药千余发、伪币7 000元及粮食、被服若干。[①]第三支队撤离霍龙门时，使用10余辆马车把缴获的物资运出站外。将敌人仓库物资分给烧炭工人和当地群

①嫩江县地方志编纂委员会编著：《嫩江县志》，中国·三环出版社1992年版，第525页。

众，每名战士都换上日军装备，并补充了马匹和弹药。随后，把伪警察分住所、满铁工务局、日本妓院房舍全数烧毁。“汽油库的油桶爆炸了，浓烟卷着烈焰冲上了天际，宛如一条一条火龙在夜空中飞舞，霍龙门真的变成了‘火龙门’了！”①

霍龙门大捷为抗联第三路军在嫩江期间长途奔袭的成功战例，列为黑龙江省抗联24个经典战例之一。此次战斗缴获了大批精良武器和物资装备，大煞了日本侵略者的嚣张气焰，也极大地鼓舞了指战员西进的信心；同时把物资分发给烧炭工人和当地群众，密切了抗日联军与人民群众的联系，提高了抗联在人民群众中的影响力。

袭击八站伪国际警察队

1941年6月23日，抗联第三路军第三支队在突袭罕达气金矿后，为摆脱尾随的敌人，向嫩江境内转移，在转移途中，于6月29日在八站地区与伪国境警察队40余人遭遇。先头部队一到，驻八站日军和伪黑河国境警察队便凭借两座马架子房作掩护，向抗联部队射击。先头部队中队长任德福和指导员郭成章率战士边打边冲边喊话，当郭成章正向东面的马架子房喊话时，从西面的马架子房中窜出一名日军军官，用战刀向郭成章的头部砍去，郭成章察觉后急躲，但左肩已被砍下一尺来长的伤口、小手指也被砍断，他忍住剧痛，未待敌人再举刀，侧身打了两枪将敌人击毙。此时郭成章高喊：“我们是抗联的，快缴枪吧，不要再给鬼子卖命。”东面马架子房内一个警察胆战心惊地走出马架，举手投降。之后，20多个警察把枪扔了出来，举手投降，先头部队押解俘虏走出不远，便与支队主力汇合。当第三支队返回西面马架子房前面时，西边马架里的20多个日本兵为抗联战士的壮举所震慑，弄不清抗联有多少人，见反抗也是徒劳，便缴枪投降。这次

① 《忠骨——抗联名将王明贵将军回忆录》 白山出版社2012年版，第177页。

战斗，第三支队1名战士牺牲，支队政治部主任王钧等5人负伤。此战三支队共俘敌50人，缴获步枪13支、子弹1 800发、战马10匹、服装军备品13套，而后安全转移到大兴安岭一带。

东北抗联第六军第十二团和第三路军第三支队在讷嫩地区的游击战，是在东北抗日斗争处于极为艰苦的时期开展的，它们狠狠地打击了这一地区的日伪统治，有力地配合了全国抗战。同时，有力地揭穿了日本侵略者散布的“抗联已被彻底消灭”的谎言，极大地鼓舞了嫩江广大人民群众的抗日斗志，表现了东北军民不甘当亡国奴，誓死反抗日本军国主义侵略和统治的崇高民族气节。在同敌人的殊死战斗中，张兰生、冯治纲、高禹民、赵敬夫、郭铁坚、祁保贤等众多抗联将士献出宝贵的生命，他们的英勇战绩，将永远被嫩江人民铭记和传颂。

三、抗联部队配合苏军反攻及嫩江的解放

积极做好反攻准备工作

1944年开始，在中国共产党的正确领导下，敌后战场进入局部战略反攻；1945年春夏，华南、华中、华北各解放区战场，都取得了辉煌的胜利。

国内形势的发展，极大地鼓舞了在苏联整训的东北抗联教导旅[①]的指挥员、战斗员，他们摩拳擦掌，纷纷表示，要在即将

①东北抗联教导旅：1942年7月20日，东北抗联领导人经与苏联远东边疆党组织和远东方面军协商决定，凡留在两个野营的抗联人员和由两个野营派回东北以及在东北坚持游击活动的抗联部队一律编入抗联教导旅。8月1日，抗联教导旅正式成立，同时宣布授予苏军番号：“苏联红军远东红旗军第88独立步兵旅”（也称国际旅）。周保中任旅长、张寿篯（李兆麟）任政治副旅长、崔石泉任副参谋长。抗联教导旅内部仍保持抗联独立的组织系统，执行中共党组织的政治路线和各项任务。

到来的抗日大反攻中，为光复祖国东北贡献自己的全部力量。从1945年5月开始，东北党委会①和教导旅组织抗联战士、政治工作人员和党团员，认真学习中共七大的政治报告和其他文件，通过学习，提高他们对中国共产党最高纲领、最低纲领的认识。在这个基础上，对非党战士的家庭历史进行审查，这些战士在极其艰苦的环境下，以其坚韧的革命意志、顽强的斗志，与凶恶的日本侵略军苦战14年，经受住了长期考验，都具备了中共党员条件。所以，大反攻前，抗联战士中的非党战士都先后被吸收为中共党员。

6月2日，东北党委会和东北抗联教导旅根据党的七大精神，提出工作方针：东北党组织和东北抗日联军在中国共产党的政治路线指导下，参加反攻东北的作战；扩大东北抗日联军，开展抗日武装斗争；发展全民统一战线，恢复东北的抗日救国组织；恢复中共东北地方党组织，领导各地方的抗日斗争；中共东北党委会要与中共中央迅速取得联系等。为了保证抗联指战员在反攻中自觉听从指挥遵守纪律，东北党委员会还草拟了政治、组织和行为的三方面的《备忘录》，指出：在政治上准备与国民党斗争，甚至准备再打游击；组织上要加强纪律性；行为上要防止胜利冲昏头脑，不能腐化堕落。以此规范抗联指战员的行为。

7月末，东北党委会召开会议，根据新的形势和新的任务，决定改组东北党委会，组成新的中共东北党委会（也称辽吉黑临

①东北党委会：1942年9月13日，抗联教导旅召开全体党员大会，成立了“中共东北党组织特别支部局委员会”（即东北党委会）；东北党委会既是旅党委，又是东北党组织在同中共中央失去联系的情况下全东北党组织的临时最高领导机关。1945年9月20日，周保中和崔石泉到沈阳，向中共中央东北局书记彭真汇报工作，并递交了东北党委会的全部组织关系，其所属各地组织统归东北局领导，东北党委会正式结束工作。

时党会委），周保中任书记，委员有冯仲云、李兆麟、王明贵等13人，负责领导东北各地党组织的建设。党委会下设12个地区委员会，其中黑龙江境内的有：嫩江（负责人王明贵）、北安（负责人王钧）、海伦（负责人张光迪）、绥化（负责人陈雷）、佳木斯（负责人彭施鲁）、牡丹江（负责人金光侠）。随后，东北党委员会还根据苏军提出的“预想对日将有相当时期的残酷战斗”的精神，具体制定了《以抗日联军现有干部为骨干，准备计划建立六万到十万军队，以便参加大规模对日作战和开展敌后活动》的反攻作战计划。

配合苏军对日作战及嫩江的解放

1945年8月8日，苏联政府对日宣战。8月10日，苏联远东军解放黑河，并在黑河设立卫戍司令部，日伪黑河省政权土崩瓦解。随后，由抗联教导旅干部夏凤林①、孙志远、李海青等组成一个冲锋排，引领苏联远东军沿嫩黑公路前进，部队行至西岗子遭到日军阻击。11日，苏军第一二六九步兵师和二五八坦克旅开始向西岗子阵地进攻，苏军首先用炮火猛烈轰击西岗子阵地守备部队的防御工事和暗堡。在摧毁日军前沿阵地火力点后，苏军步兵在坦克的掩护下，开始向西岗子阵地纵深发起进攻。苏军前锋

①夏凤林（1918—1992），中共党员，生于辽宁省凌原县。1935年2月，参加东北抗日联军汤原游击队。1936年，任抗联第六军警卫队副官。1938年，任抗联六军教导队小队长。1939年5月，任抗联第六支队十六大队中队长。1940年12月，随抗联队伍到休整，后任东北抗联教导旅（远东第二方面军第88独立步兵旅）第三步兵营班长。1945年8月，任中共嫩江县党支部书记、嫩江县苏军卫戍司令部副司令、中共嫩江县委委员、东北民主自治军嫩江军区第九支队队长等职。1947年9月，率东北民主联军嫩江军区第一团南下参加全国解放战争。1957年，任佳木斯友谊糖厂副厂长。1978年至1983年，任和平糖厂顾问。1992年3月3日病逝。

部队的几次冲击被打退，后面大部队蜂拥而上，苏、日两军混战在一起，展开白刃战，战斗异常激烈。苏、日双方伤亡都很大。最终，因日军孤立无援被苏军全部歼灭。此时，只有西岗子阵地地下工事中的日军，凭借秘密坚固工事继续负隅顽抗。苏军留下进攻这一阵地的部分部队外，以其主力沿北黑（北安—黑河）铁路南下，另一部沿黑河—嫩江—齐齐哈尔路线西进。①

抗联教导旅冲锋排引领苏联远东军部队继续沿嫩黑公路进攻日军，沿途相继攻破塔溪日军防御地带、科洛日军防御堡垒、嫩江县城外围日军防御工事，与先两日到达的苏联远东军先遣队汇合击溃日军。8月12日，嫩江县城获得解放。②

时任中共嫩江县工委委员、人民自治军嫩江省军区第十一团团长夏凤林于1946年7月留影

嫩江解放后，抗联教导旅干部夏凤林出任苏联红军驻嫩江卫戍区副司令，当时苏联红军在嫩江只有几十人，主要任务是保护齐齐哈尔到黑河的交通运输线。苏联红军对夏凤林比较认可，但迫于苏联政府和国民政府签订的《中苏友好同盟条约》，要求不能公开建立中共党政组织和人民武装力量。当时，伪县长盛文光等一批伪官吏把持所谓“嫩江县地方维持委员会”和“公安队”，以维持地方治安、保障苏军供应为名，实则等待国民党前来接收。国民党派遣常尚春、尚其悦发展国民党党

①爱辉县修志办公室编著：《爱辉县志》，北方文物杂志社1986年版，第515页。

②另据《黑龙江省志》（第六十六卷·军事志）苏军出兵中国东北对日作战经过要图记载，苏军于1945年8月20日全面解放嫩江。

员，组建“光复军”。一些土匪武装也乘机沉渣泛起各拉武装，等待国民党军事收编。

面对极其艰难而复杂的局面，夏凤林等中共党员克服重重困难，积极开展秘密建党和建军工作，为在嫩江全面建党、建政、建军工作下坚实基础。

第二章　解放初期巩固政权的斗争和支援全国解放战争

1945年8月15日，日本宣布无条件投降。至此，中国人民进行的持久而伟大的抗日战争取得了最后胜利，在日本帝国主义铁蹄下苦斗了14年的东北人民重新回到祖国的怀抱。9月15日，中共中央在沈阳成立了以中共中央政治局委员彭真为书记的中共中央东北局，随即派遣干部北上，10月中旬以后陆续到达黑龙江各地，与先期到达的东北党委会所属党员和东北抗日联军干部一起开创巩固东北根据地。

根据中央关于建立巩固的东北根据地的指示，中共嫩江县（工）委注重发动群众、发扬民主，全面完成建党建政和建立人民革命武装工作，随后肃清敌伪残余势力和剿灭盘踞在各地的土匪，反击国民党反动派的进攻，保卫了新生的人民民主政权，保卫了抗战胜利果实，保卫了人民群众利益。在党的正确路线政策指引下，嫩江的土地改革运动蓬勃开展，彻底废除了封建土地制度，实现耕者有其田，解决了农民对土地、房屋、畜力的要求。改变了农村旧有的生产关系，使广大农民在政治上、经济上获得解放，有力地促进了农业生产的发展。同时，大力组织开展以农业生产为中心的经济建设，发展民用军需工业、交通运输业，活跃商业，恢复教育和文化卫生事业，改善人民生活。积极组织本地区人民全力支援解放战争前线，一方面千方百计增产节约，以源源不断的物资和资金供应军需；另一方面积极动员翻身农民和其他人民群众参军参战，大力开展拥军优属活动。全县人民在中国共产党的号召和领导下，义不容辞地担负起支援东北解放、支援全国解放的重任，集中大量人力、物力、财力，不畏艰难险阻，不畏流血牺牲，为东北的解放乃至全国的解放作出了重要贡献。

第一节　建立地方党组织、群团组织和培训干部

1945年8月嫩江解放后，中共嫩江地方党组织随之成立；11月，中共嫩江县工作委员会建立。至1949年，县（工）委着重在“土改”斗争中发展积极分子入党，建立党小组、党支部；开办各种学习培训班，增强党员干部在工作中执行党的政策、贯彻群众路线等方面的能力，充分发挥党组织的战斗堡垒作用。并及时组建工会、青年团、妇联等群团组织，团结社会各界力量，为开展土地改革运动、巩固新生民主政权和支援全国解放战争奠定了坚实的政治基础。

一、建立中共嫩江地方党组织

秘密建立党组织

1945年8月抗日战争胜利后，中共中央派来黑龙江的各级党政军领导和抗联党员干部，在共同创建北满根据地工作中，都把发展党员、建立党的组织作为一项重要任务。

8月12日，东北党委会派遣东北抗日联军教导旅成员、中共党员夏凤林、王长春、张凤宽随苏联远东军进入嫩江县开展工作，组建了中国共产党嫩江县地方最早的党支部，夏凤林任党支

部书记。

11月中旬，中共黑龙江省工作委员会[①]派延安抗大二部学员扈惠民[②]，任中共嫩江县工作委员会书记，途径齐齐哈尔时获得中共嫩江省工委[③]认可，高可际为县工委副书记兼组织部长，国向冰任县工委委员兼县长，赵连重任县工委委员兼公安局长。高可际在由北安经齐齐哈尔来嫩江的途中，因病被嫩江省工委留在齐齐哈尔；赵连重在与驻讷河的嫩江省工委讷河军分区接洽关系时，被军分区领导留在讷河协助剿匪，在一次剿匪战斗中不幸牺牲；国向冰到讷河时，国民党“光复军”进攻讷河县城，留在讷河剿匪，后随军分区首长来嫩江，但末到嫩江实际任职。[④]只有扈惠民一人几经艰辛于11月末到达嫩江县，与已先期到嫩江县的中共嫩江党支部书记夏凤林取得了联系，组建了县工作委员会，

---

①1945年11月15日，中共黑龙江省工作委员会在北安成立。

②扈惠民（1909—1996），又名胡一宁，中共党员，河北省枣强县人。1935年参加革命，早年在北平西郊参加抗日斗争，任民先小队长、支部交通员。1938年，任中共冀南特委秘书，五地委宣传部长。1939年至1943年，五地区总农会秘书、党团书记，七地委民运部长，五地委书记。1944年，赴延安中央党校学习。1945年11月至1946年4月，任第一任中共嫩江县工委书记、县民主政府县长。1947年2月至1949年月，任中共安达县委书记。1949年至1955年，历任中共黑龙江省委党校副校长，省委组织部第一副部长，三机部哈尔滨国营122厂副厂长。1956年，调任三机部驻四川省成都市办事处副主任。1969年，调河北省保定市任542 厂顾问。1980年，任河北省农业大学副校长。1996年，因病逝世。

③1945年11月9日，中共嫩江省工作委员会在齐齐哈尔成立。

④中共嫩江县委党史工作办公室编著：《嫩江党史资料》（第一辑），1991年7月内部出版，第115—116页。

隶属嫩江省工委讷河地区委员会①。扈惠民任书记，委员有人民自治军嫩江军区第十一团团长夏凤林、政治部主任赵明。因党组织尚未公开，当时县工委对外称“嫩江县各界联合会”，县工委书记扈惠民因兼任人民自治军嫩江军区第十一团政委，对其称为“政委”，而不称“书记”。

1946年3月，县工委设立秘书处、组织部和宣传部等工作机构，配备了工作人员。4月14日，扈惠民奉命调往昂昂溪工作；4月18日，中共嫩江省工委任命张兴为嫩江县工委书记，工委委员有县长陈力新、组织部长谢建（女）、宣传部长吕学坡。7月15日，嫩江省工委任命解云清为县工委书记。

县工委建立以后，即在党内开始组织活动，对外以“各界联合会”的名义开展党政工作，主要是建党建政、建立革命武装、接收旧政权、巩固后方,并领导人民自治军和人民群众与国民党“光复军”和土匪进行坚决斗争，保卫人民政权，保卫抗战胜利果实。成为全县党政工作的领导核心。同时，立即开展区工委的建立工作。经过努力工作，全县区级党政机构基本建立起来。到7月末，全县在划分7个区的基础上建立了7个区工委，即一区（城区）工委、二区（前官区）工委、三区（伊拉哈区）工委、四区（华峰区）工委、五区（科洛区）工委、六区（塔溪区）工委、七区（霍龙门区）工委，各区委也以“各界联合会”的名义开展工作。

1947年初，中共嫩江县工作委员会改称中共嫩江县委员

---

①1945年11月下旬，中共嫩江省工作委员会在讷河组建讷河地区工作委员会，管辖讷河、甘南、嫩江、富裕、阿荣旗5个县（旗）工委。

会[①]，解云清任县委书记，嫩江县委重归中共嫩江省委领导[②]。

7月后，随着“土改”斗争中群众觉悟的不断提高、党员数量的增加，县委开始在各区建立党支部。当时，因为各村的党员数量多少不均，有的村只有1名至2名党员，有的村没有党员，所以只有少数以村为单位建立党支部，多数党支部是由几个村联合建立的。

1948年3月14日，县委下发《县委关于各区编制的决定》。《决定》指出：根据省委会议精神，为了提高工作效率，节约支前，乡村各区的组织形式应向政权、群众团体统一的农民委员会的方向发展；并对各区委的人员编制作出明确规定，基本为七至九人。当时各区委及区政府的领导干部，基本上都是上级从关内来的干部或由部队转到地方工作的干部中选派的。

5月8日，县委召开县、区委书记联席会议。会议认为，下步工作应该把建党工作作为主要任务，其他工作都要结合建党进行。会议要求，在农村一般按行政村为单位建立党支部，城镇以街道为单位建立党支部。凡有党员3至9人，都要建立党支部，并设书记1名；9人以上的设立由3人组成的党支部委员会，成员为党支部书记、组织委员、宣传委员，党支部下设若干党小组。至8月，全县共建有39个党支部，其中，一区建有2个党支部、二区

①中共嫩江县委组织部、中共嫩江县委党史办公室、嫩江县档案局联合编著：《中国共产党黑龙江省嫩江县组织史资料（1945.9—1987.10）》，1991年1月内部出版，第4页。

②1946年2月，中共嫩江工委隶属中共嫩江省第二地委领导；1947年1月，中共嫩江省委撤销，二地委同时撤销，所属各县工委划归西满分局二地委领导；同年9月，根据中共中央东北局决定，撤销中共西满分局所属的第二、四两个地委，恢复中共嫩江省委，中共嫩江工委由中共嫩江省委直接领导。

建有6个党支部、三区建有9个党支部、四区建有12个党支部、五区建有5个党支部、六区建有1个党支部、七区建有4个党支部。各党支部均制定了会议、学习和检讨、批评等制度，建立健全了组织生活制度。

1948年5月，中共嫩江县委部分委员合影
（左起原野、金光、武征反、汪秋风、乔子英）

秘密发展党员

县工委建立以后，即开展了发展党员工作。1945年12月，经扈惠民和夏凤林两人介绍，县民主政府副县长范革人被批准加入中国共产党，成为嫩江县最早发展的党员。此后，县工委根据建党指示精神，采取慎重考察、有控制地、秘密发展的原则，在军队、地方干部和农村贫苦农民中发展了一部分党员。

1946年4月22日，中共中央东北局①发出《关于发展党的指

①中共中央东北局：1945年9月，中共中央决定成立中共中央东北局，东北局全权代表中央，指导东北一切党的组织及党员的活动。1954年4月27日，中央作出撤销大区一级党政机构的决定，六个中央地方局撤销，各省党委直接对中央负责。1961年1月18日，中共八届九中全会批准恢复六个中央地方局，代表中央分别加强对各省、市、自治区党委的领导。1967年8月，东北局再次撤销。

示》。《指示》指出：现在我们的干部已经开始了解各地情况，群众开始发动起来，党与群众已开始建立联系。为了建立巩固的根据地，必须有强大的党的组织，现在应该注意在斗争中慎重地发展党员。

县工委按照《指示》精神，继续在人民自治军和县直机关中发展党员。发展的对象主要是工人、雇农、贫农、佃农、店员、进步知识分子及城市贫民，发展的党员都是斗争中积极、来历清楚的人。对最初吸收的党员，县工委指定有组织工作经验的老党员一一谈话，加以审查，保证了党组织的纯洁。

直到1948年8月公开建党前，这一时期党组织基本处于秘密发展和秘密活动阶段，建党及秘密发展党员划分为4个时期：即清算斗争时期、煮“夹生饭”与“砍挖”运动时期、平分土地时期、生产运动时期。

清算斗争时期。这一时期县区领导每次部署工作时，对党的建设都有要求和检查，并注意发展党员工作。这一时期，一部分“土改”积极分子加入了党组织，如四区的张海江、三区的赵文东等。期间，发展党员最多的是三区，10月以后四、五区也有相当发展。当时，各区党员发展不平衡，发展方式也比较简单，主要是采取领导干部或工作队找发展对象进行谈话，然后采取个别秘密发展的方式。吸收党员的标准是在“土改”清算分地时敢说敢干的劳苦积极分子，在发展后同时进行组织教育。由于发展党员是秘密进行的，党员在群众中的印象不深，加之当时单纯追求发展人数，某些政策掌握不严，致使吸纳了个别思想作风涣散、组织纪律不严，甚至阶级异己分子到党内，造成部分地方党组织不纯，在一定程度上妨碍了“土改”斗争的开展，给党的工作造成了负面影响及损失。

煮“夹生饭”与“砍挖”运动时期。随着“土改”运动的深入开展，在发展要求上提出了“苦而又苦”的标准，要求较前期严格，因而在一些区出现关门不发展的偏向。投机分子及坏分子在这一时期中暴露了原形，四区工委清除“贪污果实”“与地主勾结”“与地下军（土匪）有关”的坏分子及阶级异己分子20余人，五区工委清除了类似问题的6人。但全县党员还是有一定数量的发展，二区工委这一时期发展了的50余名党员。

平分土地时期。为了严密党的组织，纯洁党的队伍，东北局于1947年11月3日至21日在哈尔滨召开北满省委书记联席会议。会议根据全国土地会议关于在全国解放区进行整党的指示精神，作出了整顿党的队伍的决定，整党的重点是解决党的地方组织，特别是农村组织中存在的成分不纯和作风不纯的问题。会后，根据嫩江省委①的指示，县委召开了整顿党组织的工作会议，广泛开展整党学习运动，自上而下与自下而上相结合地进行“三查”②和“三整”③活动。从开展查阶级成分、查思想立场、查工作作风入手，整顿党的组织，进行党员全面登记审查，对明显不合格的党员劝其退党，对那些混进党内的投机分子和坏分子，则一律清除出党。在学习提高思想认识的基础上，使广大党员自觉地反对地主、富农、资产阶级的思想侵蚀，改造小资产阶级的迎合性，克服官僚主义、军阀主义作风。运动中，坚持正面教育的原则，小会大会相结合，开展严肃的批评与自我批评，进行思想认识、工作作风、生活作风等方面问题的检查，进而提高对形势任务和党的政策的认识水平。这一时期整党过程中，产生了一些“左”的做法：片面强调群众路线，让贫雇农大会决定一切，实行交权交枪等错误做法。期间，基本上停止党员发展，几乎所有

①1946年7月下旬，中共嫩江省工委改称中共嫩江省委。

②“三查”：查阶级、查思想、查作风。

③“三整”：整思想、整作风、整生活。

的党支部都停止了组织活动，同时清洗了不该清洗的党员，如三区清洗前有50名党员，清洗后仅存17人，二区清洗出党20余人，错误的打击了一些党员干部，影响了他们的工作热情。这些错误做法，在后期工作中得到及时纠正，使党内思想、组织、作风不纯的问题得到基本解决，密切了党与群众的联系，使党组织更加纯洁和巩固。

生产运动时期。1948年5月8日，县委在县、区委书记联席会议上，就发展党员成分强调指出：在农村主要是发展贫雇农的先进分子，在城市主要发展工人，特别是生产部门中的工人积极分子，在机关主要发展贫苦知识分子及勤务人员中的表现好的贫雇农出身者。会后，县工委开始要求各区工委进行党支部清理整顿，并强调指出：对于农村基层党组织和党员要作实事求是的正确分析，既不隐瞒也不夸大党内存在的问题和错误，要相信大多数党组织是好的。四区首先开始清理整顿，随后各区委普遍进行了党支部的清理整顿工作。工作中，主要是加强组织生活制度，整改党员不按时参加组织生活的现象，提高党员的学习、开展批评和自我批评的意识。在清退党员工作中，县委指出：既要有成分论，但不唯成分论，不能把斗争地主的方式搬到党内，使斗争风气盛行，而应当以教育为主，开展批评和自我批评，不能把思想上有毛病或犯有错误的党员，当作阶级异己分子处理，即便清退阶级异己和蜕化变质分子，也要经县委批准。对于只是表现不好、工作不积极的党员要争取教育，不能把整党单纯的变为清洗党员。此后，各区工委均按照县委指示精神，进行党支部清理整顿，党员队伍得到发展。这一时期，全县各区共发展党员59名。至1948年8月，全县共有党员325名。

公开建党

1948年2月22日，中央发出《关于在老区半老区进行土地改革工作与整党工作的指示》。东北局根据中央指示，决定在试点的基础上，要求各省做出普遍地、积极地、公开建党的规划和安排。此时，嫩江省委在嫩江、讷河、甘南、富裕四县进行了公开建党的试点。嫩江县委决定在二区文质村、新生村，五区石头沟村、双泉村，七区长福村、德胜村进行公开建党的试点。但由于这是一项新的工作，加之全县各区刚参加工作的干部多，缺乏公开建党经验。因此，当年2月至7月间，嫩江的公开建党工作尚处于摸索中。

8月，县委根据中央《指示》和嫩江省委关于公开建党的精神，全面部署公开建党工作。指出：除基本群众不占优势、邪气占上风的地区外，皆可公开建党。对邪气占上风地区应积极工作，争取基本群众，创造公开建党的条件，并要求各区到年底要做到村村有党支部，屯屯有党员，建立起支委会，成立组织、宣传等工作部门，党员占人口总数的1.5%，达到党员起带头作用、党支部成为核心的目标。公开建党的方法，除针对各区不同情况提出不同要求外，总结出有群众参加、共同审查申请入党者的发展党员基本程序，即“宣传、自报、公议、办理手续、举行入党仪式”。

9月15日，根据嫩江省委指示，县委决定在全县公开进行整建党工作。各区工委根据要求，普遍开展了公开党支部、建立党支部与发展党员的工作。9月末，全县已有党员419名；到10月末，党员总数达700名。全县各级党组织在发展党员过程中，在保证以工人、贫雇农为主的前提下，注意了在妇女和知识分子中发展党员，纠正了对知识分子关门的现象，同时发展了表现突出的中农入党。至年末，全县共建立74个党支部，其中农村党支部54个，街道党支部4个，县直机关、部队、工厂党支部16个，共有党员751名。全县只有11个村未建党支部，2个村没有党员。

公开建立党组织后，由于党员公开了，受到了群众的监督，广大党员在生产、“土改”中都起了积极带头作用，提高了党在群众中的威信，同时使党组织开始步入健康稳步正常的发展轨道。

在公开建党的同时，再次进行整党。这次整党是在群众中公开党支部和党员，在群众的监督下进行的，采取有重点的、逐步推广的方式，先整顿党的领导机关，后整顿农村基层党支部。通过整顿，全县党支部的各种制度开始健全起来。各区委对此都作了规定：每十天召开一次支委会和党支部大会，每月召开一次党小组会，区委定期召开党支部书记联席会；各级党组织定期向上一级党组织汇报工作，定期上党课，开展批评与自我批评，严格组织纪律等。通过整党，各村党支部在生产运动中，特别是在秋收中起到了战斗堡垒作用。这次整党，巩固了农村党组织，增强了党内团结，进一步改变了工作作风，同时由于公开建党，党群关系更加密切，并吸收了一批积极分子入党，增加了党的新鲜血液，提高了党的战斗力，党员在“土改”、建政、剿匪、生产和支前等运动中，都发挥了积极作用。在全县党员中，涌现出积极发动群众领导“土改”运动而被土匪武装残酷杀害的四季屯村农会主任、共产党员张海江，为保卫“土改”斗争的胜利果实而英勇牺牲的陈屯村主任、共产党员王长福，生产和工作带头作用强的三区新胜村共产党员沈凤琴等一批优秀共产党员。

因为嫩江县的党组织建立较晚，在建党过程中虽然也有过曲折、偏差，但是由于县（工）委认真贯彻中央、东北局、嫩江（工）省委关于建党工作的指示与要求，使嫩江县解放战争时期的建党工作没有出现全局性的差错，使党组织在人民群众中扎根，并不断发展壮大，成为全县人民的领导核心。①全县涌现出

①中共嫩江县委党史工作办公室编著：《嫩江党史资料》（第一辑），1991年7月内部出版，第122页。

二区新升村、三区土城沟村、四区长华村、五区石头沟村、七区德胜村等一批组织制度健全、能领导生产的好党支部。经过秘密建党、整党和公开建党，党的各级组织普遍建立，党的队伍不断壮大。至1949年10月，全县建立党的基层委员会7个、党支部89个，共有党员889名。

二、建立群团组织

组建农会

1946年初，嫩江县“土改”工作队在培训“土改”运动骨干的同时，组建了区、村两级农会，领导农民开展清算斗争。起初，由于某些农会组成人员不纯，加之农民尚未真正发动起来，致使许多地方清算斗争无法深入开展。为解决这一问题，1946年11月，在“土改”工作队主持下，首先培训“土改”骨干，建立区、村两级农会，建立由“土改”工作队和农会共同领导土地改革的领导体制。随后，领导农民开展清算工作和斗争地主、富农。

1948年2月5日，县工委召开全县农民代表大会。之后，一批“土改”运动中表现突出的农会干部和积极分子被吸收为党员。全县在土地改革运动中，共发展农会会员7 633人，占参加“土改”斗争农民人数的51.7%，占农村人口的20.7%。土地改革结束后，随着建政工作的不断开展，区村人民代表会议和政府委员会的产生，农会组织自然取消。

建立东北民主青年联盟和新民主主义青年团

1947年，嫩江县始建东北民主青年联盟组织，是隶属于中国共产党领导下的青年团体，县级领导机构为东北民主青年联盟嫩江县本部，县工委宣传部长吕学坡兼任主任。东北民主青年联盟成立之初，在青年知识分子最多的中学校建立第一个基层组织，成员有十余人，1948年，东北民主青年联盟县本部改称县青年联合会，宣传部长吕学坡继续兼任主任。

1949年1月1日，中央公布了《关于建立中国新民主主义青年团的决定》[①]。根据《决定》精神，县青年联合会改称为中国新民主主义青年团（简称新青团），金光任书记；其主要任务是加强对进步青年的领导和马克思的思想教育，积极配合党的各项革命活动，成为党的有力助手和后备军。此后，开始在全县范围内公开建团，发展团员。

创建妇女联合会

1948年，嫩江县民主妇女联合会成立，组织动员妇女走出家门，参加生产和社会劳动。1949年春，召开嫩江县第一次妇女代表大会，原野当选民主妇女联合会主任，王凤琴当选副主任。大会明确妇联工作的中心任务：发动妇女参加生产，组织妇女扫盲，做好支援前线和参军参战工作，为新中国的诞生贡献力量。1948年至1949年，县妇联举办妇女识字班2个，有近80名妇女坚持参加识字学习；举办冬学[②]5处，有247名妇女入学；举办炕头识字小组223个，有976名妇女参加学习。通过采取各种形式的学习，妇女的文化水平有所提高。在土地改革后期，有一批妇女被评为工作模范；土地改革结束后，广大农民分得了土地，有63%的妇女参加田间劳动，真正成为“半边天”。在支援全国解放战争中，广大妇女为前线送干菜8 450公斤、送军鞋1 358双。到1949年末，全县女共产党员达到97名，占党员总数的10.4%。

---

①《关于建立中国新民主主义青年团的决定》：主要阐述新民主主义青年团性质、主要任务、建团方式方法，在最后强调指出，建立全国性的和各地方的新民主主义青年团，是当前青年运动的中心环节，是党在目前革命形势胜利发展下的极重要的工作之一，各地党委必须予以重视。

②冬学：农村在冬闲时开办的季节性学校，是中国共产党改造群众传统文化所进行的一次成功尝试。

创建工会

为团结和动员各界人民群众建设新家园，县委开展了发动和组织工人群众的工作。1949年7月，开始组建嫩江工会。10月16日，正式成立县工会，同时召开嫩江县工会第一次代表大会，参加会议的有公私合营工厂工人代表和厂长、经理40余人。大会选举产生9名委员组成的第一届嫩江县工会委员会，县委组织部长路平兼任主席，城区副书记原永铭任副主席。会上，县委宣传部副部长章铁炎传达了全国工会工作会议决议和省工会工作会议总结，原永铭总结了县工会筹备组建以来的工作。会后，县工总会积极宣传工会作用，并提出了会员标准：历史清白，人品正直；响应号召，积极生产；爱护公物，节省原料；团结职工，遵守厂规。广大工人对此认识明确，态度积极，踊跃报名入会。此后，县内先后成立建筑、店员、排木3个行业工会，成为嫩江第一批基层工会组织。

这一时期，各群团组织在县委领导下，广泛联系群众，积极配合各项中心工作，为完成新民主主义革命均作出了各自的贡献。

三、培训党员和干部

培训党员

嫩江县建党初期，由于秘密发展党员，特别是群众还没有发动起来时，党内混进了一些坏分子，给党造成一些不良影响。在“煮夹生饭”和平分土地运动时期，由于党员清洗过多，致使很多党员没有很好地发挥作用。直至生产运动开始，县、区委加强了党员教育工作，采取的方法主要是以党支部或党小组为单位，每十天上一次党课，主要讲授党的基本知识。

1948年8月24日至9月11日，县委举办了有52名党员参加的党员训练班，其中正式党员22名、预备党员30名。训练班主要讲授秋后如何开展生产和斗争问题、全国解放战争的总体形势等内容。通过培训，使参加学习的党员对党的目标纲领和组织纪律等都有了明确的认识，坚定了为共产主义奋斗到底的意志。这些党员经过培训后，在工作中和带动其他党员等方面都起到表率作用，在生产运动中涌现出一批工作好、生产能带头的好党员：一区的包保田、王永江、王云富、岳朋云、霍墨林、孙伯齐，三区的沈凤琴、朱革山，王奎武，郎洪玉，四区的李清珍、田丰弼、安德升，五区的董所祥，六区的蔺玉兰、何庆忠，七区的王国林等。通过培训，党员的素质得到提高，党员的带头作用得到发挥，党员在群众中的威望越来越高，很多贫雇农、知识分子等都积极靠近党的组织，申请加入党组织。

培训干部

解放初期，嫩江县担任科（局）以上领导职务的干部队伍骨干均由上级委派，其他干部由组织考核，从社会各界录用。干部队伍中年轻干部比重大，文化程度偏低。为此，县委、县政府举办农村干部训练班，培训农村积极分子，提高他们的文化水平，结业后补充到干部队伍中。训练班主要学习省委文件和省委对嫩江的各项指示精神。

1947年2月，县委在二区新荒地屯（今前进镇文质村）举办首届“土改”训练班，50名“土改”积极分参加培训，班上成立学习小组，十人一组每组设小组长一名。主持并讲课的主要有政府县长李潜和县工委副书记杨波凌、宣传部长金义波，训练班成员集中学习《土地法大纲》，并组织就如何搞好“土改”斗争中的追挖运动和改造“夹生饭”进行讨论学习，使学员的政治觉悟和执行政策能力有了较大提高。

9月，县委在四区长山堡（今海江镇长华村）举办第二次全县村干部积极分子训练班，这次训练班有67名学员。县工委书记解云清、副书记杨波凌等讲课，训练班重点是解决“土改”运动中如何进行平分土地阶段的问题。此间，秘密接收一批“土改”骨干加入党组织。

10月，县委举办约40人参加的“土改”工作队训练班。县工委主要领导成员解云清、杨波凌、汪秋风、武征反和各区的政委、组织委员、宣传委员、武装委员等参加训练班并分别讲课。训练班中心内容是学习中央颁发的《中国土地法大纲》、如何进行下步“土改”运动和进行划阶级定成分。通过组织在职干部政治理论学习和政策、业务学习，普遍提高了干部的政治理论、政策水平和工作能力。

第二节　新生人民民主政权的建立

嫩江县地方民主自治政府于1945年12月成立，标志着嫩江地方政权性质发生了根本变化，是人民当家作主的开端。它建立之后，立即组织领导人民群众进行了保卫和巩固民主政权的斗争，在农村组织发动群众，开展土地改革斗争，并在城乡大力宣传党的方针政策，从而在嫩江拉开了建立与巩固民主政权斗争的序幕，为嫩江县实行民主改革奠定了坚实基础。

一、建立嫩江县民主政权

民主大同盟的组建

根据东北抗联教导旅政委李兆麟提出的“要注意根据国际形势和国内社会情况，做好发动群众和组织群众的工作，通过‘民主大同盟’等组织形式，把青年、学生、工人、农民等基本群众组织起来，为接受政权、建立人民武装部队培训一批骨干”指示精神，县工委在建立和巩固民主政权方面，做了大量艰苦细致的工作。

1945年9月15日，由党领导的嫩江各界进步爱国人士参加的民主大同盟成立，它是在党领导下的进步群众组织。民主大同盟嫩江县人民力量的代表有范革人、王冥等人，同时一批人民自治军的骨干梁玉汉、杨显章、季秉林、崔丽英、王福仁等也参加了民主大同盟。范革人任大同盟委员长，夏凤林兼任副委员长。

嫩江县民主大同盟成立后，积极团结各界人士，努力争取革命力量，发动和组织群众，宣传党的方针、政策，并组织筹建人民民主政府。

民主政府的建立

1945年12月，嫩江县地方民主自治政府成立，隶属嫩江省第二专署（讷河专署）。此后，至1946年3月期间，是敌我政权并立时期，斗争十分尖锐激烈。以伪县长盛文光为首的“地方治安维持委员会”，勾结“光复军”疯狂进行反扑，妄图把新生的民主政权扼杀在摇篮中，夺取政权。县民主政府领导人民群众同地方反动势力、特别是土匪进行武装斗争，瓦解了以汉奸、伪官吏为主体的“地方维持委员会”，粉碎了“光复军”的军事进攻，使新生民主政权得以巩固。1946年3月，县民主政府接收了“地方治安维持委员会”，建立了嫩江县政府，仍隶属于嫩江省政府第二专署领导。1947年2月，黑龙江省与嫩江省两省正式合并为黑龙江、嫩江联合省政府，嫩江县政府隶属黑嫩省第二专署领导。同年9月，嫩江县政府又归嫩江省直接领导。1949年5月，嫩江省、黑龙江省合并为黑龙江省，嫩江县政府划归黑龙江省人民政府管辖。①1949年10月1日，嫩江县政府

①中共黑龙江省委组织部、中共黑龙江省委党史研究室、黑龙江省档案馆联合编著：《中国共产党黑龙江省政军统群系统组织史资料》（1923—1987），黑龙江人民出版社1992年版，第36页。

改称嫩江县人民政府。

县民主政府成立时，扈惠民任县长、范革人任副县长。县政府期间，陈立新、李潜、周刚、武征反、覃平先后担任县长，范革人、赵本仁先后担任副县长。

县民主政府建立之初，未设工作机构。1946年3月，县政府开始设立秘书室、公安局、司法科、民教科、财粮科、实业科、邮电局、东北银行嫩江办事处8个工作机构。1947年4月，东北银行嫩江办事处改称东北银行嫩江支行。1948年10月，裁撤民教科，分设民政科和文教科；裁撤司法科，改设人民法院；东北银行嫩江支行复称东北银行嫩江办事处。1949年，增设农业科、工商科、供销合作总社，东北银行嫩江办事处改为东北银行嫩江营业所。

县政府成立后，建起基层人民政权，惩办汉奸、特务和其他反革命分子，并进行了轰轰烈烈的土地改革运动，废除了封建土地制度，翻身农民掀起了大生产运动和参军参战的热潮。同时，县政府组织人民互助合作，创办公营工商企业，扶助私营工商业，发展生产，支援前线，把嫩江县建成巩固的根据地，为夺取东北和全国解放战争的胜利作出了贡献。

二、基层政权组织的建立

建立区、村（街）政权

1946年3月县政府成立后，即着手组建区级人民政权。全县设7个区，即城区（今嫩江镇）、二区（今前进镇、长福镇、临江乡）、三区（今伊拉哈镇、双山镇）、四区（今海江镇、联兴乡）、五区（今科洛镇）、六区（今塔溪乡）、七区（今霍龙门乡）。建立区、村（街）公所，区公所配备主席、文书和民政助理、财粮助理、公安助理，村（街）公所配备主任、文书和财粮委员（街区设此职），村（街）以下设闾、设置闾长。

1946年5月后，全县确立了县、区、行政村（街）三级行政建制，区公所改称区政府。区街政权确立后，县政府就政权改造提出11月末前必须清退日伪时期的坏分子，选拔一批群众斗争中涌现出的积极分子及贫苦知识分子到区街工作，利用各种会议开展东北施政纲领、时政教育，建立村屯公民小组。同时，就政权工作制度指出，区以上政权取消上下班制度，进行集体生活，学习工作在一起；区以下机构，15天召开1次村（街）长会议，汇报总结工作。

1947年3月14日，县工委开始整顿区级机关作风，清除衙门习气、惩贪治污，克服官僚主义、形式主义、文牍主义，对政府工作人员进行为人民服务的思想教育，培养朴素、艰苦、民主、踏实、廉洁、大公无私的新作风。经过整顿，工作人员一般都能经常深入基层，了解和解决群众疾苦，接受群众的监督，密切了政府与群众的联系，使区级机关的职能作用大为增强。

1948年冬，根据东北行政委员会①决定，开展建政工作，区、村（街）均召开人民代表会议，行使人民当家作主的权力，村（街）主任改名为村（街）长，废除闾的建制。

1949年10月，全县共设7个区65个村（街），总人口48 884人，其中，城市人口11 345人、农村人口37 539人。

城区辖5个街，即一街、二街、三街、四街、五街，区政府

①东北行政委员会：1946年8月7日成立，当时称为东北各省市行政联合办事处；同年10月改称东北行政委员会。1949年8月27日召开东北人民代表会议，正式成立了东北人民政府；根据中共中央1952年11月12日的《关于改变大区政府机构与任务的决定》，1953年1月，复议改组为东北行政委员会；1954年8月15日东北政委会根据中央人民政府《关于改变大区一级行政机构合并若干省市建制的决定》予以撤销。

驻地二街。

二区所辖14个村，即文质村、团结村、联合村、文福村、二十里村、北江村、子义村、吉祥村、永盛村、保胜村、新华村、新生村、祯祥村和临江村，区政府驻地文质村。

三区所辖10个村，即古城村、罗家村、新发村、土城村、双山村、新胜村、胜利村、新太村、伊拉哈村和新化村，区政府驻地伊拉哈村。

四区所辖13个村，即永久村、兴业村、太平村、哈什太村、联兴村、合兴村、北兴村、新民村、福胜村、东屏村、中心村、长华村和海江村，区政府驻地中心村。

五区所辖6个村，即科洛村、双泉村、石头沟村、科后村、柏根里村和山河村，区政府驻地科洛村。

六区所辖6个村，即新民村、胜利村、西山后村、沭河村、新发村和得胜村，区政府驻地新民村。

七区所辖11个村，即德发村、长福村、长发村、东关村、中合村、云龙村、长江村、德胜村、新合村、合胜村和红星村，区政府驻地长福村。

街村民主建政

1948年7月2日，东北行政委员在《关于准备建政工作问题的指示》中指出：在东北解放区土地改革业已完成的地区，应自今年9月至明年3月以前完成村、区、县三级人民代表会议的召开，并选三级政府委员会。1948年12月初，嫩江省委、省政府部署建政工作。

1948年12月，县委、县政府抽调县区干部20多人，组成了两个建政试点工作组，深入二区新荒地村、七区德胜村进行为期11天的建政试点工作。

在德胜村试点中，村级选举经过4个步骤：一是宣传动员。

针对一些群众对建政重要性不认识、不感兴趣的状况，建政宣传工作采取编演建政话剧和忆苦思甜的办法，反复宣传人民代表会议的政权组织形式及建政的重要性，使群众真正认识到建政的好处，积极支持、参加村选工作。二是审查和确定选民资格。首先建立选举委员会，除政府干部及群众团体的代表外，在各屯由群众推举办事公道的1人参加。选举委员会成立后，宣布选举委员会的职权、工作任务和工作方法；之后，选举委员会分别在各屯组建15人或16人组成选民小组，在选举委员会的组织下进行选民登记，经过审查，确定并张榜公布选民名单。期间为一些表现好的地主、富农恢复了公民权。三是选举人民代表。选举委员会根据公民多少及其他条件确定各村屯候选人数，经过各小组酝酿讨论推荐候选人，随后召开全村公民大会进行选举，由选民投票选出自己满意的人民代表。四是召开人民代表会议，在代表中选出正副主席和行政委员，成立行政委员会。经过民主选举，德胜村选出行政委员11人，其中男8人、女3人；选举后，德胜村人民代表会议组织代表讨论了全村的生产计划和工作制度，总结和布置全村工作，并制定了14条、224字的《德胜村村民公约》①。

①《德胜村村民公约》：组织生产，自愿编组，深耕细作，改善生活。评分记工，经常认真，各不吃亏，都有利益。看青护青，防止偷盗，查获盗情，定罚不饶。爱护马匹，注意积肥，多打粮食，给予奖励。踊跃支前，参军参战，交纳公粮，解放全国。保护私产，有借定还，强借不还，依法惩办。勤劳生产，长远打算，禁酒禁赌，反对懒蛋。优待军属，帮助荣军，人民功臣，应当报恩。关心教育，办好学校，送子入学，培养后代。防奸防特，提高警惕，捉拿反动，监视地富。房里房外，经常清洁，捕蝇捕鼠，保持健康。遵守时间，开会到场，多次不到，罚油三两。生产救灾，自力更生，依靠别人，定受批评。服从领导，遵守法令，极端民主，要受处分。

试点结束后，通过广泛的民主选举，全县各村选举产生了人民代表，建立了村行政委员会。并规定代表会议45天召开1次，行政委员会7天召开1次；同时各村行政委员会都制定了有关政治、经济、生产、生活等重要问题村民公约，要求所有的村民遵照执行。到1949年10月，全县7个区所属村的选举工作全部完成。

民主建政工作在当时具有极其重要的意义，它对建立和巩固人民政权，进一步加强政权建设，稳定社会秩序等方面起到了重要作用。具体体现在以下五方面：一是提高了群众的政治觉悟，极大增强了群众参政意识和当家作主的责任感。二是宣传了党的方针政策，使党的政策不断深入人心。三是发扬了民主，检查了村政工作，审查锻炼了干部，提高了干部的工作积极性。四是贯彻了上级对“土改”工作纠偏精神，认真进行纠偏，加强了贫雇农与中农之间的团结，分化与孤立了敌人，进一步密切了干部与群众的鱼水关系。五是健全了村级政权机构，制定了工作制度，巩固了人民民主政权。

第三节　清剿土匪保卫新生民主政权

抗日战争胜利后，国民党网络伪军警特和惯匪、地主武装，组织起“光复军”“挺进军”“先遣军”等反动武装，杀害革命干部，威胁人民群众生命财产安全，破坏社会稳定。根据中共中央关于建立巩固的东北根据地的指示，中共嫩江县委和县民主政府深入发动群众，建立人民武装，配合主力部队积极进剿，形成全民的剿匪运动。经过三年的剿匪行动，彻底肃清盘踞在嫩江的敌伪残余势力和土匪武装，保卫了新生的人民民主政权，创造了稳定良好的社会环境。

一、建立地方革命武装

人民自治军第九支队的组建

1945年8月抗日战争胜利后，嫩江县境内各类土匪武装番号繁多，人数众多，匪患猖獗。面对这种艰难而复杂的局面，东北抗日联军教导旅干部夏凤林和战士王长春、张凤宽等感到必须依靠工农，发动群众，建立人民武装，才能站稳脚跟，扩大共产党的影响和力量。夏凤林等深入工棚和工人家中，宣传党的方针政策，动员中、青年工人参加人民自治军。经过不分昼夜地努力工作，很多群众都了解了党的政策，知道了共产党和人民自治军都是为劳苦大众打天下的，很多青壮年工人群众纷纷报名参加了党领导的人民自治军。为了取得武器，首先是找苏军驻嫩江部队请求支援，通过工作，获得一些枪支和子弹；其次是到日军所驻部队的工事里拾回一些日军撤退时丢下的破旧武器和大量炮弹、手榴弹、子弹等；再者是夏凤林等带队潜水到江水中，捞出很多枪支。至8月末，组织起了一个以脚行①、排木工人和农民为主体的队伍，一些民主大同盟中的积极分子也纷纷参加了人民自治军，并成为骨干力量。

9月15日，经嫩江省军区批准，由党领导的嫩江省人民自治军第九支队成立，夏凤林任支队长，扈惠民任政委，隶属于嫩江省人民自治军司令部，总人数800余人。人民自治军第九支队下辖一大队、二大队、三大队、双泉骑兵连、蒙古骑兵连，一个迫击炮班和一个警卫排。3个大队分别下设3个中队，张凤宽和杨显章任一大队大队长、副大队长，王文生和王福仁任二大队大

①脚行：指专门从事为别人搬运工作的行当，一般由一个行头和一些脚夫组成；也指专门从事搬运的人。

队长、副大队长，王长春和孙连胡任三大队大队长、副大队长，邓长林和范长明任双泉骑兵连连长、副连长。武器装备有：重机枪两挺、轻机枪16挺、迫击炮2门、六〇炮3门，各种步枪800多支。11月，嫩江省人民自治军第九支队改称东北民主自治军[①]嫩江省军区第十一团，经过动员，又有一批贫雇农积极分子参加自卫军，使第十一团扩军达900余人。

人民自治军第九支队，是在党的领导下嫩江建立的第一支人民革命武装，是建立和巩固嫩江解放区，清剿日伪残余和国民“光复军”，保卫新生民主政权的一支坚实可靠的武装力量。

县保安大队和民兵武装的组建

为建立起巩固的根据地，东北局、东北民主联军总司令部于1946年6月作出《剿匪工作的决定》，划分剿匪区域，进行了兵力部署；并提出：主力部队积极进剿，地方部队配合主力部队进行围剿，在剿匪区域广泛发动群众，形成全民的剿匪斗争。

根据《决定》精神，县工委于7月15日建立县保安大队和区保安中队。与此同时，嫩江军分区司令部发出命令，任命王世贤为嫩江县保安大队大队长，解云清为嫩江县保安大队政治委员，赵柏仁为嫩江县保安大队副大队长，李柏万为嫩江县公安局副局长。1947年3月14日，县工委整顿了各区机关人员及区保安中队，在3月25日以前完成了各区保安中队组织改编，体格强壮者送县保安大队，有病及老弱者安置回家生产。县保安大队直辖3个中队，共计270人。二区、三区、四区、五区、六区分别建立保安中队，主要任务是清剿土匪，保卫各区人民政权和人民财产安全。

---

①东北民主自治军：成立于1945年10月31日，它是抗日战争结束后，中国共产党在东北领导的一支军事武装力量。

1948年，在县、区书记联席会议上，就各区的保安中队进行调整，除五区和六区外，二区、三区、四区、七区的保安队均取消，除保留通讯员，其余保安队人员全部归属县保安大队；四区的枪支弹药上交公安局，其余各区的枪支弹药上交县保安大队，各区武装委员直接接受县保安大队的领导和指挥。

此后，为了巩固地方政权，保卫革命胜利果实，各区陆续组建起民兵组织。县成立民兵大队，区建民兵中队，村设民兵分队。其中，青壮年参加民兵基干队。各村民兵队隶属县、区保安队领导，各民兵队设有队长、副队长和军事委员等职。民兵多为18至35岁的男性，平时不脱离生产，主要任务是捕捉土匪、奸细，维持地方治安，担任后方勤务和配合地方部队作战，担任侦察向导。民兵的武器除少数是由上级发给外，大部分是收缴地主、胡匪的武器，并提倡自造武器，如手榴弹、地雷、洋炮等。民兵自卫队训练由区、村两级分别组织，各区每年集训民兵干部一次，各村在春、冬两季均自搞民兵训练，训练项目有队列、射击、投弹等。

各区根据实际情况，进行民兵重点村建设。全县民兵重点村主要有：二区文质村、吉祥村和新生村，三区新发村、新太村，四区永久村、太平村、联合村和海江村。五区科洛村、双泉村、石头沟村和柏根里村，六区西山后村、沭河村，七区长福村、长发村。在民兵重点村建设工作中，主要加强重点村的民兵教育、通讯联络和侦察情报工作，各村普遍建立情报组织制度，并确定忠实可靠的贫雇农为情报员。1947年，全县农村有777名民兵参加土地改革运动，成为骨干力量；至1949年，县内民兵队伍已近1 000人。

二、反动党团武装的纠集及其反革命活动

反动组织的拼凑

国民党嫩江支部。1945年8月12日嫩江县解放后，蛰伏的老国民党员渐趋活跃。9月，国民党嫩江省党部书记长罗大愚委任常占春为国民党嫩江省党务专员办事处嫩江支部书记长，樊少卿为执行委员，并派遣樊少卿、陈昆潜入嫩江县，调查敌伪财产并相机发展党员。樊、陈两人到嫩江后，以原中大五金行为活动据点，受理老党员重新登记，开始发展新党员，在中大五金行举行入党仪式，向党员颁发党证。此后，这些国民党党员四处宣扬："祖国光复了，中央军要来接收，参加党好做工作"，并靠关系拉人入党，使国民党党员增至22人。10月，常占春潜来嫩江，大肆进行反动宣传，印制并散发"光复军是中央军的先遣军""自治军应向光复军投降"等反动标语和传单，还走访"光复军"各部首要分子，相邀进攻嫩江县城，消灭人民自治军。12月初"光复军"进攻嫩江县城失败后，常占春向国民党党员部署秘密收集有关苏军撤退和东北人民自治军行动的情报，国民党党员普遍采取暗中活动方式收集情报，为"光复军"再次进攻嫩江县城做准备。

1946年2月3日，"光复军"占领嫩江县城后，国民党组织转为公开活动，召开各种会议，建立文化协会、妇女促进会、青年研究学社等社会团体，印发各种反动宣传材料，为"中央军"来嫩江接收做准备。2月24日，举行中国国民党嫩江省党务专员办事处嫩江支部成立大会，选举常占春为书记长，樊少卿、谭秉华、刘永祥、陈光荣为执行委员，还选出组织科、总务科、社会科、宣传科和调查科主任各1人，此时国民党嫩江支部实有党员32人。2月27日，东北民主联军和人民自治军解放嫩江县城，国

民党嫩江支部随之瓦解。

地方治安维持委员会。1945年8月21日，苏联红军主力部队进驻嫩江县，当时新政权尚未建立，社会治安混乱，苏军司令官指出："应成立地方行政组织，来维护社会治安。"趁势，嫩江的大地主董殿臣、王宗赢等人于8月25日推选伪县长盛文光任委员长，刘殿福、王宗赢、董殿臣任副委员长，于9月1日正式成立所谓"嫩江县地方治安维持委员会"。"维持会"内设公安部、民政部、实业部、财政部、总务部5个部，成员都是伪满官吏与职员及地方豪绅。以伪县长盛文光为首的一批伪官吏、伪警察和汉奸地主组成的"维持会"，名为保证苏军供给，维持地方治安，实为等待国民党前来接收。1946年3月，嫩江县政府成立，"维持会"解体，其骨干分子纷纷外逃。

反动武装的纠集

嫩江解放初期，国民党加紧争夺的步伐，他们招兵买马，网罗人员，组织反动武装，等待国民党正规军的接收。

1945年10月，"维持会"副委员长、大地主董殿臣提出："组织自卫军对我们不利，应由各区抽人组成公安队，明面维持社会治安，暗地监视自卫军，等待中央军接收。""维持会"所属的公安队，其骨干多是伪警察、大地主，队长王乃康是县内的大地主，副队长吴绍儒是伪警佐、警察署长。各村也相继建立了公安队，一些大地主和日伪遗留人员分别当上了各村的公安队长。同月，国民党嫩江省党务专员办事处嫩江支部书记长常占春来嫩江后，即与旧军阀团长、地主武装组织者关作舟密谋组织反动武装。随即，这股地主武装力量摇身一变自称为"光复军"，关作舟任团长，并委任李玉喜为参谋长。11月中旬，县公安队长王乃康等带领60多名公安队员，以去伊拉哈剿匪为名，公开投靠了国民党"光复军"。当时，正值国民党东北保安长官司令部派尚其悦等人到嫩江一带建军，尚其悦、王乃康被委任为嫩江地区“光复军”司令，华峰村伪村长李玉玺、科洛村伪村长孙云卿、伊拉哈村地主韩福、前官地村绥化台屯地主杨化泉等分别被委任为“光复军”团长。此时，“光复军”网罗千余人，并编成5个团、1个营。

12月上旬，“光复军”疯狂进攻嫩江，被人民自治军击溃，溃退后全部投向讷河尚其悦匪部，并继续扩充反动武装，番号为国民党第一战区第一挺进军，尚其悦、王乃康分别为正、副军长。关作舟被委任为嫩江地区“光复军”司令，下设4个团、1个卫队营和1个独立营。此后，日伪残余、反动地主及大小土匪头目，为得到国民党一纸委任，纷纷投靠国民党，接受改编，共同进行反革命、反人民的罪恶活动。

破坏“土改”杀害革命干部

“土改”运动期间，“光复军”匪首王乃康、杨化泉等纠集土匪和地主武装，并会同活动于黑河一带的刘山东、李云鹤等股土匪，活动猖獗，经常侵扰嫩江县各区，与人民政权相对抗，到处烧杀抢夺，破坏“土改”运动。

1946年，四区四季屯农会主任张海江遵照县、区两级工委的指示，发动和依靠贫雇农，在村里开展轰轰烈烈的清算分地斗争，为全屯60余户无地少地的农民分配土地、粮食、牲畜、房屋。8月12日，逃亡在外的“大烟匠”吕显廷，勾结“光复军”，买通混进村领导核心的副村长张青山做内应，乘黑夜窜进四季屯，将正在开会的张海江和村主任季青山和村民兵队长张海涛掠至巨贤屯。之后，这伙匪徒用各种酷刑残酷折磨3位“土改”干部，3人宁死不屈，痛斥匪徒罪行。13日，张海江、季青山和张海涛3名村干部惨遭枪杀。11月，一股土匪武装窜入六区西山后村，将群众斗争地主刘长奎的浮财和粮食全部掠走，并搜抓在此工作的区农会主任刘金余，由于群众积极掩护，未能得逞。

1947年9月，“光复军”杨化泉部30余人分3路袭入六区沭河村，将区工作队女干部孙丽芳、区妇联主任孙景芳、村长范文明、村农会主任王文方、村妇委会主任齐景芝等“土改”运动积极分子杀害，将“土改”期间没收地主富绅的财物掠夺走，并烧毁多间房屋。

1948年1月31日，七区南奇岭村地主武装勾结村干部队伍中的坏分子，杀害县委派到该村开展“土改”工作的中共党员曹云龙。期间，“光复军”勾结土匪武装还多次围攻二区、三区、五区、六区区委、区政府，妄图推翻人民政权。

三、清剿匪患保卫新生政权

嫩江保卫战

1945年11月下旬，“光复军”团长韩福暗中策反当时人民自治军嫩江第十一团收编人员胡维舟，策动第十一团第二营叛变，欲里应外合“吃掉”第十一团，夺取嫩江县城。11月30日，人民自治军第二军分区司令员金忠和嫩江省第二行政区专员王文等来嫩江视察，胡维舟便将金、王一行人诱至自己住处，命令随从将来人缴械。危急时刻，第二军分区司令部警卫连长史化鹏大智大勇、临危不惧，迅速将胡维舟擒住，解除危难。经搜查，获得胡维舟与“光复军”相互勾结的罪证，将其处决。随后，解除了第十一团第二营的武装，根除了内奸。

12月1日凌晨，“光复军”纠集兵力500余人，分几路进攻嫩江县城，火力凶猛，守城防线被突破，王乃康匪部入城后发布命令：“能杀则杀，能抢则抢，我无存身之处，共产党也休想有立足之地！”“光复军”四处烧杀抢掠，无恶不作，所到之处，生灵涂炭。随后，人民自治军转入巷战，与“光复军”相持三天两夜，终将“光复军”击溃。此次保卫战，共毙伤敌人200余人、俘敌100余人。战斗中，第九支队副参谋长季秉林英勇牺牲，讷河县民主政府县长张振勋中流弹牺牲，人民自治军战士共牺牲30余人。

1946年2月初，自称“国民党东北挺进军”的刘山东、王乃康、关作舟、孙云卿、杨化泉等匪部纠集1 000余土匪，再次进攻嫩江县城。人民自治军第十一团经过侦察和敌情分析，报请第二军分区批准，制定了“避其锐势，主动撤退，诱敌深入，待机全歼”的作战方案。2月2日，县工委书记、第十一团政委扈惠民和第二军分区参谋长王仁兴率十一团主力和县机关撤至讷河，第十一团团长夏凤林率一个骑兵排和两个步兵班担任掩护诱敌任务。2月3日拂晓，“挺进军”进入嫩江县城，发现第十一团已经撤出，便分兵向讷河县扑去，夏凤林带领战士边打边撤，途中歼敌20余人，“挺进军”尾追至讷河。嫩江军区警备一旅在旅长王化一和副旅长宋康率领下火速增援，与嫩江第二军分区部队会合，兵分两路包围匪军，将其打的丢盔卸甲，狼狈逃回嫩江县城。回到县城后，这一匪部却大肆宣扬：“‘光复军’胜利了，八路军完蛋了”，并在嫩江县城横征暴敛，奸淫掳掠，为所欲为，激起人民极大的愤慨。曾有一首歌谣这样描述当时的情景：“地主警特光复军，欺压百姓积恨深，有朝一日八路回，几代怨仇全除根”，反映了当时的人心向背。

2月下旬，东北民主联军西满军区组织10个团兵力，由嫩江军区警备一旅旅长王化一、副旅长宋康和第二军分区司令员金忠担任指挥，分三路向嫩江县城进发。2月26日夜，担任嫩江县城西门主攻的第十一团行至二十里屯时，驻守的“光复军”1个连毫无察觉被一举全歼，缴枪300余支。2月27日拂晓，各路攻城部队同时发起攻击。第十一团主攻的西门驻有“光复军”2个连，一击即溃，俘敌百余人，缴获机枪2挺、步枪200余支。敌外围防线很顺利地便被攻破，战斗迅速向纵深发展，历经3个小时巷战，将城内“光复军”全歼，仅有刘山东、王乃康、关作舟、孙云卿、杨化泉等匪首脱逃。嫩江保卫战，不仅保卫了嫩江县城，使人民政权得以巩固，而且是剿匪斗争的转折点，“光复军”从此每况愈下，终致覆灭。

政治宣传瓦解土匪

1946年4月15日，东北民主联军嫩江省政治部、指挥部发出《告胡匪、“光复军”、挺进军、保安军等弟兄的家属书》及《告齐市各种非法武装保安队、“光复军”、挺进军等部队官兵书》。县工委、县政府依据两个“告书”精神，劝告县内各类土匪武装悬崖勒马、改邪归正、安分守已、重做好人，以求得人民的谅解。同时号召匪兵家属写信、捎话、派人去寻找和规劝自己的亲人回家营生。同年夏，在进行对大股土匪的收降过程中，县长陈立新喊话说：“我是县长，你们不要动，争取政府宽大处理，我会保证你们的安全。”之后，陈立新则带着警卫员与土匪谈判，收降土匪40余人。

11月2日，东北局发出《关于降匪政策的指示》。《指示》指出：凡投降的土匪，应集中起来进行教育，说明共产党的政策，坦白反省运动，使其内部分化。真正悔过自新者，可释放回家，在当地农会监督下参加生产。

此后，县委、县政府和公安部门在开展剿匪斗争的同时，采取了多种形式，大力开展政治攻势，广泛宣传党和政府对土匪的招降政策，发出布告、指示、命令、信件等，规劝土匪缴枪投降、弃暗投明、重新做人。在土匪活动比较猖獗的五区，区委采取了多种办法瓦解土匪。一是公布告示及写劝降书，说明当土匪没有出路的事实，申明民主政府的宽大政策；二是召开土匪家属座谈会，利用土匪家属去劝降；三是利用投诚土匪，用他们投诚后政府对他们的宽大事实去说服土匪；四是召开群众大会，欢迎土匪投降；五是对再三劝降而坚决不降的土匪给予军事进剿，迫其投降。一些土匪在强大的军事、政治攻势下纷纷投降，政府发给路费和证明信，让其回家参加生产，重新做人。

1947年初，按照“首恶必办、胁从不问、立功受奖”政策，公安机关对投降、被俘的土匪遣送回乡务农320人，公安队收编20人。4月，县公安局和五区政府在双泉村与匪首杨化泉谈判，劝其改邪归正，杨化泉一意孤行，拒绝受降。但通过政策感召，有50余名匪徒弃暗投明回乡务农，其中20余人被公安队收编。随后，县公安局和六区政府又向残匪发出劝降书，先后有24人携枪归降，分别受到当地政府的宽大处理。

追剿残匪肃清匪患

1946年，“光复军”在嫩江城内大部被歼之后，关作舟、刘山东、杨化泉、王乃康等匪首躲进山林，率其残余继续与人民顽抗，进行骚扰破坏活动。一些邻县的土匪也经常窜入嫩江，在农村侵扰群众掠夺财物，杀害新生政权的党员干部和进步群众。

3月，县民主政府开始对县内土匪进行全面清剿，为控制土匪活动，县、区组织各村屯设卡立哨，对过往行人进行盘查，对外来人实行路条登记等措施，各村均固定一人一马专门从事联防事务。

4月，人民自治军十一团团长夏凤林奉命率两个骑兵连到瑷珲县罕达气地区剿匪。土匪占据山顶居高临下，地形对剿匪部队很不利。夏凤林便从战士手中拿过机枪端起来，叫战士们压子弹，用四挺机枪轮换不停而又准确地向敌扫射，山上的敌人被打得抬不起头来，伤亡撤退，夏凤林率部队边追边打，土匪大部被歼。战斗中，“国民党东北挺进军第一军”匪首关作舟被击毙。

5月，“光复军”何荣堂匪部30余人马队窜至二十五里湾（今塔溪乡东部），新民村联防队员发现后报警，县公安局立即派一个骑兵中队会同五区、六区公安分队100多人兵分两路进击，将此股匪徒全部歼灭。

8月22日，剿匪部队在六区同王乃康、李云鹤匪部500余人激战，歼敌35人，追至柏根里再歼敌50多人，后经剿匪部队多次追缴，王乃康匪部伤亡惨重，人心离异，逐渐被瓦解。11月，王乃康在瑷珲境内被俘；11月21日，西满军区副司令员倪志亮决定讷河召开公审大会，将王乃康就地处决。

12月26日，刘山东匪部1 000余人偷袭五区石头沟子村，土匪在村里进行惨无人道的奸淫烧杀，为非作歹，疯狂抢夺人民群众财产。此时，由黑河剿匪回来的一个骑兵排遭遇刘山东匪部，经过一场激烈战斗，骑兵排官兵几乎全部壮烈牺牲。县委派东北民主联军第九团第三营二连连长孙振环、排长张质文率一个排的兵力前来增援，当天夜里战斗打响了，枪声、喊杀声响成一片，整个山村变成了火海，战斗一直到天亮。这时，土匪发现剿匪部队人少，又进行了疯狂的反击，剿匪部队退到公路北的草房里继续坚持战斗，地主分子刘显胜私通土匪将房子烧着，孙振环等20名剿匪战士全部壮烈牺牲。救援部队赶到后，刘山东匪部已撤离。

1947年初，东北民主联军第九团团长夏凤林奉命去黑河协助黑河军分区剿匪，转战于瑷珲、孙吴、逊克一带。剿匪部队在夏凤林率领下，按照东北局和省委关于剿匪指示，同广大人民一道开展了追剿残匪的战斗，与土匪进行了多次战斗，歼灭大量敌人。2月间，在二站将活动于该地区的匪部歼灭，活捉了黑河地区匪首之一李云鹤。

9月18日，前官区绥化台屯地主与“光复军”匪首杨化泉合谋，策动18名武装民兵叛变，投向杨化泉残部。这支土匪武装四处烧杀抢掠为害乡里。10月上旬，杨化泉部又窜到二区骚扰。12日，二区区工委书记巫文质率区保安中队和各村民兵追剿杨化泉残匪，在双龙泉与之作战。巫文质一马当先，勇往直前，不幸牺牲，保安中队指战员和民兵满怀悲愤英勇杀敌，土匪大部被歼，只有杨化泉等少数匪徒逃脱。在此次战斗中，区保安中队排长陆泰照、陈屯村农会主任王长福、民兵队长张清和也壮烈牺牲。

烈士 巫文质、陆泰照、王长福

11月，杨化泉、陈子华两匪首又纠集“光复军”残匪400余人，进攻巴彦旗（今内蒙古自治区莫力达瓦达斡尔族自治旗）额尔和乡，县保安大队72人配合当地部队前往清剿，土匪大部被歼。

1948年1月，县保安大队在西斯阁（今霍龙门乡西斯阁村）将刘金库、葛明克等70多名残匪歼灭。2月，杨化泉残部窜至桦皮山（今莫力达瓦达斡尔族自治旗额尔和乡双河村）抢劫，县公安局派公安队前往堵截将其击溃，杨匪负伤后逃往山区。5月初，匪首“关小三”等70余名残匪窜扰霍龙门，被县保安大队包围，全部缴械投降。同年，杨化泉在内蒙古自治区巴彦旗被捕获，押解嫩江县城。11月19日，县人民法院召开公审大会，将“光复军”匪首杨化泉等4人处决。

在对土匪进行追剿和政治攻势瓦解的同时，县、区人民政府为了根除匪患，在“土改”运动中，广泛进行了挖“胡子”的活动。各区、村结合斗地主、抓坏分子，深挖了“胡子”根。期间，县委总结推广了四区挖“胡子”根的经验，广泛发动群众，形成人民参加的剿匪运动，一批当过“光复军”、土匪的坏分子被挖了出来，置于人民群众的监督之下。至此，嫩江县的匪患彻底根除。

剿匪斗争的胜利，保卫了抗战胜利成果，巩固了民主政权，为进一步发动群众、实行土地改革、支援解放战争，提供了重要条件和可靠保证。同时在与“光复军”和顽匪的斗争中，很多干部、战士流血牺牲，巫文质、陆泰照、王长福、李秉林、梁玉汉、孙振环等革命烈士英勇牺牲，为嫩江的新生立下了不朽的功勋。

第四节　广泛发动群众进行土地改革

1946年后，中共嫩江县（工）委遵照中共中央《关于清算减租及土地问题的指示》和中共中央东北局《关于深入进行群众土地斗争的指示》[①]，贯彻执行《土地法大纲》[②]，在全县范围内实行土地改革，彻底废除了封建土地制度，实现了耕者有其田，使广大农民从此摆脱了地主阶级的奴役和剥削，成为农村土地的正真主人，阶级觉悟得到极大提高，生产积极性得到极大调动，并由此迸发出极大的革命热情，真心拥护新政权，满怀热忱的参加生产，支援前线，参军参战。

一、开展减租减息和清算斗争

减租减息分配土地

1946年5月4日，中央发出《关于清算减租及土地问题的指示》（史称《五四指示》）。提出将抗日战争时期的减租减息政策改变为消灭封建土地制度，实行"耕者有田"的政策。5月下旬，中共北满分局[③]召开了省委书记联席会议，讨论了执行中央"五四指示"问题。

5月20日，中共嫩江省工委发布了《关于分配敌伪地产的指示》，规定以村为单位，按人口及贫富程度统一调剂或以某一开

---

①《关于深入进行群众土地斗争的指示》：1946年8月29日中共中央东北局发出，《指示》针对以前"土改"斗争中限于一般号召、侵犯中农利益等倾向，要求各级党委将分地斗争与组织和武装群众工作相结合，制定依靠贫雇农、团结中农、分化地主阶级、集中力量打击大汉奸、恶霸、大地主、土匪头子的政策。

②《土地法大纲》：全称《中国土地法大纲》，1947年9月13日中国共产党全国土地会议通过，10月10日公布施行。规定废除封建剥削土地制度，实行耕者有其田；"土改"前的土地契约、债约一律缴销；工商业者的财产及其他营业受法律保护，不受侵犯。

③中共北满分局：1945年11月建立，下辖松江、合江、黑龙江、嫩江、牡丹江（当时称绥宁）五个省委和哈尔滨市委，1946年11月并入东北局。

拓地带为单位，进行分配敌伪地产。此间，县政府发出《敌伪遗留开拓用地案令》，鼓励、规范全县农民耕种日伪时期“开拓团”遗留耕地，避免其荒芜，同时没收日伪统治者掠夺的土地，将伪满时期强划为“开拓地”的土地和地主富农土地的10%至30%分给无地、少地的农民。这一期间，县工委、县政府将日伪开拓团和地主私有土地145 770亩、房屋48间、粮食18 375公斤分给贫雇农民。

6月，县工委根据中央及嫩江省委的指示，发动群众开展减租减息工作。县工委、县政府及各区工委、区政府的领导及工作人员组成工作组，进驻四区、五区，分别到村屯进行调查摸底，发动群众，组织建立农会组织和村政权，宣传党的政策，教育发动群众，进行减租减息试点，取得经验后在全县铺开。7月，嫩江省委派出郝光浓为队长的“土改”工作团，到三区领导土地改革运动。“土改”工作队以减轻农民地租和利息负担为主要任务，把减租减息和解决农民的土地问题结合起来，实行土地改革，使农民翻身。同时，没收日伪势力霸占的土地，对地主、富农占有的土地“十抽一”或“十抽三”，分给无地和少地的农民。

但这一时期，许多农民受盲目正统观念影响，对国民党的真实面目还认识不清，特别是地主不甘心失败，威胁恐吓农民群众，加之张海江等“土改”干部被土匪杀害，农民群众怕地主、怕“中央军”回来，不相信共产党能站得住，不敢接受分配的物品和土地，就是分到土地和财产的雇农贫农，往往给地主退回去。再者，地主还暗中指使亲信，接近党政人员和“土改”工作队员，伪装积极搞假斗争、假分地，建假农会，不让真正的雇贫农与“土改”工作组见面，对抗和破坏农民分地。此时，农村的实权仍在地主手里，存在着明减暗不减、明分暗不分的问题，存在“半生不熟”的问题，减租减息工作进展较缓，困难重重，举步维艰。

烈士张海江（1910—1946），吉林省辽源市人，中共党员，四区四委屯农会主任、民兵代理队长。土改运动中在村里开展轰轰烈烈的清算分地斗争，于1946年8月13日被反动地主武装残酷杀害

开展清算斗争

1946年11月，“土改”斗争进入清算斗争阶段。县工委要求各区工委在工作中要把清算运动作为满足人民群众要求和发动、组织广大群众的中心环节，把斗争的主要矛头指向沦陷时期凭借敌伪势力迫害和压榨人民的汉奸、特务和地主、恶霸。

县工委首先培养斗争骨干，为各村屯打土豪分田地做了思想上、组织上的准备工作。在“土改”工作队主持下，建立区、村两级农会，建立由“土改”工作队和农会共同领导土地改革的领导体制。随后，领导农民清算斗争地主和富农，各农会注重在发动群众过程中发现并培养积极分子，通过积极分子发动群众自己动手动口，对大汉奸、恶霸地主、土匪头子等斗争对象进行清算。通过斗争，迫使他们交出土地、房屋和牲畜。通过启发群众进行诉苦、控诉等活动，提高其思想觉悟，逐步认识到汉奸、特务和地主、恶霸是日本帝国主义进行殖民统治的社会基础。但由于某些农会组成人员成分不纯，加之农民尚未真正发动起来，致使许多地方的对地主、富农斗争工作开展不力。这一阶段内，存在着“土改”工作组和各区人员新人多，不了解当地的情况，对“五四指示”精神领会研究不够，又急于求成的问题。同时也存在着群众发动不够充分，就采取包办代替的“夹生饭”的问题。

这些问题阻碍和影响了清算斗争的深入开展。

“夹生饭”的主要表现形式：一是个别地区的封建势力没有打垮，基本群众没抬起头来，大部分土地仍然被地主恶霸强占着。二是有些地方的群众组织虽然建立起来了，但不起作用，只是在形式上组建了工作班子，很多农会会员不知道农会的性质和任务，有的还不清楚自己是不是会员，个别地方甚至用“谁不参加农会谁就是反动派”的方式来组织农会，结果造成了农会组织混乱，成分不纯洁，混进很多地痞、流氓和坏分子。三是有些地区的群众没有真正发动起来，有些工作是单纯依靠“清官断”，致使斗争走了过场，特别是表现在土地问题上，出现了明分暗不分，有的虽分了但农民不清楚分给自己的是哪块地，有的地方地主和富农搞假献地、献坏地。

二、改造“夹生饭”与“砍挖”运动

改造“夹生饭”运动

1946年11月21日，东北局发出了《关于解决土地改革运动中“半生不熟”问题的指示》，要求把解决“半生不熟”问题作为当前工作的中心任务，把“夹生饭”变成“熟饭”作为深入和巩固群众工作的中心任务。

1947年2月，嫩江省委召开县委书记联席会议，总结前段清算斗争经验，作出正确执行土地政策，贯彻分地，检查群众翻身，克服“夹生饭”，准备大生产的部署，提出实现地到手、粮到口、人到房、畜到圈、枪换肩、地发照的要求。县委在贯彻此次会议精神中指出：一是要从教育入手，提高工作队和农民群众对解决“夹生”问题的认识。二是并通过典型示范，吸收周围村屯的积极分子参加重点村屯的改造“夹生饭”工作。三是在实践中受到锻炼和教育，各地在培养和教育大批干部和积极分子的基础上，重新展开对恶霸地主的斗争。

同月，为解决减租减息和清算斗争中“右”的倾向，深入开展“土改”运动，县工委在二区文质村举办了全县首届“土改”训练班，培训“土改”工作队员和“土改”积极分子。通过学习，区、村干部普遍感到清算分地中虽然对地主斗了一下，但斗得不痛不痒，地主留的地多而且是好地和近地。认识到地主的家产不挖净经济上就不能被打垮，地主就不会低头认罪，而贫雇农也得不到真正翻身。同时认识到，干部“夹生”是工作“夹生”的根源。培训后，“土改”工作队和积极分子回村后，进一步发动群众“吐苦水”“挖穷根”，查“夹生”表现，再次掀起了清算斗争高潮，继续没收地主、富农的土地，挖财宝、挖坏根、追家产，从政治和经济两方面打垮封建势力。随后“土改”工作队员及“土改”积极分子对全县的“土改”运动进行了复查，发现“夹生”的村屯占30%至40%。

同年春，根据嫩江省委的统一部署，县委要求各区于春耕前深入开展改造“夹生饭”斗争，用土地、牲畜、粮食和其他浮产等斗争果实来解决农民生产困难，并把改造“夹生饭”与春耕生产紧密结合起来。在认真总结经验教训的基础上，县工委制定了一系列改造“夹生饭”的政策与方针，并指出：要以深入细致的作风及埋头苦干的精神继续努力发动群众，把比较好的地区深入使它变成巩固的地区，把工作“不透”的地区变成“透”，使新开辟的地区不走弯路而赶上“透”的地区，并研究制定了“透”的标准。县、区政府派出了强有力的干部队伍对运动中“夹生”的村屯逐个进行了整顿，继续发动雇贫农，清理阶级队伍，把钻进农会的坏分子清洗出去，重新建立真正由雇贫农掌权，代表雇贫农利益的农会。据5月的不完全统计，在改造“夹生饭”斗争中，共清理不合格干部159人、不合格积极分子231人。

这一时期，为推动解决“夹生”问题，县委选派县委副书记杨波凌、四区政府区长郑平国在四区，二区党委书记巫文质在二区，三区党委书记路万良在三区，五区党委书记金光在五区，六区党委书记乔子英在六区，领导群众进行“土改”运动。工作中，认真贯彻党规定的“依靠贫农、巩固团结中农、消灭地主和旧社会农村的封建和半封建的剥削制度”的方针，号召农民“吐苦水”“挖穷根”，揭露地主的新反扑，各区配合“土改”反霸斗争演出歌剧“白毛女”和“血泪仇”。随后，县委书记解云清、县长李潜、副县长范革人等人率领“土改”工作组到四区、五区、六区的村屯，召开贫雇农大会，发动群众，建立农会，分土地，分牛马。五区在区党委书记武征反和农会主任范芝兰领导下，分了科后村地主潘甲长和石头沟地主孙维茂、范玉田的部分牛马。六区举办了村干部和积极分子训练班，并在西甸村进行了试点。同时，各村都行动起来，查封了并平分了地主的财产。

改造“夹生饭”运动，消灭了明分暗不分、假分地现象，使群众得到了一些实际经济利益，初步发动了群众，提高了群众觉悟，扩大了“土改”政策的影响，并推动了生产的发展。

开展追浮物挖财宝运动

1947年6月23日，东北局发出《继续完成土地改革深入群众运动的指示》[①]；7月25日，又发出《关于挖财宝的指示》[②]。

6月至9月，全县开展“砍挖”[③]（砍大树、挖财宝）运动，

---

①《继续完成土地改革，深入群众运动的指示》：分析了“土改”以来取得的成绩和存在的问题，并要求深入“土改”运动，解决“夹生饭”，由分配土地转到挖财宝、挖干货、追浮物的斗争。提出不同地区要采取不同方针。

②《关于挖财宝的指示》：要求必须将挖出的财宝真正分到农民手里，严防为挖财宝而挖财宝，使挖财宝斗争真正成为解决“夹生饭”，改造干部、提高干部和群众政治觉悟，彻底摧垮封建势力的政治斗争。

③“砍挖”：砍大树、挖财宝。

县委指出：当前应着重挖财宝，继续起枪、挖坏根与分掉地主留下的过多的土地，提拔劳动正派的积极分子树立群众的优势，彻底摧毁封建地主阶级的政治经济基础，解决农民生产生活困难，从而彻底消灭“夹生饭”。并提出四句运动口号：“彻底打倒地主，肃清封建势力，挖净坏根（恶霸地主）”“挖浮物、斗财宝，清减赤贫”和“团结中农、整理农会，一切权利归农会”“查阶级、查土地、评成分、拉平补齐”。从此，广大农民的斗争热情空前高涨。

期间，县委转发并推广了四区区委挖“胡子”（土匪）根的经验，要求各区以此来保证“土改”斗争的进行。四区区的主要经验是：一是大胆使用本地干部和积极分子；二是做好积极分子的思想工作；三是慎重选择积极分子；四是村与村互相参观学习；五是斗争的对象要集中。各区先后进行了继续分地、挖财产、追底产运动，特别是对一些财产多的大地主继续进行清算斗争，并由挖财产到挖政治根。

这一时期，仅二区、三区、四区、五区4个区就分土地303公顷，粮食232 500余公斤，牛、马767头（匹），猪364头，禽200多只，衣服2 060多件，东北地方流通券[①]4 913.4万元，还挖出各种枪支80支、子弹8 300余发，同时争取土匪51名。

“砍挖”运动取得显著成绩，不仅摧毁了封建地主阶级赖以生存的经济基础，解决了广大贫苦农民生产、生活的困难，同时极大地鼓舞和教育了人民群众，使他们坚定了跟共产党革命到底的决心，使几千年的封建统治阶级的社会基础发生了根本变化。

①东北地方流通券：1945年11月，由共产党领导的东北银行发行的地方流通券，为区别国民党政府中央银行发行的东北九省流通券，民间对东北银行发行的地方流通券简称为东北币。1951年4月中国人民银行发行人民币时，此币全部兑换收回。

运动过程中，虽然克服了“右”的倾向，但也出现了侵犯中农和民族工商业者利益和乱打乱杀等“左”的倾向，特别是对于个别村屯将普通劳动者错误划为剥削阶级甚至错杀的极端做法，县委及时贯彻嫩江省委指示，要求各区委要加强对运动的领导，反对包办代替、放任自流，要把斗争锋芒集中对准大地主和汉奸恶霸，特别注意团结中农，更不能伤害贫雇农，要把解决土地问题当作根本任务认真对待，决不能放松。

经过“砍挖”运动，真正把农村中的贫雇农发动起来了，群众的觉悟在斗争中不断提高，通过翻黑地、起浮产、起枪，彻底斗倒了地主阶级，摧毁了地主阶级的经济基础，使嫩江的土地改革运动进入新的阶段。

三、土地改革运动的深入发展

贯彻《土地法大纲》共享“土改”“果实”

1947年10月10日，中央公布《中国土地法大纲》，在已经获得解放的地区，宣布废除封建性及半封建性的土地制度，实行耕者有其田的土地制度。

县委首先把向干部群众宣传《土地法大纲》作为完成平分土地任务的头等大事来抓，使广大干部和群众认识到《土地法大纲》是解决土地问题的最彻底的革命纲领。10月中下旬，县工委举办了为期9天的“土改”工作队训练班，训练的重点是学习《土地法大纲》等中央有关文件，如何领导“土改”的平分运动和如何划定阶级成分。通过学习，训练班学员认识到《土地法大纲》是打垮地主、消灭封建阶级最彻底的纲领，要坚决依靠贫雇农，在运动中贯彻一切权力归农会的指导思想。

各区在贯彻《土地法大纲》和平分“土改”果实的做法不尽相同，但基本步骤和方法大体是一致的，分为四阶段：

第一阶段，贯彻传达政策。各区党委、各村农会均召开贫雇农大会，传达《土地法大纲》《怎样分析农村阶级》和《关于土地斗争中一些问题的决定》[①]等文件精神，为开展划阶级定成分和平分土地作组织准备和思想准备。通过层层传达学习《土地法大纲》等法规文件，使广大雇贫农认识到了封建土地制度的不合理，纷纷起来诉苦，激起了对地主阶级的仇恨，进而讨论如何打倒地主阶级，并检查过去“土改”阶段中给地主土地多，财产未挖净，雇贫农分得果实不多，有的区、村干部富、中农当权等问题，广大群众情绪都很高涨。会后，雇贫农纷纷联系联合，像滚雪球一样把群众组织起来，积极参加“土改”斗争，使“土改”的领导权真正掌握在贫雇农手中。斗争中，进行了查阶级，查敌人，查干部，确定斗争对象，将地主富农集中在一起，组织他们参加打场等生产活动，进行劳动改造。

第二阶段，整编干部队伍。这次整编主要是从思想上、作风上、组织上解决干部队伍不纯的问题，并对区、村两级干部进行审查。通过审查，确认这两级干部都是由反奸清算运动中的积极分子提拔上来的，大多数得到贫雇农大会的认可，可以继续工作。同时对阶级阵线不清、包庇坏人、蜕化堕落和个人包办代替的家长制领导作风进行了严肃尖锐的批评，对那些混入革命队伍的伪满反动官吏和地主恶霸进行清洗。但在工作进行中，有的区提出“搬石头、跳圈子”，把原区村干部看作是绊脚石要一律搬开，这些错误做法，很快引起县委注意，并及时得到制止。

---

①《怎样分析农村阶级》和《关于土地斗争中一些问题的决定》：1933年10月10日，临时中央政府批准了毛泽东起草的《怎样分析阶级》的文件，并通过了他主持制定的《关于土地斗争中一些问题的决定》，同时用命令形式予以公布。这两个文件都是当时临时中央政府为纠正在土地改革工作中所发生的偏向，并为正确地解决土地问题而发的文件。

第三阶段，划分阶级成分。各村按照党制定了划分阶级成分的标准，采取先站队然后再评定工作方法。即先在贫雇农大会上讲清划阶级定成分的重要意义，宣传上级划定阶级成分的指示和要求，然后召开全体村民大会（地主也参加），按照上级文件精神讲明划定各个阶级的标准，并宣布不准钻空子捣乱等相关规定。叫地主、富农、中农站到一边，首先雇贫农自己审查内部，自己申报定什么成分并说明情况，再由全体贫雇农评议，最后评定通过。定完雇贫农再定中农，也按上述方法，但中农自己无表决权。对地主和富农则用审讯的方法，叫他们讲发家史的罪恶和剥削别人的方法，大家追问，不讲就斗争。在定成分时又清查出了一些地主富农，七区东德信村原来没有富农，通过此次按标准化成分，新划定富农七户。全县历时45天，基本完成划分阶级成分工作。

第四阶段，平分土地、分配“果实”。具体过程大体分为三步骤进行：一是丈量土地，选雇贫农和工作队人员组成量地组织，各村的量地组互相量，按地的好坏、远近分别统计，把好坏地都画出平面示意图。二是遵循“数量上抽多补少，质量上抽肥补瘦”的平分土地原则，按照乡村人口平分土地，再按雇农、贫农、中农、富农、地主的顺序依次挑选，将好地和近地划为一等分给贫雇农和军烈属，次地和远地划为二等分给中农。三是彻底分配斗争果实。先把雇贫农和中农分成三级，按级评定应分得果实的价值，把财物也估成不同价值，按级发给每户购物证，写明应分得的钱数，把所有应分财产公开展览两天，让雇贫农把自己选定所需东西记下来，之后，按各级标准进行分配。

12月23日，杨化泉匪部窜至六区沐河村杀害“土改”工作队干部，抢夺“土改”胜利“果实”事件发生后，县委随即在24日下发了《关于沐河村事件的通报》。《通报》强调指出：为防止“果实”再受损失，各村“果实”接收到相当数目即行分配，再接收再分配不要存得太多，不要存得时间太长，并要防止火灾。以法令镇压地主，县政府、县大队、公安局张贴布告，表明态度支持农民镇压地主，布告发布后，各村可以进行解释教育。此后，各区村均按照《通报》要求，进一步加强平分土地工作，确保“土改”“果实”切实分到广大农民手中。对于地主、富农，按照“保证他们能生产、生活，并通过劳动把他们改造成自食其力的劳动者，适量分给少量土地”的规定，分别留给地主、富农一部分土地。

1948年1月，县委在《嫩江县一年零七个月的群众工作总结》中就平分土地问题进一步指出：一是分地是个运动，而且也是一场斗争，不能只靠几个人去参加，而应是对整个贫雇农阶级进行动员。二是在分地中应根据群众自己的意见，领导可以先介绍经验，究竟如何分，以群众自愿为原则，家庭内部也要落实民主才好。三是按劳力分地是富农路线的分配方法，不合乎平分土地的原则，应按人口平均分配。

至2月，全县基本完成了平分土地工作。全县共分土地4万余垧、衣被45 490件、房屋2 047间、黄金39斤、白银288斤、布匹4 145尺、马1 552匹、牛944头、猪3 059头、禽27 813只、农具1 648件、大车406辆，以及大量其他浮财；全县还清缴枪支77支，子弹12 619发。

平分土地运动的开展，是从政治到经济上对封建制度发动的总进攻，从政治和经济上彻底消灭了封建的剥削制度，使广大农民真正翻了身，成为农村的主人。

纠正“土改”运动中的偏差

在平分土地和继续“挖财宝、挖坏根”过程中，全国一些地区不同程度地出现了侵犯中农利益和工商业者利益的问题、打击面过宽、乱打人乱杀人等严重的偏差。1948年1月，中央书记处书记任弼时作了《土地改革中的几个问题》的讲话，指出了平分土地中的“左”的错误。

这一时期，嫩江也出现一些“左”偏差，有的区、村存在成分划得高，把中农划成了富农，把应是贫农的划为中农；对地主富农不分大小，当过“胡子”、伪警察、特务、“光复军”的不分罪恶大小、时间长短，一律开展斗争；存在杀人过多、不该杀的杀了错误现象和侵犯工商业等问题。如全县扣押和清算地主富农近1 000人，仅城区清算斗争461人（地主294人、富农149人、中农18人），六区打死260余人。[①]

2月1日，东北局及时发出《关于平分土地运动中几个问题的指示》[②]。同月，嫩江省委召开会议，根据东北局指示精神部署重划阶级、补偿中农等纠偏工作。

县委从3月起，认真组织学习东北局指示精神，在全县进行了“土改”纠偏工作，广泛向群众宣传党的政策，并依照政策对“土改”中出现的偏向进行复查，然后依照政策要求进行处理。同时，县委根据嫩江省委《关于贯彻纠偏工作的通知》精神，规定各领导机关和干部，在运动中应掌握贫雇农内部团结、一致对外、不侵犯中农利益、保护城镇工商业等原则，提出必须对地主、富农采取分化政策，缩小打击面，停止与防止乱打人、乱杀人的现象。对地主、富农及家庭成员给予出路，使之成为自食其力的劳动者，对划高阶级成分的降下来，对错划了“政治成分”的予以纠正。

---

①中共嫩江县委党史工作办公室编著：《嫩江党史资料》（第一辑），1991年7月内部出版，第127页。

②《关于平分土地运动中几个问题的指示》：必须对地主、富农采取分化政策，缩小打击面，不侵犯中农利益、保护城镇工商业，设法停止与防止乱打人杀人的现象。

5月8日，县委召开县、区书记联席会议，提出了九条纠偏措施：一是对“土改”中处理不当的党员、干部都给予安慰和说明，并当众指出他们以往的错误及以后努力方向，并给予应有的权力。二是动员雇贫农将划错成分户划回来，在政治上摘下“帽子”。三是划回的中农参加农会，享受会员权利，并可吸取一名至二名中农参加村民委员会。四是对错划的中农补偿种子、粮食、牲畜和土地，村中已无土地的帮助开荒，牲畜和财产从分得较多的雇贫农户和农会保存的财产内抽出补偿。五是对做过坏事被误杀的中农，指出死者干的坏事，将家属成分划回并给予帮助和照顾。六是对雇贫、中农中被错划和屈死者，承认错杀并对其家属给予抚恤。七是地主富农土地太少的尽量填补一些，并帮助解决种子，使其能生活。八是对被杀地主无劳动能力的家属，帮助其生活使其能参加其他生产，防止饿死。九是对被斗的城市工商业者，除恶霸地主外，将其机器原料及其未分物品动员群众归还，接收的不应斗得工商业者的财产一律归还。

纠偏工作中，全县区、村级党组织认真按党的政策办事，及时纠正了偏激做法。如四区的兴业村纠偏前打击户和人数分别占总户数和总人数的11%和37%，纠偏后分别下降到7%和26%；中心村纠偏前打击户和人数占总户数和总人数的18%和26%，纠偏后分别下降到6%和10%。同时，对全县被侵犯的176户工商业户逐一进行了赔偿。随后，在复查纠偏基础上，开展大生产运动，丈量土地和核发《土地照》，党和政府鼓励农民复垦撂荒地，全县耕地面积有所扩大。

至此，嫩江土地改革全面完成。土地改革期间，全县实际平分土地48万亩（占全县耕地的80%）、马1 552匹、牛944头、大车406台、农具1 648件、粮食2 961石（合740吨）、黄金624两、白银4 608两、房屋2 047间和大量浮财。

经过土地改革，确立了农民土地所有制，全县农村土地占有状况发生了根本的改变，雇农、贫农和中农由“土改”前只占有23.3%土地猛增至86%，真正实现了“耕者有其田”，广大雇贫农真正成为土地的主人；而地主、富农占用的土地由“土改”前的76.7%耕地降至14%，失去了进行剥削的最基本的物质基础。

土地改革运动，摧毁了封建的剥削制度，延续了两千年的封建土地制度被送进了历史，广大农民真正翻身成为农村的主人，使广大农民在经济上、政治上获得解放。由于农村生产关系的变革，大大解放了生产力，广大农民焕发出前所未有的生产积极性。在这场斗争中，建立和发展了党的基层组织、乡村政权和群众武装，群团组织得到加强，全县发展农会会员7 633人、妇女会员3 411人、儿童团员2 368人，农村人民民主政权地得以巩固地建立起来。

第五节　参战支前和锄奸肃恶

抗日战争胜利后，国民党不顾全国人民的反对，悍然发动了全面内战。1946年，中共中央东北局在《关于粉碎敌人进攻》的指示中，号召东北党政军民紧急行动起来，准备粉碎国民党反动派的进攻。根据东北局的指示，中共嫩江县委和县人民政府要求全县人民要立即行动起来，全力支援前线，保证自卫战争的胜利。动员全县人民保卫家乡、保卫和平，争取民族的彻底解放，全县人民积极响应党的号召，迅速掀起了参军参战、支援前线的高潮。

一、参军参战支援前线

翻身农民参军参战

在解放战争中，随着战争规模的不断扩大和战场的推移，兵源的更新和补充成了决定战争胜负的重要因素。1946年9月14日，嫩江省委在《关于补充主力的决定》中指出：东北人民的优秀儿女要积极动员起来参加民主联军，保卫抗战胜利果实和人民的利益，而充实我军主力。省委决定到10月底，全省动员2 500人补充主力作战部队，下达给嫩江县的任务为100人。

县委、县政府接到任务后，召开紧急动员大会指出：扩充主力部队现成为当前刻不容缓的任务，动员新战士补充主力部队是全民的政治任务，各级组织都应切实负起责任来，保证扩充主力部队任务的胜利完成。各区在发动参军工作中的主要做法：一是开展广泛的政治动员工作。组织专人对广大群众和青壮年进行深入细致的革命形势教育、阶级教育和前途教育，提高了群众觉悟。在政治动员中，坚持先党内后党外、先干部后群众，做到层层发动，逐步扩大。二是正确贯彻党的自觉自愿参军入伍的原则。主要是通过宣传教育，启发广大群众和青壮年的阶级觉悟，使其认识到参加东北民主联军，保卫解放区解放全中国，是青年的神圣责任，形成一人参军全家光荣的热烈气氛。同时，反对强迫命令，反对轮流摊派的错误做法。通过宣传教育，全县广大青壮年奋勇争相报名参军，出现了妻送郎、弟送兄、父送子参军的生动场面。如二区妇女孔亚凤主动送丈夫参军，自己照顾公婆、子女，积极参加生产，被评为模范军属。

据统计，1946年全县参军人数达350人，其中：参加主力野战军100人、参加地方作战部队250人，超额完成嫩江省委下达的任务。1947年全县参军人1 100人，其中：参加主力野战军800

人、参加地方作战部队300人。1948年全县参军人数518人，其中：参加主力野战军200人、参加地方作战部队318人。截至1949年，全县共有3 000余青壮年志愿参军，其中：加入有主力野战军2 000余人，加入地方作战部队和县保安大队近1 000人。

在积极组织青年参军的同时，全县的地方武装部队在取得剿匪斗争胜利后，南下参战支援全国解放战争。1947年9月，东北民主联军嫩江军区第九团（原嫩江省人民自治军第九支队）改编为第一团，撤离嫩江县城南下参战。1948年6月，县保安大队一、二中队改编为地方兵团随东北人民解放军南下参战。

嫩江县参军参战热潮的兴起，既及时补充了前线兵源，保证了解放战争的胜利，又推动了群众工作的开展，提高了广大人民群众的政治觉悟。

投入战勤支援前线

1947年4月2日，东北行政委员会颁布《东北解放区人民爱国自卫战争勤务暂行条例》，对如何全力支援战争及合理使用民力，对马夫、车夫的动员与使用范围作了规定。

根据上级指示，县委、县政府组建了支前委员会，部署支援前线工作，研究落实了任务和措施。全县各区、村积极组织民工队、担架队、大车队及人力、物力、财力等支援解放战争，以保证前方各种军需的供应。在1947年支援前线的工作中，一区出车工4 570个、民工1 671人，四区出车工4 570个，城区出民工12 050人、车工900个，供给前方粮草及钉马掌、修乌拉等费用200万元（东北地方流通券）。抢修嫩江至富裕的铁路中，全县出动民工27 898人、车工4 311个、马工29 739个，仅7天就运送铁轨4 000根。

1948年10月21日，县委印发《关于突击拉地抓紧打场、宣传胜利、努力支前的指示》。《指示》强调：组织一切可以组织的力量突击拉地抓紧打场，先组织党员干部学习有关解放战争胜利的社论，再到农民中宣传济南、锦州、长春大捷以及各解放区的胜利消息。随后，县委于23日召开“祝捷”大会，各区也纷纷召开相关大会，宣讲东北全境解放为期不远，前方胜利可以带来后方的安宁，但前方的继续胜利是需要后方的大力支援，必须努力生产。号召农民积极交公粮、晾晒干菜，城区群众修房、让房准备接收前线伤员。

此后，城区居民积极响应号召，为前线伤员腾房、让房，共接收2 200名前线伤员，149人为伤员献血、输血。期间，各区号召群众捐助大量谷草、麦秸，解决了铺草缺乏的困难，圆满地完成了接收伤病员的任务。县领导经常过问伤病员的治疗情况，解决治疗过程中的困难，使伤病员在养伤治疗期间有很好的医疗环境，经医护人员的精心治疗，使很多伤病员恢复了健康重返前线。三区妇联主任陈玉芳带头护理伤员，为伤员洗血衣，被评为支前模范。

这一时期，有着光荣革命传统的嫩江人民，为了支援解放战争解放全中国，争先恐后参加战勤，要人出人、要车出车、要物给物，以实际行动支援了全国解放战争。城区居民将猪肉、肥皂、牙膏、手表等物资（折合人民币5万元）送往前线，出人工33 600个、车工360个；城乡群众为前线战士做棉衣1 400件、棉鞋1 358双、单鞋11 700双、鞋垫3 000副、针线包10 000个，晾晒干菜16 946斤。充分显示了人民战争的巨大力量。

开展拥军优属活动

1947年8月1日，嫩江省政府颁布《优待军属办法》。《办法》要求：保证军人家属生活，提高军属政治地位，巩固扩大人民军队，保卫民主和平。

根据嫩江省委、省政府的指示，县委召开各区干部会议，安排部署拥军优属工作。发动机关工作人员和广大人民群众，在自愿原则下开展募捐活动，大力开展优抚工作，帮助军烈属和残废军人解决生活困难，为军烈属挂“军人家属”“烈士家属”等光荣牌。对优抚对象在购买物资、子弟上学、治疗疾病和贷粮贷款等方面都给予优先照顾。对农村军烈属、残废军人生活困难者，采取了发补贴粮或者定期、定量补贴的办法予以照顾。每逢节日，由各界代表组成慰问团，召开军、烈属和退伍、转业军人联欢会、座谈会，同时组织干部和群众带着慰问品逐门逐户地向军烈属慰问。多数区、村、屯号召群众参加拥军优属活动，帮助军烈属担水、清扫庭院。每逢战士在部队立功受奖喜报来到时，立即组织秧歌队送光荣匾，敲锣打鼓把披红戴花的立功喜报和光荣匾一起送到战士家中。

为解除前方战士的后顾之忧，各区政府在农业生产上采取扶助举措：一是对有困难的革命军人家属、烈士家属、残废军人等实行优待的土地代耕、助耕制度。二是以不同的形式组织互助组，确保参军家属的土地不荒芜一分，粮食不丢失一粒。从而解除了参军者及其家属的后顾之忧，让参军者放心地走上前线。

至1949年，全县有军烈属187户，其中：烈属7户、军属102户、残疾军人8户、复员军人70户；享受优待的134户；享受代耕的军烈属56户，代耕4 300亩耕地；助耕户78户，助耕5 430亩耕地。县政府除对军烈属在生产上实行土地代耕、助耕外，在生活上又给予适当照顾，发救济衣物3 400件、烧柴134车、白面2 000公斤、猪肉1 000公斤、粉条1 500公斤。通过土地代耕和物资补助，军烈属生活水平不低于当地一般农民的生活水平，保证了军烈属的正常生活，调动了军烈属的生产积极性，很多军烈属为减轻政府和群众的负担，积极参加生产，在生产劳动中起到了模范带头作用。

嫩江是战略后方，具有接收伤病员、安置荣誉军人条件。县委、县政府把此项工作作为一项支援前线的重要内容来抓，于1947年成立了荣、病军人安置委员会，对所接受的荣誉军人，根据伤残情况分别进行了妥善安置。1949年，全县接收和安置荣誉军人149名，在党和政府的关怀下，大部分荣复转业军人安家乐业，在生产劳动中起模范带头作用。同年，县人民政府在城内北花园新建烈士陵园，占地1.8万平方米，安葬烈士173名。

拥军优属工作的开展，密切了党政军民关系，对鼓舞广大军烈属积极支援前线，鼓舞战士士气，提高战斗力，赢得战争的胜利起到了积极作用。

二、革除反动封建残余净化社会

反动党团登记

1949年3月5日，东北行政委员会发布《关于反动党团特务组织登记布告》。《布告》宣布：解散、封闭一切反动党团组织，严禁其进行任何活动。并令所有反动党团特机关人员，必须到当地公安机关登记并交出全部证件。

根据东北行政委员会的部署，县委于1949年5月成立了嫩江县反动党、团分子登记工作委员会，由县委组织部部长路平任主任，县公安局副局长耿子山任副主任，各机关、企业的行政负责人为委员，县公安局抽调10名干部负责具体工作。

5月25日，召开了各机关领导和各区区长、公安助理会议。会上县长武征反讲了登记工作的意义和目的，县公安局副局长耿子山传达了省公安厅公安局长联席会议精神。会议强调，这项工作是党的政治任务，各级领导必须重视，每五天向县委办汇报一次情况。会议确定，嫩江中学、企业公司、胜利街为登记工作重点单位。5月28日，召开了街道党员干部大会，会议号召党员干部克服麻痹思想提高警惕，防止敌人造谣破坏，保卫登记工作的顺利进行。会后，各单位和街道分别召开党支部会、积极分子会、居民大会，并通过广播、标语、黑板报等多种形式广泛深入地开展了宣传工作。通过动员和宣传，群众积极参加此项工作，采木公司群众检举揭发了一名国民党兴安省党部秘密委派嫩江上尉军官造谣惑众，在工人宿舍悬挂蒋介石像，拉拢公安队员等事实。一批国民党党专[①]分子和三民主义青年团团员在宣传攻势的影响下，主动到城区政府报到登记。

在深入动员的同时，各单位认真进行清理档案、寻找线索、清查疑点等调查摸底工作。确定需要深追的有国民党党专分子七人、国民党临时党部二人、国民党军事救国会会员一人、国民党长春流亡党部一人。认定为政治线索的有国民党长春流亡党部一人、三民主义青年团团员二人、国民党军事救国会会员三人、青年文学社一人、国民党嫌疑分子五人、其他可疑分子八人。随后，将这些人集中举办学习班，通过讲解形势、交代政策、讨论检讨等政治教育活动，部分三民主义青年团团员主动交代了参加的经过和活动；还有六人交代了问题，其中国民党书记长一人、国民党区分部执行委员一人、伪法警一人，伪宪兵一人、私藏子弹者二人。

7月2日，县公安局抽掉骨干组成5个工作组，正式开始反动党团登记，对彻底坦白的提前解除管制，促使其他反动党团分子主动登记。当时登记的共有13人，通过登记查清历史的有10人。反动党团登记工作至年底结束，全县共登记反动党团分子89名，其中：国民党党员51名、三民主义青年团团员14名、国

①国民党党专：抗日战争时期国民党在东北的地下组织之一，国民党党务专员办事处。

民党军官24名。收缴反动证件16份、子弹300余发。[①]反动党团登记工作锻炼了干部，教育了群众，稳定了社会秩序。

取缔反动会道门

解放初期，县内“一贯道”“大刀会”“先天道”“无极道”“九宫道”等反动会道门，勾结土匪，敌视人民，愚弄民众，诈骗钱财，成为社会的毒瘤。“一贯道”活动最为频繁，仅1946年就增设佛坛2处，发展道徒200人，道首周序业窜至讷河县活动，因扰乱社会治安被捕。接到通报后，县公安部门将在县内的道首拘捕，宣布解散“一贯道”组织。但在押道首众口一词，只承认设坛收徒，拒不供认违法活动，遂被释放。此后，“一贯道”奉行所谓“暂不渡人，引渡自修”的策略，伺机待起。1948年，“哈尔滨一贯道总会大法师”张光壁死时留下“接线”遗命，县内道首周序业被授“点传师”之职，复设佛坛2处，发展道徒30余人，并制定规章，加强控制道徒。

1949年3月，“一贯道”活动更加猖獗，增设指导员、小组长等职，以公共佛坛为据点，摆“香堂”点收道徒91人，大肆散布“第三次世界大战就要爆发，须渡强国才能避免战祸”“今年要刮七七四十九天黑风，是大灾大难之年，人死大半，尸骨成山”等谣言，蛊惑人心，制造混乱；借机骗取道徒财物，中饱私囊，仅周序业就先后骗钱8 000元、金银若干。

为打击反动会道门的违法活动，县政府于5月4日开展取缔反动会道门运动，发动群众揭露其反动面目，开展破除封建迷信的教育。5月29日，逮捕公共坛主以上的反动会道门头子5人，对骨干道徒进行集体教育并加以控制。此后，对受骗加入反动会道门的群众，本着“争取多数，孤立少数，分清主次，区别对待”

①嫩江县地方志编纂委员会编著：《嫩江县志》，中国·三环出版社1992年版，第498页。

的方针，进行教育，登记备案，声明退道。9月27日，将“一贯道”点传师周序业依法逮捕（1951年5月25日处决）。至1949年底，全县共有763名道徒履行登记、退道手续，反动会道门被彻底摧毁。[①]

扫除旧社会痼疾

东北沦陷时期，黑龙江地区的大中城市、县城和小城镇以及边境地区均设有妓馆，有些地方不仅有中国人开的妓馆，而且有很多日本人、朝鲜人妓馆。

人民政权建立后，县政府即明令取缔娼妓。1946年9月27日，县公安局一举取缔妓院40处、暗娼50人，解放妓女200余人。此后，改造安置妓女150余人，改造教育老鸨18人。封闭妓馆，解放妓女，是人民政府改造旧城市，拯救被污辱、被损害的妇女的一项重要措施。

与此同时，县政府厉行禁毒政策，加之通过民主改革，群众觉悟提高，进一步认识到烟毒的危害。通过宣传教育和各种禁毒措施，吸食鸦片者逐渐减少，种烟人由公开转为隐蔽。1946年9月27日，县公安局取缔烟馆1处，惩处一贯贩毒、吸毒者21人，收缴烟土56两、烟膏37两、烟份120个、烟籽6两、烟具近百套，改造吸毒者536人，完成了禁烟禁毒任务，基本上肃清了烟毒的流害，促使吸毒者走向了新生。同时取缔赌场1处，惩处惯赌分子36人，没收赌具50套，教育改造赌博分子千余人。经过上述工作，赌博、吸毒、卖淫等顽症基本绝迹。

解放初期，公安机关在打击赌博、吸毒、卖淫的同时，对杀人、纵火、盗窃等刑事犯罪严厉打击，治安状况明显好转。1949年，为加强治安保卫，县内国家机关开始增设保卫干事，国营工

①嫩江县地方志编纂委员会编著：《嫩江县志》，中国·三环出版社1992年版，第498页。

厂开始设立护厂委员会。此后，公安机关对刑事犯罪随时侦察，依法处理，保证了社会秩序的安定。

第六节　恢复生产发展各项事业

由于日本帝国主义殖民统治的野蛮掠夺和战败时的疯狂破坏，致使嫩江城乡经济凋敝，民不聊生。解放后，为了解决广大人民的吃饭穿衣问题，同时为粉碎国民党的武装进攻提供军需供应，中共嫩江县委在领导创建人民政权、剿匪斗争和土地改革运动的同时，大力组织开展以农业生产为中心的经济建设，恢复和发展民用军需的工业、交通运输业，稳定商业、金融业，发展教育和文化卫生事业，改善人民生活。千方百计增产节约，以源源不断的物资和资金供应军需，为东北和全国的解放做出了贡献。

一、开展农业大生产运动

发动群众开展生产运动

1947年2月25日，东北政委会发出《关于开展农村生产运动的指示》。《指示》号召各地要进行广泛的宣传和动员，组织农民搞好春耕生产，掀起生产运动的热潮以改善农民的生活，加强解放区的物质基础。

3月，县委为掀起农业大生产高潮，召开县工农代表大会，动员组织农业生产。会后，各区委、区政府动员广大农民群众积极投入春耕生产，及时解决生产中的困难，促进了农业大生产运动的开展。同年春，为进一步加强对农业生产的领导，县委成立了生产委员会，各区村也相应建立生产组织。县政府、县保安大队及各区政府机关工作人员积极参加农业生产，当年各机关耕种土地达840垧，生产粮食总计76万余斤。

据统计，1947年全县总播种面积为501 720亩、单产为93斤、总产达4 615.8万斤，分别比1946年增加253 815亩、20斤、279万斤。

1948年2月，嫩江省委召开群众工作会议，强调指出："土改"运动已经结束，今后全省党的中心任务是组织干部组成生产工作队，分赴农村，发动群众，开展大生产运动。3月4日，县委召开区委书记联席会议，贯彻落实嫩江省委关于开展农业大生产运动指示精神，并就全县开展农业大生产运动提出具体措施：一是加强思想教育，反复宣传兴家立业的致富政策，克服怕富再分再斗的思想顾虑。二是在自愿互利的原则下组织互助组。三是政府帮助解决贷款、籽种、粮食、车、马等具体困难。四是大搞副业生产，增加收入，购买农具。五是精耕细作，增施粪肥，兴修水利，开垦荒地。六是开展劳动竞赛，奖励劳模。

5月22日，县委、县政府根据在几个区的生产情况调查及各区的生产汇报情况，在《关于目前生产运动的指示》中指出：一是目前生产是一切工作的中心，任何其他工作，绝对不能妨碍或转移这个中心，凡阻碍生产工作的，目前应停止进行，纠偏也是以有利于生产为主，其他工作亦应在不妨碍生产下进行。二是生产要按级负责，保证不荒地，区上荒了地区干部要负责，村荒了地村干部要负责，干部分工到哪个村屯小组，扔了地那个干部要负责。

《指示》下发后，全县各区加强了农田耕种工作。一区耕地面积达836.5垧、二区达11 199.15垧、三区达8 571垧、四区达13 330.3垧、五区达4 680垧、六区达4 948垧，分别比1947年增加80.5垧、10 176垧、1 095垧、119垧、28垧。党的"谁劳动谁得实惠"的政策促使农民生产热情高涨，踊跃开荒、租地、买地，各区除人口少、土地多的村屯外，要求开荒者为数很多。据统计：1948年开荒11 955垧，耕地面积大幅度增加，为全县多增产、多打粮奠定了基础。此间，各区在备春耕生产工作中，开展积肥送粪竞赛活动，男女老少积肥送粪，很多区提出粪要“三光”①，要求将农家肥、土粪、混合粪、灰土粪等送往地点。全县施肥面积达18 400多垧，平均每垧地施肥17车，个别地施肥30车至35车。为掀起春耕铲蹚高潮，鼓励农民购车买马，填补农具。当年，全县各区农民买进牛、马529头（匹），可使用畜力达到11 816（匹）头。

当年，由于连续不断受到冻、霜、雹、风等自然灾害的侵袭，全县受灾面积达5 835多垧。各区委积极组织农民抗灾自救，受灾地块大部分补种两遍，有的甚至种了四遍。县委、县政府设法贷放大批粮款为农民排忧解难，同时动员群众捡柴、捡粮，自己动手克服生产困难，全县农民捡柴162万余斤，捡粮2.4万余斤。通过发动群众大搞副业生产，解决生产自救和生产资金的问题。据统计，全县农民在打草、打烧柴、晒干菜、编筐、采蘑菇、编席等副业生产中，共取得收入68万元（东北地方流通券）。

在大生产运动中，县委还注意发动广大农村妇女和半劳动力参加各项农业生产劳动。指出：在大批男青壮年参军参战的情况下，妇女和半劳力则是农业生产上的一支重要力量。提倡男女同工同酬，不得歧视妇女。部分区村，妇女单独组织妇女组参加集体生产劳动，同样评工记分。据统计：春耕时全县妇女参加大田及副业生产达6 386人，占青壮年妇女50%以上；夏锄时，动员妇女6 386人、儿童3 630人参加田间生产，占全县农村人口的30%。

① “三光”：粪堆送光、马圈和厕所起光。

据统计：1948年全县总播种面积507 510亩、单产为105斤、总产达5 003.1万斤，分别比1947年增加5 790亩、12斤、387.3万斤。

1949年，县委多次组织召开各区、村干部会议，讨论研究开展农业大生产等问题，制定了《嫩江县四九年农业生产准备与计划》。《计划》提出1949年生产任务：扩大耕地面积3 276垧，耕地总面积为46 962垧，增加上粪地4 000垧，共计增产粮食为976万斤，粮食总产量为5 984.3万斤，副业生产680万斤，农业总收入为6 664万元。《计划》并指出，为实现以上计划要采取以下措施：一是增加施肥面积，二是加大开荒力度，三是大部分地区要做到大田的铲趟，黄豆要铲趟两遍。

《计划》下发后，县委抽调大批干部奔赴农业生产第一线，督促检查、组织领导农业生产和帮助解决生产中的各种问题，指导农民适时保质保量地完成春耕、播种、铲蹚、秋收、征粮工作任务。

据统计：1949年开荒1 400垧，全县总播种面积达543 615亩、每亩单产达142斤、总产达7 728.1万斤，分别比1948年增加36 105亩、37斤、2 725万斤。

由于农业大生产运动的开展，农民生产积极性进一步提高，战胜了各种自然灾害，使粮食产量大幅度增加，不仅提高了人民生活水平，而且超额完成了粮食交售任务，1948年交售公粮1 256万斤，1 949交售公粮1 312万斤，保证了前线军粮供给和后方城乡人民的生活需要

组织互助合作

“土改”中农民分得了土地，贫雇农分得了数量不同的畜力和农具，但由于大多数贫雇农因劳力少，畜力和农具品种不配套，各自很难适时进行生产。为了不违农时，维持正常生产，广大农民主动采取了换工插犋的互助办法，这种互助办法多在亲戚

或邻里之间进行。主要有插犋[①]、人畜换工[②]、换工[③]等形式。这些换工插犋办法，是农民群众在冲破封建经济的束缚中，解决个体劳动的局限性，想合作互助的开始。1947年2月25日，东北行政委员会在《关于开展农村生产运动的指示》中要求各级党委和政府，要根据本地原有的换工插犋的习惯，加以提倡和发展劳动互助。

县委、县政府根据《指示》精神，发动全县农民进行劳力互助，提倡与鼓励农民互相学习生产技术，互相帮助，组织起来，换工插犋，提高生产力。换工插犋采取自愿原则，以雇贫农做骨干，中农小富农可参加生产小组。宣传口号是："工换工、不脱空""吃不穷、穿不穷，不会打算就受穷""换工互助发财致富，发展生产支援前线，组织起来大家发财，努力生产有吃有穿"。当年，全县成立自愿互利的生产小组6 842个，参加小组2 937人；成立互助组138个，参加农民1 156户；成立换工插犋组824个，参加农民3 658户。

互助组开始组织时，有的地方出现强制编组，而且人力畜力评分不够合理，有的春组秋散，很不巩固。面对这种情况，县委、县政府于1948年5月20日下发《关于目前生产运动的指示》。《指示》强调：各区应更进一步深入检查，一切非自愿的换工小组，应该纠正解散，重新组织自愿两利的换工小组，应接受1947年强迫大组换工的教训。同时要求各区委、区政府在换工

①插犋：指几家农户拼凑三匹至四匹马和一副犁合在一起，共同完成耕种活动，每当一个阶段农活结束，插犋的一伙就自行解散。

②人畜换工：是无畜力农户种地时和有畜力农户进行换工，也有花钱雇牛犋的，但大多数是以工价折钱，人工抵畜力工。

③换工：是几个劳力强弱相当，土地数量接近的亲朋好友在抢种、铲蹚几个重要农时进行的劳动合作。

互助工作中应当做到：一是自愿换工铲地，或大组分开小组铲，如不愿再继续按种地小组换工，而自愿拆散重新组织换工小组者，也不能限制，应让其重新组织，绝对不能勉强下去。二是个别人或一部分人，在思想上未想通、账未算清前，不愿参加换工小组，领导者也不能强迫其参加换工小组，而是要以介绍经验、算细账的办法，说明利害，打通其思想，绝不能强迫命令。三是各小组应定期地算账、清账、找工钱。其间，根据东北局和嫩江省委关于《今后的中心工作应转入组织生产》的指示精神，县委在三区组织大生产试点，县委宣传部长武征反、五区区委书记金光率县工作组前往具体指导，重点组建了常年互助组。

在备春耕时，县委、县政府召开区村干部会议，研究落实全县农业生产工作，动员农民组织起来，互助合作，发展生产，增加产量，改善生活，并在四区永久村进行农村合作社初步试点。试点工作中。首先召开党支部大会，对党员进行动员，初步部署合作社工作。然后召开村委会，向每位干部宣传合作社的必要性和重要性。最后召开村民大会，向农民进一步宣传党的号召，初步讨论了合作社计划，主要就加入合作社农民的入股办法、劳动所得等问题进行充分讨论，经过讨论农民大多数拥护成立合作社，全村73户农户组成3个互助合作组。

在春耕生产时，为适应生产需要，各区部分蹚犁组合并成了大犁组，形成了临时变工组。当时变工组大致分为5种类型：一是真正的自愿互助组。自愿结合评工记账，有骨干、有领导、有计划，真正发挥了组织互助的作用，这种组合占总数的20%。二是不够健全的自愿互助组。有些是不评分记账，有的没有计划，有的骨干不多，按季换工或按年换工，占总数的30%。三是原始的互助组。没有领导骨干，没有生产计划，需要就换工，不需要时则单干，占总数的40%。四是插犋不换工。是一种临时组织，占总数的近10%。除此以外还有一种伙打伙分小组。就是几户劳力，车、马农具全合在一起，一起吃饭，一起干活，从播种铲蹚到收割都在一起，打下的粮食留够来年生产生活费用的再按记的工分分配，这在当时是一种比较高级的生产互助组织形式，可以说是农业生产合作社的雏形。

为此，县委、县政府在总结春耕工作中进一步指出：全县广大农民要本着自愿互利、评工记账、自找对象的原则组织起来，要以省、县劳模为骨干的互助组为典型，说服教育农民组织起来。

9月21日，县委成立了五人组成的县合作社指导小组，并要求各区于月末成立有党政负责人参加的合作社指导委员会，明确其主要任务是正确领导合作社的各项工作，确定方针政策和工作原则。要求全县广大党员要深入到农村生产中去，每个党员要组织、参加一个组，在小组内起模范带头作用，把所在互助组变成模范组，推动互助组的发展。此后，各区指导委员会对各种形式的互助组、合作社进行详细的分析，注意用实际例子启发教育农民，使农民认识组织起来的好处。

1948年，全县成立1 443个互助组、6 842人参加，其中，大犁组543个、蹚犁组119个、伙打伙分组380个、独犋与临时插犋401户。

1949年，县委、县政府坚持“互助合作、共同富裕”的政策，努力提高变工组的质量，号召广大农村干部党员带头参加农业生产，积极组织生产，使农民在参加变工组后能够多打粮食，增加收入，从而影响和吸引单干户，逐步把农民组织起来。而广大农民在自愿的换工插犋、互助合作的生产中，也逐渐摸索和积累了一套记账、还工、折算工价及铲蹚顺序等合理的办法，对换工插犋中的原则、工资及换工、评工、还工等都做了详细规定。当年，实际组织临时换工组824个、3 568户，常年或三大季①互助

①三大季：春种、夏锄、秋收。

组138个、1 156户，占农村户数的46.8%。

换工插犋，对劳力、畜力和农具实行了较为合理的配置，提高劳动效率，互助合作，解放和发展了劳动生产力，调动了农民的生产积极性；促进了农业生产的迅速发展。

开展劳模生产竞赛

在土地改革中，由于不少农民对党的农村政策缺乏全面了解，再加上运动中曾产生的某些“左”的偏向，使一些农民产生了“穷光荣、富可耻”的思想，又因为受国民党的欺骗宣传和地主的谣言蛊惑，怕发展生产当“冒尖户”，富了要挨斗挨分，不敢添置车马，扩大生产。同时，对党的农村正常借贷、财产所有权等有关政策，存在许多模糊认识甚至误解。

为此，县委根据上级指示精神，明确提出：承认分得的土地、房产和个人生产生活资料的私有权，并予以法律保护，发给地照、房照。还制定了奖励生产、鼓励劳动致富的办法。

1947年，各区根据县委、县政府的指示，将劳模标准迅速地向各村屯农民广泛宣传，并号召人人争取当模范，争当“劳动英雄”“庄稼状元”，对积极参加农业生产成绩显著的农民进行奖励，鼓励农民发家致富。通过开展这项运动，全县广大农民把争当劳动模范，作为生产竞赛的奋斗目标，各村屯的二流子、懒汉也踊跃地参加种地、打柴等生产劳动。

1948年1月11日，嫩江省委、省政府在《继续培养劳模、发动生产竞赛的通知》中指出：劳模是生产运动中的积极分子，是勤劳致富的活的榜样，是生产群众中的典型；劳模竞赛运动是推动与提高生产的重要领导方法，是广大生产群众向劳模看齐，并争取人人当劳模的运动。

县委、县政府根据《通知》精神，要求各区把劳模竞赛运动看作领导生产的一个组成部分，是领导生产的重要方法，抓紧掌握与恰当运用，要在每个生产季节中开展竞赛和选拔劳模，要有重点地培养，加强对其领导，提高其阶级觉悟，要有部署、有检查，注意总结经验，好的经验立即推广。各区在开展劳模竞赛运动中，首先启发群众，引导群众自觉进入竞赛运动；其次是发动个人与个人，家庭与家庭，进一步扩大为小组与小组，屯与屯，村与村的生产竞赛运动。

在劳模竞赛运动中，全县农村党员干部积极帮助群众解决生产、生活中的困难，研究和向农户传授农业生产技术，宣传党在农村的各项政策，打消群众的思想顾虑，在整个农业生产上，从备耕、夏锄、铲蹚到秋收等工作中认真贯彻执行党在农村的各项政策，为促进劳动竞赛的开展发挥了骨干作用。这样，劳模运动就与群众性竞赛紧密结合起来了，促使农民生产发家和勤劳致富。

各区在劳模竞赛运动每一个阶段生产上，都有领导、有计划地总结生产经验、奖励劳动模范。在夏锄阶段，全县选出劳模组64个、劳动模范201个、模范干部42个、模范党员63个、移民劳模23个。

12月4日，县委、县政府召开了劳模大会，全县118名区级劳动模范、11名模范干部、12名移民模范、2名副业生产模范、1名养马模范、47名勤务模范和25个模范小组代表参加大会，大会对4个先进小组和86名先进个人进行了奖励。此间，全县涌现出三区新胜村沈凤琴、三区妇联陈玉芳、四区中心村黄文仲、四区长华村穆柏春等全省劳动模范。

此后，各区以劳模大会为动力，发挥生产能手、劳动模范和模范干部的生产骨干作用，订立生产计划，进一步推动农业大生产运动的开展。各村的模范小组及劳动模范为使农业生产获得丰收，在每个生产重要环节中定出生产计划和目标，生产较差的小组和比较好的小组互相帮助、互相学习，进行生产竞赛，比生产效率，比生产干劲，使人与人、组与组、屯与屯生产竞赛开展得更为广泛。

奖励劳动模范，使劳模成为一村一屯的榜样和旗帜，在农民群众中树立了劳动光荣的正气；开展生产竞赛，调动了农民生产积极性，带动了群众共同致富，推动了农业生产发展。

北大荒的初垦

1947年，人民解放战争转向战略反攻的关键时期，按照中央作出"关于建立巩固的东北根据地""为迎接全国解放，组织亿万农民走集体化、机械化生产的道路""培养干部，积累经验，创造典型，示范农民"的指示精神，一大批部队和地方干部从战场转战到北大荒，拉开北大荒开发建设序幕。

1948年5月，县委投资52.3万元在三区胜利村建立县营嫩江伊拉哈农场，农场拥有职工144人、拖拉机5台、马38匹、牛20头，是当时黑龙江省县营农场中拥有机械最多、规模较大的农场，当年开荒10 740亩，种稻田450亩，收获水稻6万斤。

1949年，全国面临的形势是一边作战，解放全国；一边建设，恢复生产。为了增加生产，减少国家困难，东北行政委员会决定，建立一批国营农场。3月，东北行政委员会在嫩江鹤山车站西南部创建鹤山农场。建场当年，国家调给21台拖拉机、3台康拜因、1台汽车，农场建造 2 178平方米房舍，开春荒9 045亩，并实现当年播种当年收获。7月，在双山车站东南4公里处筹建八一五农场；8月下旬，由通北农场麦收工作队和鹤山农场抽调部分人，组成55人的建场工作队，配有纳齐拖拉机6台，正式开始建场，当年开荒8 205亩。10月，根据荣军工作委员会关于组织荣军扩大生产和发展机械农场的决定精神，经省民政厅荣管处批准，将东屏农场交当地政府经营，人员迁至土地条件较好的嫩江县伊拉哈，由财政拨款重建机械农场。因农场西靠伊拉哈，更名为黑龙江省伊拉哈荣军农场。

伊拉哈荣军农场建场初期，荣军们清除地上的积雪，在破房框子边把借来的帐篷支起来，在地上铺上干草就安下了家。白天冒着零下四十多度的严寒劳动，晚上帐篷里寒气逼人又无法生火，只好穿着棉衣戴着棉帽子睡觉，早晨醒来被头、帽檐、眉毛上挂满了白霜，许多战士冻伤了手脚。面对大自然的挑战，久经革命战争烈火锤炼的荣军们并未屈服。没有水吃，他们就化雪水；没有建房材料，他们就上山采伐；资金困难，他们就组织运输队增加收入。荣军们终于以大无畏的英雄气概，在北大荒站住了脚。

1949年10月，东北解放战争中伤残军人用人拉犁开荒，在嫩江县伊拉哈创建荣军农场

二、工商业的初步改造和发展

工业

伪满初期因政局动荡，嫩江的工业企业所剩无几。随着日本侵略者为巩固殖民统治，县内新建官营发电所和印刷所，私营手工业逐渐恢复，至解放前夕达到60余家，其中大部分是中小工业作坊。后来，这些中小工业作坊在“光复军”攻打嫩江时遭受严重的破坏。

解放初期，县委在接管旧政权的同时，对日伪政权在嫩江的经济组织和企业机构，如邮政、银行、汽车站、公路养护段、电厂，以及医院、学校、文化站等单位同时进行了接管。在接管中，依靠工人阶级和劳动群众，团结民主进步人士，通过自上而下的行政接管和自下而上的发动群众相结合的方式，原封原样接管下来。然后执行逐步改造的政策，并迅速采取各种措施使其照常工作、生产和营业，恢复和发展生产。期间，县委和县政府相继将日伪经营和部分私营工业收归公有，先后建立电力、机械、印刷、粮油、酿酒等公营工厂，努力恢复与发展工业。

1945年末，县民主政府将伪满洲电业株式会社齐齐哈尔支店嫩江发电所收回，改称嫩江电灯厂。1946年3月，东北人民自治军嫩江省军区后勤部在县城新建纺织厂，生产军用布匹，职工达270人；6月，嫩江省银行和辽西省银行所属造币厂合并迁来县城，承印嫩江、热河、长城3家银行发行的部分流通券；年末，县政府贯彻党的工商业政策，将私营嫩江火磨和东盛泰油坊改造成公私联营企业。同年，东北民主联军西满军区在县城设立军械厂；县政府建立公营嫩江县农具厂，专门加工小农具。1947年，县政府接管私营忠鑫烧锅，组建公营制酒厂。1948年1月，组建公营嫩江县印刷厂，有8页石印机1台、生产工人2名，印制办公格纸和学生纸。

为了改善人民群众的生产生活条件，工业生产的重点逐渐转向保证民需等基础工业的建设和发展。期间，轻工业厂家由1946年的4家发展到1948年的8家，拥有资金由402万元增至517万元（东北地方流通券）；手工业由1946年的28户发展到1948年的228户。全县工业厂家主要有：纺织厂、发电厂、造币厂、东亚铁工厂、大杨树煤矿、德东胜制米厂、鲁昌火柴公司、义源昌油坊、锦和盛印刷部、皮革社等。

1949年，县委贯彻中共中央东北局第一次城市工作会议精神，不断加强对工业的领导，使工业有较大发展。至年末，全县各类工业企业增至247家（其中公营7家、职工112人）。工业生产的发展，不仅保证了群众生活和支前的需要，促进了社会各业的兴旺和繁荣，同时为以后工业发展奠定了基础。

商业

解放初期，嫩江商业存在着五种经济成分，即国营经济、合作社经济、公私合营经济、合作化经济和私营经济。当时国营经济在社会各经济成分中所占的比例较小，基础比较薄弱，还没有真正地发挥出主渠道作用，整个经济供需大部分仍由私人工商业来完成。县委、县政府为了保证民众需求和社会稳定，注意扩大商品流通保障商品供给，积极鼓励和支持私营、个体商业发展，促进了市场的活跃和经济的繁荣。

1946年3月，根据东北局确定的“既要保证战争需要，又要减轻人民负担，实行发展生产，军民兼顾”的方针，县政府组建公营西满贸易公司嫩江商店，经营粮食、百货、土产、燃料等商品。该店下设的粮食收购部专门从事粮食收购，一处设在县城火车站前路西，有储粮场地500平方米；另一处设在伊拉哈，无固定场地随收购随发运。9月，县政府在城内设立公粮仓库2处，分别有仓库400平方米、800平方米，每年接收公粮900吨。

1948年7月，始设县粮食公司，将原粮食收购部改为粮栈，固定粮场扩大到1万平方米，年收购量增至1万吨。与此同时，公营西满贸易公司嫩江商店改为公营嫩江贸易公司，除设店销售外，还在销售淡季设立市场摊床，节日减价推销商品，使市场购销保持活跃。下半年，开始在城乡分别组建职工、市民消费合作社和农民消费合作杜，由群众集资合股办社，经销日用商品。当年，全县参加农村供销等各类合作社的社员达1 820人，群众入股资金达17万余元。

至1948年末，公营贸易公司共收购毛皮5 601张、猪鬃马尾193公斤、其他土副产品收购额达3.1万元；共销售絮棉5.2吨、布匹6 988匹、食盐236吨，生活用煤3 412吨，各种杂货销售额达4.5万元。

1949年，根据嫩江省委提出的发展工商业，繁荣新市场的号召，县委制定了“统筹兼顾”和“城乡互助、内外交流”的发展政策，充分利用各种经济成分，发挥国营和集体商业的主渠道作用，积极地推动全县商贸事业的恢复和发展。8月，嫩江贸易公司开始设百货部、土产部、燃料部，与省级各专业公司建立业务往来，形成了正常的供应渠道；此间，县委、县政府为加强对合作事业的领导，组建合作联合总社，下辖职工和市民供销合作社3个，农民供销合作社20个，拥有社员9 505人、股金3.3万元，仅1年时间就销售棉布155匹、絮棉4.3吨、杂货销售额4.3万元。

据统计，1949年全县社会商品总购买力为195万元，国营经济社会商品零售总额为63.2万元，占各种经济类型比重的32%。合作社经济社会商品零售总额为23.2万元，占各种经济类型比重的12%。私营经济社会商品零售总额为108.6万元，占各种类型经济总额比重的56%。全县国营商业有批发机构2处、零售商铺3处、职工285人，供销合作社23个、社员9 505人，私营商业380家、从业人员达1 500人。

私营工商业

嫩江解放后，县（工）委、县政府在建立发展公营企业的同时，对于私人工商业从解放之日起，一律采取保护政策，让其照常生产和营业，使私营经济逐步壮大。1946年，全县私营手工业主要有朱家炉、夏家炉、赵木铺、杨木铺、彭皮铺等。私营坐商、行商共有83家，主营日用杂货。其中，杂货店有万源达、福源昌、善盛久、华泰昌等15家，金行有仁和金店、洪兴金店2家，五金行仅江川五金店1家，知名的药店有锦和盛、德泰祥、益兴隆3家。

在反奸清算斗争中，把一些不该清算的私营工商业者清算了，致使出现商店关门停业、消极经营或从业者外逃现象。针对这一问题，县委、县政府及时贯彻东北局和嫩江省委指示，纠正“左”的错误，采取贷款、补偿等方法予以扶持，使私营工商业重新发展起来。期间，成立了工商会，其任务主要有3项：一是通过工商会组织，为当时的税务部门评税；二是发动会员买公债，支援国家建设；三是在国家和地方政府有困难的时候，组织会员捐款、捐物、捐献劳动力。工商业业户由1946年的83家发展到1948年的337家，拥有资金由530万元（东北地方流通券）增至706万元（东北地方流通券），私营经商业者达1 380人，主要从事修表、饮食、理发、照相、副食、百货、蔬菜、药业、手工业、铸造、自行车修理、薄铁、陶瓷等行业。1949年，全县私营工商业业户增至380户，小摊床业户发展到47家。

三、交通邮电业和财政金融的初步发展

交通邮电业

日本投降前后，嫩江交通邮电设施遭到严重破坏，有的是被日本侵略者为阻止苏联红军进攻而故意毁掉，有的是苏联红军撤离时拆除运走。为支援解放战争，解决军用民需，县（工）委和县政府十分重视恢复发展交通邮电业。

1946年3月，人民政权接管伪邮政局、电报电话局和代办所，改建嫩江县邮电局，伊拉哈、科洛、塔溪复设邮政代办所。同年，将原伪警务系统电话交换机拨给县邮电局，修复了县城至齐齐哈尔长途电话线路和市内电话线路。县内电话线路总长度65公里，电话交换机装机容量50门；邮电局配备人工电报机1台，恢复了县城至齐齐哈尔有线电报业务。同年4月，苏联红军将富嫩铁路（富裕——嫩江）路轨全部拆走运回国内。苏联红军全部撤离后，东北局决定迅速修复此线路，1946年下半年动工复建，1947年11月25日修复通车，富嫩铁路是通往内地的运输大动脉，在恢复和发展地方经济、支援全国解放战争中发挥了重要作用。[①]1948年，开始办理报刊发行业务，邮电机构不断完善，至建国前夕，邮电线路基本覆盖全县。1949年，全县铁路通车里程为69.8公里；公路运输拥有载重汽车5台，铁、公路货运量为10.9万吨，年客运量为5.1万人。

财政金融

解放初期，县政府设立财粮科和税务局，征收工商税、地方税和公粮，维持地方开支。废除了伪满洲国时的苛捐杂税，在尚未统一税制的情况下，自订暂行征税条例，由县税务局临时征收

---

①中共黑河市委党史研究室编著：《中国共产党黑河历史》（第一卷），中共党史出版社2011年版，第225页。

工商税和地方各税，所征税款较少。1946年，开始征收公粮，民主评定土地等级，核定产量，依率计征。1947年，县财政改为省财政的报账单位，工商税收归县留有，政府公务费和干部供给费用由省财政核发，其他费用自理。1948年，开始实行新荒地全部免征公粮、开垦和耕种二荒地3年内依率减征公粮的政策，促进了农业的恢复和发展。

解放初期，东北地区在金融方面极为混乱，不仅日伪币仍在市面流通，苏军又发行了红军票。1946年6月，东北银行宣布停用了伪满币和红军票，一律以东北银行发行的东北地方流通券为基本货币，既粉碎了国民党企图扰乱东北金融市场的企图，也使黑龙江地区的货币基本上统一起来。10月，东北银行嫩江省分行嫩江办事处正式营业，主要业务是发行货币、组织存款和办理结算，兼营工商企业，参与市场调剂，稳定物价，为支援解放战争服务。

在此期间，嫩江支行始终把扶植农业生产和工业生产的发展作为主要业务。发放农业贷款，用于发展农业生产，支持农民购置马匹、农机具。为把农贷真正发放到贫苦农民手里，县委组织干部下乡直接与群众见面，公平分配贷款，对农业生产发展起了重要作用。

四、文教和卫生事业的初步发展

文化事业

解放后，全县各级党组织十分重视振兴地方文化事业。1946年，县政府将日军俱乐部改为铁路俱乐部，为铁路员工开会和业余文艺活动场所；同时，私营兴嫩电影院恢复营业。1947年，县城始设东北书店，为第一家公营书店。同年，为配合土地改革和解放战争，县政府组织群众文艺骨干排练了歌剧《白毛女》《血泪仇》《兄妹开荒》《为谁打天下》《一摊血》和小演唱《三个长工》等文艺节目，在全县城乡巡回演出，组织人民群众学唱《土改歌》《地照到家》《参军歌》《解放区的天是明朗的天》《东方红》《三大纪律八项注意》《没有共产党就没有新中国》等革命歌曲，有的村屯把“土改”斗争中出现的正反两方面的典型人物和事迹编成剧目和歌曲。1948年，县工会利用伪满时期“青杨旅馆”房舍创办职工俱乐部，演出厅面积600平方米，可容众500人，成为县城文艺演出的主要场所。同年，县政府组建县人民业余剧团，上演传统剧目《金钱豹》《盘丝洞》和现代剧目《白毛女》。1949年7月，东北书店改名新华书店，主管全县图书发行。同年8月，县政府接管兴嫩电影院，改为公营影院，定名嫩江县电影院，配备职工27人，使用“泽尼特”放映机放映电影。期间，全县诗歌创作尤为突出，形成一批歌词作品，如《嫩江谣》《打土匪小唱》《铁血男儿上战场》《妇女翻身》，都是赞美家乡，歌颂新生活，激励广大青年参军参战的好作品。

教育事业

日本侵略者投降前夕，县内有小学44所，其中：县立21所、村立23所。解放后，县委和县政府注重教育事业的恢复和发展。1945年，因遭到国民党“光复军”的骚扰，学校多被迫关闭。1946年春，社会秩序趋于安定，人民政权接管了学校，至年底全县44所小学全部恢复，其中县城内有第一完全小学和第二初级小学。各区政府成立后，在各自然屯普遍建立了学校。3月，县政府在伪满高等学校旧址改建嫩江省嫩江初级中学；同年，县政府接管繁荣达斡尔族小学校，改为公办，选定3名达斡尔族教师任教，设一、二、三、四年级，实行复式教学，有60多名学生，达斡尔族占近70%，采用汉语讲读、达斡尔语辅导。期间，人民政权为提高劳动群众的文化素质，使之真正实现翻身做主人，在城乡组织民校、识字学校、识字班和炕头识字组，推动扫除文盲教育。

1947年春，县政府召开全县教育会议，会议要求各区要遵照东北行政委员会的《关于发展学校教育和开展冬学运动的指示》精神，贯彻进一步肃清敌伪教育和封建法西斯的遗毒和影响，建立民族的民主的大众的科学的新民主主义教育，使教育服务于新民主主义的政治斗争，服务于东北人民的和平民主建设事业的教育工作总方针，把全县城乡的中小学都统一的管理起来。

此后，全县中小学校教学，基本做到了教育为新民主主义教育服务与生产劳动相结合。在教学内容上，除了上文化课以外，主要是结合解放战争和土地改革运动，向学生进行时事政治和阶级斗争的教育。学习报纸上登载的解放军打胜仗的消息和一些重要社论文章，主要讲授《中国革命和中国共产党》[①]《新民主主义论》[②]《论联合政府》[③]《土地法大纲》等文章和文件。还请老干部向学生讲延安时期的斗争生活，向学生进行革命传统教育。在教学方法上，贯彻理论与实践相结合的方针，学生除在学校学习以外，还走出了学校的大门，参加各种政治活动和社会活动。农村学生，在土地改革运动中做记录员和文书，或参加儿童团站岗放哨防特查奸；城镇中学的学生，下乡进行文艺宣传活动。在土地改革运动中，大部分农村都办了成人夜校，扫除文盲。

---

①《中国革命和中国共产党》：毛泽东在抗日战争时期所写的关于中国社会矛盾和革命对象、任务、动力及性质的政治著作。

②《新民主主义论》：毛泽东于1940年1月9日在陕甘宁边区文化协会第一次代表大会上的讲演，原题为《新民主主义的政治与新民主主义的文化》，2月20日在延安出版的《解放》登载时，题目改为《新民主主义论》。

③《论联合政府》：毛泽东于1945年4月24日在中国共产党第七次全国代表大会上所做的政治报告。

1948年，县政府开始举办农村干部训练班，组织他们分期分批学习文化，以提高其文化程度和领导水平，这些基层干部在领导土地改革斗争和生产合作互助工作中发挥了重要作用。同时，县委、县政府力求满足工农子女就学，积极发展小学教育。到1949年，全县小学增至80所，设106个教学班，有学生5 337人、教职工145人，与1945年比较，学校增长82%，在校学生增长49%，教职工增长61%。

卫生事业

解放后，党和人民政府十分重视发展卫生事业，提高人民健康水平，组建县级医院、妇幼保健站、农村卫生所等医疗保健机构，加强疫病防治工作。

解放初期，原福民医院由苏联红军接管，改作后方医院。1946年6月，移交嫩江县政府改为县医院，但只接受门诊。1947年，开始接受住院患者，拥有医护人员15人、病床8张。同年，县政府动员自行开业的医生组建大众医院，为县内最早的合作医院。1948年，县政府在二区、三区、四区、五区、六区设立合作性质的卫生所。此外，县城内的益兴隆药店、和发广药店、锦和盛药店几处私人药店，都有坐堂的医生。此时，药品供应也由私营药店承担。1949年，县内有5家药店经销药品，经营药品都在千种以上，年销售额逾5万元。县内药品绝大部分由天津、沈阳、营口购进，地产中药材收购量很少，药品价格随行就市。全县有医疗卫生机构9个，有医务人员69人。其中，县城有县卫生院1处、中医联合诊所2处，农村有卫生所6处；县城有医务人员16人，农村有医务人员53人。

卫生事业的恢复和发展，特别是县医院和各区卫生所的建立，使严重危害人民身体健康的疾病得到初步控制，长期缺医少药的局面开始改变。

第三章　新中国成立及其改革四十年变化

1949年10月1日，中华人民共和国宣告成立。新中国成立后，中国共产党领导全国各族人民战胜了帝国主义的破坏和武装挑衅，打破了帝国主义的经济封锁，巩固了新生的人民政权，迅速恢复了国民经济，有计划地开展经济建设，实现了中国几千年来最深刻、最伟大的社会变革。

面对新中国成立初期极其复杂的形势和重重困难，中共嫩江县委作为本地区革命和建设事业的领导核心，团结全体工人阶级、全体农民阶级，巩固工农联盟；团结小资产阶级和知识分子，加强统一战线工作，切实肩负起领导广大人民群众全面贯彻执行党的方针、政策，巩固新生人民民主政权，迅速医治战争创伤，全力建设新生活的历史重任。按照上级部署，全县先后开展支援抗美援朝保家卫国战争活动，镇压反革命分子，反贪污、反浪费、反官僚主义的“三反”运动，以及反行贿、反偷税漏税、反盗骗国家财产、反偷工减料、反盗窃国家经济情报的“五反”运动，同时进行了整党整风。期间，县委认真贯彻党的新民主主义建国纲领，在巩固人民政权和恢复国民经济的各条战线上开始了新的奋斗。全面开展新民主主义改革和各项建设，加强和巩固了基层新生人民政权，稳定了全县社会秩序，促进了全县国民经济的迅速恢复和发展。同时嫩江各级党组织率领广大共产党员和人民群众，以经济建设为重点，在发展农业生产的同时，大力恢复与发展工业生产，促进城乡互助，恢复与发展教育、文化、卫生事业。在向社会主义过渡时期，认真宣传党在过渡时期的总路线，组织领导人民群众开展了大规模的社会主义改造和有计划的社会主义建设，适时对农业、手工业和资本主义工商业进行社会主义改造，并胜利实现了从新民主主义向社会主义的过渡，初步建立了社会主义各项基本制度。从此，嫩江同全国一起进入全面建设社会主义时期。

第一节　新中国成立初期人民民主政权的巩固

新中国的成立，标志着中国人民当家作主的时代已经到来，中国历史由此开辟了一个新纪元，进入新民主主义改革、建设和从新民主主义向社会主义的过渡时期。新中国成立初期，中共嫩江县委面对错综复杂的形势，努力加强各级党组织、民主政权机构和群众组织建设。为巩固新生的人民政权，相继开展了镇压反革命、抗美援朝等一系列斗争，有力地巩固了人民政权。

一、新中国成立后嫩江的形势和党组织面临的任务

嫩江面临的形势和任务

新中国成立初期，嫩江人民迫切要求巩固革命胜利果实，恢复发展经济，改善由于长期战争造成的极端贫困的生活状况。当时，各级党组织在领导人民群众开展巩固人民民主政权、恢复发展经济、建立和平生产新秩序方面，已经具备许多有利条件。

首先，作为东北解放区的嫩江，在新中国成立之前就普遍

建立起各级人民民主政权，多数区、村召开过人民代表会议。各级党组织经过剿匪斗争洗礼，经受了血与火的锻炼与考验，队伍逐步壮大，战斗力大大增强，在人民群众中享有很高威信。党组织在领导民族民主革命的过程中，在广大城乡深入开展了政治、经济、文化等领域的民主改革，逐步建立起新民主主义的社会制度，为向社会主义过渡做了一定的准备。同时，在剿匪斗争中，培养造就了一大批各级各类优秀干部，为解放后各项革命和建设事业准备了急需的骨干力量。嫩江人民经过党的教育和战争的锤炼，政治觉悟和组织能力有了前所未有的提高，在各级党组织的领导下，广大人民群众以饱满的政治热情和空前的生产积极性，踊跃投身到各项革命和建设事业中。

其次，各区均胜利完成了土地改革任务，农村中的封建剥削制度已经消灭，农村阶级关系发生了根本性变化，农业生产力得到空前解放，加之各级党组织连续多年领导开展大生产运动，大力提倡和发展互助合作事业，使农业生产迅速恢复。1949年全县总播种面积为543 615亩，每亩单产为142斤，总产达7 728.1万斤，均大幅度超过战前水平。

再次，嫩江有着丰富的矿产资源，发展工业具有良好的自然条件，并具备了一定的基础。早在20世纪初，一些实业家就在嫩江发展采金、采煤、冶炼等近代工业。至新中国成立前，全县工业企业达247家，工业总产值为37.3万元，为新生人民政权的巩固和新民主主义经济的发展奠定了基础。

但同时也面临着许多困难和问题。一是由于连续10多年战争的影响，生产力遭到严重破坏，工业生产状况不佳。1949年，全县工业产品主要是生活用品和食用产品，而重要工业产品煤和生铁无生产或产量极低。二是全县农轻重比例不合理。农业占96%、工业仅占4%，其中，轻工业占3.6%、重工业占0.4%，工业生产多为工场手工业。三是通货膨胀导致的物价飞涨，加剧了群众生活的困难。解放初期，嫩江同全国、全省一样，连续刮起物价上涨风。据1948年12月至1949年12月统计，以公斤为单位，大豆由0.188元涨至0.57元，上涨203.2%；玉米由0.165元涨至0.38元，上涨190.3%；高粱米由0.37元涨至1.14元，上涨208.1%；豆油由1.34元涨至5.96元，上涨344.8%。1949年4月，市场粮价以公斤为单位，面粉1.52元、大米1.90元、小米0.44元、玉米面0.36元，普遍偏高。四是财政陷入极度困难。1949年，全县地方财政收入仅为20.5万元，经济条件十分脆弱。而当时，众多灾民急待救济，被破坏的交通和工农业生产设施急需整修。

主要任务

在政治上，这时人民解放战争尚未完全结束，一些刚刚回到人民手中的新解放区，巩固政权的任务相当繁重，所以作为老解放区的嫩江支援全国解放和新区建设的任务仍然十分艰巨。同时，全县阶级斗争形势依然相当复杂，社会秩序不安定，国民党及其溃败时遗留的反革命残余势力不甘心他们的失败，用各种方式进行破坏和捣乱，妄图颠覆新生的人民政权，封建恶霸、流氓帮会势力在城乡还有残存。县、区、村各级虽然普遍建立起人民的新政权，但基本是沿袭解放战争时期的组织形式，民主建政工作还没有很好地开展。文化教育和体育卫生事业十分落后，尤其是学校教育亟待恢复和发展。

在党组织和革命队伍自身方面，存在着一个在掌握政权之后能不能经受住执政地位考验的问题。新中国成立之初，嫩江各级党组织和广大党员同全国、全省一样，面临着由乡村进入城市、由夺取政权变为执掌政权、由革命战争走向和平建设这样一个全新的历史境况。在新的历史条件下，党所处的环境和党的状况随之发生了根本变化。其中一部分党员干部，随着革命的胜利一度滋生了骄傲自满、贪图享乐的情绪，放松了世界观的改造。同时，在党的工作重心转移和艰巨的国民经济恢复与建设任务面前，党的干部和党员还普遍缺乏管理城市和领导经济建设的经验。这些，对于刚刚转入和平建设的党组织来说，是一个非常严峻的考验。

新中国成立后，嫩江各级党组织面临的主要任务：一是要带领人民群众巩固新生政权、建设新生活，就必须在政治上坚决镇压和肃清各种反革命残余势力，深入开展社会改革，彻底完成民主革命各项遗留任务。二是在经济上打击投机资本，稳定金融物价，集中全力医治战争创伤，恢复发展生产，争取财政状况的根本好转。三是在党的建设上要毫不放松地对广大党员进行马列主义、毛泽东思想教育，切实从政治上、思想上、组织上、作风上巩固党的各级组织，提高党的战斗力。所有这些，都是摆在嫩江各级党组织和广大党员面前非常重要而紧迫的任务。

1963年5月7日，东北局第一书记宋任穷、农委副主任徐源泉与省委书记冯纪新来嫩江视察工作，宋任穷就社会主义教育运动提出具体要求，同时就农业生产提出“养猪积肥，治山治水，植树造林”十二字指示。图为宋任穷同县、社队领导干部合影

二、抗美援朝保家卫国

开展宣传教育活动

1950年6月25日，朝鲜战争爆发。美国公然出兵朝鲜，并派出第七舰队侵入台湾海峡。6月28日，周恩来总理代表中华人民共和国政府发表声明，强烈谴责美国侵略朝鲜、中国台湾及干涉亚洲事务的罪行。7月4日，中共黑龙江省委①书记赵德尊发表了《拥护〈声明〉，指斥美帝侵略行动》的谈话。

美国的侵略行径引起嫩江人民的极大义愤。7月24日，根据世界保卫和平大会的宣言②，在县委的领导下，全县民众开展了维护和平签名活动。广大机关干部、工人、农民、教师、学生、工商业人士等共计30 709人参加活动。

当时，由于全县党内外干部与群众对时事问题了解不甚透彻，存在着各种不同思想状态：有的只是消极等待客观情况的变化，而不知该如何积极反侵略，利用有利因素，去争取和平；有些老干部对时局好坏持无所谓态度；有的新干部则表现出动摇、害怕打仗，等等。为了克服当时党内外部分干部和群众中存在的片面强调和平建设以及狭隘的民族主义思想，增强广大群众爱国主义、国际主义的思想认识，全县各级党组织有计划有组织地进行仇视、鄙视、蔑视美帝国主义的教育和抗美援朝保家卫国战争

---

①1949年5月，根据中共中央东北局决定，黑龙江、嫩江两省合并为黑龙江省，同时成立了新的中共黑龙江省委，中共嫩江县委划归中共黑龙江省委领导。

②第二次世界大战后，一些国际组织和著名人士发起召集世界保卫和平大会，反对侵略和战争政策，要求无条件禁止原子武器和大规模毁灭性武器。第一次大会于1949年4月20日至25日在巴黎和布拉格同时举行，大会通过了《世界保卫和平大会宣言》。

正义性教育。

10月，按照东北抗美援朝总会黑龙江省分会的要求，县委成立了嫩江县抗美援朝分会，组织宣传队，对抗美援朝运动进行了广泛深入的宣传。此后，县委首先组织培训了宣传队员和报告员，组成抗美援朝宣传队，深入到街道、工厂、企业、农村作报告80次，听众达27 857人次；召开大型讨论会52次、2 368人参加，给民工队讲政治课47次、969名民工听课。通过行之有效的宣传，使全县受教育的群众达到90%，人民群众的思想觉悟明显提高，纷纷表示，一定以实际行动参加抗美援朝。如三区古城村杨占林说："共产党来了，我们生活好了，不受剥削了，现在美帝国主义又来侵略我们，我也要上前线去，哪管抬担架也好。"

1951年4月6日，县委印发《关于全县深入开展抗美援朝运动的重要通知》。《通知》要求：一是要继续深入进行抗美援朝爱国主义教育，消灭宣传上的空白区和空白人，同时必须与生产结合起来。二是动员人民团体一切宣传力量，组织青年团员、广大妇女和文艺团体参加宣传活动。三是要组织召开各种类型的控诉会。四是"五一"举行全县的游行示威活动。

《通知》下发后，全县农村各区和城镇各单位举行各种控诉会227次、22 512人参加，出黑板报122块、271期、11 000余人次阅览，55个业余剧团演出文艺节目93场、观众达15 400余人，组成读报组130个、读报239次、听读者达6 000余人，组织5次图片展、观展3 000余人、发放宣传画册293册。这些宣教活动激发了广大人民群众的爱国热情，参军参战热情高涨。如三区伊拉哈村一名50余岁的农民，想通过少报年龄来参加战勤民工队；七区的德发村60名农民踊跃报名参加战勤民工队。

5月1日，全县各界31 102人分为44处举行了声势浩大的"五一"游行示威，声援朝鲜人民反击美国侵略的正义斗争，支持镇压反革命运动，提出“发挥爱国主义精神，搞好生产，搞好学习，搞好支前”的口号，声援抗美援朝工作。

经过一系列宣传教育，激发全县人民的爱国主义觉悟，提高了民族自信心，增强了同仇敌忾打败美国侵略的决心。

响应号召支援前线

根据中央关于“边打、边稳、边建”的方针和省委的要求，县委以做好支援战争的动员工作为中心，将和平时期的经济建设工作转向抗美援朝、保家卫国的战时生产，将巩固国防与发展经济紧密结合起来。

1951年4月22日，县抗美援朝分会印发《嫩江各界人民抗美援朝代表会议决议案》。《议案》就搞好生产指出：一是在工厂开展爱国生产竞赛，争取超额完成生产计划，要提高质量克服浪费降低成本。二是在农村开展劳动竞赛，即时种好大田，制定好生产小组计划，结合多生产工业原料、多打粮食搞好农副业生产。三是工商业面向农村为生产服务，稳定物价，反对投机倒把，反对偷漏国税，踊跃完成税收任务。

6月1日，中国人民抗美援朝总会向全国人民发出捐献飞机大炮、订立爱国公约、做好优属抚恤工作的三大号召。县委组织召开响应总会号召、支援前线、搞好生产工作会议，并于8月7日印发《关于我县响应抗美援朝总会三大号召的指示》，制定了具体实施办法。《指示》下发后，县委组织召开了区级党员干部扩大会议，对捐献飞机大炮问题进行了研究和布置，要求在组织好生产、增加收入的前提下，按照东北局的要求，由县抗美援朝分会负责，搞好捐献活动。并强调：要用积极增加生产的办法来开展爱国捐献运动，使捐献运动不致影响国家的建设和人民生活，同时明确捐献活动，必须在自觉自愿基础上展开，不可有任何形式的强迫和摊派。在活动开展中，全县各级党组织认真开展宣传工作，使广大人民群众对捐献的意义有深刻的理解和认识，踊跃捐献。如二区文质村冯庆民说："早捐献，早买飞机大炮，早支援抗美援朝胜利"。

全县各单位也纷纷开展了订立爱国公约活动，全县有326个单位、11 299人订立了爱国公约。如姜凤喜小组爱国公约写道：（1）响应抗美援朝总会三大号召，全组完成大田三铲三蹚计划，应时收割小麦，搞好秋收，并做到干净，多搞副业，增加生产，增加收入。全组捐献好粮3 300斤，购买飞机大炮，做好一切支前工作，争取朝鲜战争早日胜利。（2）做好优抚工作，全组侍弄一垧代耕地，鼓舞前方亲人（战士）作战情绪，保证军属生活。（3）巩固农村秩序，提高警惕，严防坏人破坏，加强站岗放哨，帮助政府检举反革命分子。（4）努力学习，全组订一份农民报，利用早晚学习，并向大家宣传。订立爱国公约运动，使广大干部群众又接受一次普遍的爱国主义教育，真正把爱国的意志化为实际行动，全县农民自愿认捐总数达3.4亿元（旧人民币①）。

各单位都把增产捐献作为修订爱国公约的重要内容之一，制定了详细的增产捐献计划。广大工人积极投身生产建设，广泛开展爱国主义劳动竞赛；广大农民精耕细作，以增产粮食为战争服务；各行各业人员都把努力发展生产，做好本职工作，支援前线

①旧人民币：1951年4月1日，根据中央人民政府政务院关于东北银行合并于中国人民银行和收回东北人民银行发行的流通券，统一使用人民币的决定，开始以人民币兑换东北流通券，兑换比值为9.5元东北地方流通券兑换1元人民币。5月1日以后，东北流通券一律停止使用，中国人民银行发行人民币，面额有12种。1955年3月，中国人民银行发行的新人民币开始流通，同时兑换收回旧人民币，兑换比值为10 000元旧人民币兑换1元新人民币。

作为自己的首要任务。全县60个村开展劳动竞赛，59个村、471个组提高商品粮播种比例，豆麦播种比例达65.5%。各工厂开展了“争时间、多干活、支援前线”的劳动生产竞赛活动，如县被服车间原定3个月的生产任务，提前1个月完成，并超额完成了169套。在抗美援朝、保家卫国运动中，各界群众捐献购买飞机大炮款34 340元，做军被1 400床、军衣1 200件、军鞋2 200双，送干菜23 636斤、白条鸡220只、慰问款1 605元，为志愿军伤病员洗衣服35 610件。同时，广大群众还捐献了大量的生猪、棉手套、干粮袋、炒面、被服等物资。

应征参军参加战勤

1950年10月24日，东北局对黑龙江省下达动员扩兵任务；11月1日，省委发布《关于扩兵工作的指示》，决定在月底前完成1 350名征兵任务。此后，县委先后两次召开区委书记、区长会议，讨论部署战勤和征兵动员工作，要求各区对群众进行宣传教育的同时，深入地进行战勤和物资支援的动员，以实际行动投入抗美援朝运动。

嫩江广大青年积极响应号召，踊跃应征入伍，掀起了志愿赴朝作战的热潮，出现了母亲送儿子、妻子送丈夫、兄弟争相入伍的动人景象，如二区联合村组织委员宋文芳把刚满18岁的儿子送到部队。到年底，全县共有300余人自愿报名参加志愿军，其中有20多名女青年，经检查合格者144名，组成新兵连和公安队，其中新兵连115人。按照军队的编制，下设班、排组织，在抗美援朝领导小组的统一安排布置下，参加有计划的训练活动。

12月17日，按照上级的要求和部署，县委组织了30副担架和208人的担架队，开赴朝鲜前线。这支担架队成员在朝鲜战场上，出生入死的抢救伤病员，喂饭喂菜，煎汤熬药，护理伤员；严格遵守三大纪律八项注意，同朝鲜人民搞好团结，一起反击美帝国主义的侵略。其中，2人荣获一等功、15人荣获二等功，24人荣获三等功。

1951年3月，黑龙江省委根据东北局的指示，再次作出扩兵决定。县抗美援朝工作领导小组积极组织征兵，全县广大党员、团员发挥模范作用，带头报名加入志愿军，如二区文质村在党支部动员会议上，当即就有2名党员带头报名，在他们的带动下又有5名村民报名参军。至 12月，全县有206名青年参加中国人民志愿军。根据战争形势的需要，当年全县还有2 000余名民工赴朝承担战勤任务，组织了150副担架和600人的担架队。同时，为接纳前线伤病员，维修房屋500间；动员伙夫97名，培训照护员100名；组成70辆运输大车和300匹马的运输大队；修建战备公路、后方医院，动用人工24 538个、马工14 879个。

12月8日，赴朝第一批担架队胜利回国，县委、县政府组织各机关团体干部、企业职工、学校学生600余人，举行欢迎仪式。9日，县委、县政府召开追悼大会，沉痛悼念在抗美援朝中牺牲的志愿军官兵和担架队员。

在抗美援朝期间，全县共有961青年自愿参加中国人民志愿军，涌现出许多先进人物，获得抗美援朝纪念章209枚。

开展拥军优抚工作

在支援抗美援朝运动中，县委结合修订爱国公约，广泛开展拥军优属工作。在县、区、村成立了优抚委员会，具体负责妥善安置军烈属和战勤人员家属的生产生活，及时帮助解决他们在生产生活中的遇到的具体困难。

1950年，在农村对军烈属和战勤人员的土地采取代耕或助耕措施。各区根据军烈属劳动力、畜力多少，采取代耕、包耕、代人马工3种方式帮助他们开展生产，其中：257户全部代耕，214户代人马工，总代耕耕地313垧。工作中采取春订合同、秋评比的方法，做好代耕。由于在生产中对代耕地做到了铲蹚及时，割打细致，到秋季评比时产量都超过了生产组的平均产量。在城镇，县委贯彻了“组织生产为主，物质补助为辅”的方针，在劳动就业、子女上学等方面实行优待，并对生活困难的军烈属进行补助。

1951年，根据政务院的规定，县政府开始对烈属、军属、残废军人、荣复军人等优抚对象，在银行贷款、办理租借、购买物资等方面给予优先权，对确实有困难者医疗费可酌情减免。县政府在就医诊疗方面给予免收诊断费，减收20%至30%的治疗费等优待政策。至年末，全县农村军烈属享受优待的达478户，占农村优抚户的56.4%，除代耕、助耕外，发放优待粮3 236公斤、棉布311公尺、棉花4.5公斤；城区95%的军烈属就业，对无职业的和贫困的军烈属，县政府分情况给予介绍职业、物资补给，79.9%的军烈属子女入学。县、区两级政府给军烈属赠挂光荣匾，对功臣家属由政府贺功贺喜，节日走访慰问，优抚对象中的先进人物被选为人民代表或政府委员，形成全社会拥军优属的局面。

1952年，每逢节假日，县各级领导主要通过召开座谈会、联欢会、走访慰问等方式，鼓励军烈属搞好生产，支援国家建设，并发给慰问品。全年发放补助粮食6.4万余斤、布匹330尺、棉花90斤、煤45吨、柴草5车、毛巾108条、肥皂792块、牙膏牙刷381套、慰问金4 883万元（旧人民币），写慰问信288封。县委还及时通报表扬拥军优属工作做得好的单位和个人，使全社会形成尊重军属、军属光荣、参军光荣的良好风尚。

大搞环境卫生粉碎细菌战

在抗美援朝期间，侵朝美军和逃台国民党军队在全国延边沿海地区使用细菌武器。1952年3月18日至26日，侵朝美军飞机在县南部地区上空播撒细菌附着物。面对这种情况，县委领导非常重视，组织人力全面进行了清查。经清查发现，在7个区、38个村、3个农场、1个车站共计72处发现毒虫和可疑物15种，面积分布在42.5平方公里。

发现此种情况后，县委、县政府当即成立反对细菌战防疫指挥部。县委先后组织召开了3次全委会议，进行反细菌战的安排部署。在县城内增设了防疫用品器材供应处，指定专用防疫汽车，划定县委、第一中学和第一小学为防疫隔离院和健康院，同时举办了两期防疫训练班，训练队员320名。训练过后，根据学员的实际情况组成了39个扑灭队和1个机动防疫队，在全县范围内开展了细菌附着物清理工作。随后，农村各区、城镇各单位相继在3月20日至25日、3月24日至29日，开展“清扫运动周”活动，提出“搬出去，拿进来”等口号，掀起全民性清扫运动。很多志愿军休养员也带伤带病参加了清扫运动，木匠工人主动帮助群众打井盖，车夫帮运垃圾，农民买布做盖帘，清扫尘土污物。在消灭害虫过程中，第一中学全体师生共捕鼠659只，一区三街五天内出动大车124辆，劳动力126个，运污物4 694车，捕鼠1 279只。据县防疫委员会统计，至3月20日城区共运出污物11 765车，机关共捕鼠1 280只。农村各区做到了井上有盖，院内有垃圾箱，家家户户采取扫粪、捡粪与送粪相结合的方法清除粪便和垃圾，基本做到了家家无鼠，户户无毒虫。

4月1日，县委、县政府组织全县群众举行游行示威大会，参会群众对美帝国主义的罪行进行控诉，并决心以实际行动来反击美帝国主义的细菌战。至4月末，全县共运出污物36 112车、捕鼠63 595只、设井盖745个、设垃圾箱2 579个、清出粪便55 639车、建厕所4 096个、挖污水坑2 629个。通过全县人民的共同努力，城乡环境卫生大为改善，粉碎了美帝国主义的阴谋，取得了反细菌战的全面胜利。

轰轰烈烈的抗美援朝运动，经过广泛的思想发动，深入组织时事学习和一系列爱国主义、国际主义的教育，不但提高了全县人民的政治觉悟，也促进了嫩江各界之间的相互团结。因此各界民众，尤其是工人和农民，在爱国竞赛、爱国捐献活动中，将抗美援朝运动与生产运动更紧密更具体地结合起来，直接为经济建设和国防建设积累了资金，为国家增加了财富，并进一步推动了全县各项生产的复兴，促进了嫩江的经济发展，成为新中国建立初期推动各项工作的巨大动力。

三、镇压反革命和清除内部反革命分子

镇压反革命

嫩江解放后，经过剿匪清霸、“土改”斗争和反动党团员登记等一系列工作，使反动势力一时间销声匿迹，社会秩序比较安定。但和全国一样，少数反革命分子贼心不死，密切地窥视时机，随时随地准备反击，以求一逞。随着朝鲜战争的爆发，一小撮“土改”前后漏网之土豪恶霸、封建地主、伪警特务、军政官吏等国民党残余，伺机与国外反华势力相勾结，大肆进行破坏活动。此间，县内连续发生六区西山后村二十里河一地主故意纵火、七区新和村一地主恐吓群众、三区伊拉哈村一富农散布谣言多起恶性案件，严重地影响了社会秩序和人民生活的安定。

中共中央于1950年3月18日发出《严厉镇压反革命分子的指示》，要求各地对于反革命活动，必须给以严厉的及时的镇压。省委根据中央指示，立即向全省党组织和政府的政法部门做出镇压反革命的具体部署，要求广泛发动群众揭发检举，大张旗鼓地开展政治攻势，狠狠打击五个方面反革命分子①的嚣张气焰，巩

①五个方面反革命分子：指国民党特务、土匪、恶霸、反动党团骨干分子、反动会道门头子五类反革命分子。

固新生的人民政权。

根据中央的指示和省委的部署，县委认真研究分析了全县的案情，确定了在干部中大力开展学习，群众中大力讲解宣传的工作方针。县委成立学习委员会，下设3个分会，在分会下设立组织小组和中心小组，全县各单位共设立78个组织小组和32个中心小组，组织党员干部学习“镇反”相关文件。同时在全县展开广泛深入的宣传活动，召开各种形式的群众集会，举行公审和文艺演出等，动员群众揭发检举反革命分子的罪恶，展开对反革命分子的斗争。

4月下旬，县委召开了各界干部群众会议，县委书记覃平作了“镇压反革命的重大意义”的专题报告3次，参加学习的干部群众达2 400人。县委其他领导分别给工人、工商界和市民作10次报告，听报告达1.3万余人。每次报告中均揭发了反革命分子在嫩江与其他地区的破坏行为，使广大人民群众对镇压反革命的重大意义有了更加深刻的认识，纷纷表态：“一致拥护党中央的英明决策，在县镇反小组的领导下，全力以赴，把全县的反革命活动彻底地镇压下去”。此后，县委从党政机关抽调了145名优秀党团员干部组成了宣传队，经过为期5天的具体培训后，深入到街道、乡村，逐户进行宣传。宣传活动中，通过漫画、黑板报、土电影、听广播、散发宣传单、文艺演出等方式大张旗鼓地进行了宣传发动。

在声势浩大的宣传震慑下，反革命分子恐慌动摇，有的逃跑，有的到公安机关自首，有的交出枪支、证件；一般反动党团分子在亲友和群众的帮助下，纷纷坦白交代，并表示要悔过自新。

1951年2月21日，中央人民政府公布《中华人民共和国惩治反革命条例》[①]，镇压反革命活动在全国进一步深入开展。4月，县委成立了“五人镇反运动领导小组”，并从公安局、法院、检察署[②]等部门抽调力量组成镇反办公室，专门负责指导全县的镇反工作。5月10日，县委组织召开了各区区委书记、城市机关和主要干部会议。会议要求在逮捕中做到准确迅速、纪律严明；在案件侦办中，要本着“镇压与宽大相结合”进一步对反革命案件进行了细致的侦案论证。在定案工作中，本着实事求是的原则进行调查取证，使每一件案子都做到定案准确，量刑适度。

5月24日，全县召开第一次镇压反革命公审大会，5 700余人民群众参加。大会宣判策动公安武装叛变的国民党潜伏特务分子和“一贯道”道首死刑，公审枪决，另有6人被判处无期、有期徒刑。与会的人民群众纷纷表示赞同说：“政府捕得对，镇压的及时。”公审前后，公安机关共接到各阶层人民要求公审与控诉检举信件40余封、电话20余次，一名72岁的张老汉会后激动地说：“政府镇压反革命分子事情办得好。”通过公审大会，使广大人民对反革命分子形成了“老鼠过街，人人喊打”之势。县委因势利导，乘着公审的机会，进行了更加声势浩大的宣传发动，又使一批反革命分子纷纷落网。

7月5日，县镇反领导小组根据前一阶段逮捕和定案情况，在县城红卫广场举行第二次镇反公审大会，前来参加大会的人民群众达1.5万余人。当天公审了15名反革命罪犯。会后，家家户

①《中华人民共和国惩治反革命条例》：《条例》是根据中国人民政治协商会议共同纲领第七条的规定，为惩治反革命罪犯，镇压反革命活动，巩固人民民主专政制定的，共计21条。

②检察署：1951年1月，始设县人民检察署，与县公安局合署办公；1955年6月，根据《中华人民共和国宪法》和《中华人民共和国检察院组织法》的规定，县人民检察署改为检察院。

户都挂起了红灯，还有的贴上对联，上写“拥护人民政府镇压反革命，庆祝公安人员为民除害”等内容。在公审大会后，各级党委、人民政府多次召开反革命分子家属会，向他们阐明处理反革命分子的政策，申明不株连家属，以安定其不安情绪；规劝他们安心生产，消除他们和人民对立的情绪，争取其拥护政府。

此后，按照第三次全国公安会议关于集中精力处理积案的精神，县委成立积案清理工作组。全县积案分为两批处理，第一批处理18件案件，第二批处理24件案件，全县积案处理工作于9月30日结束。全县镇压反革命运动至1952年末结束，共逮捕反革命分子49人，其中：处死17人、判处徒刑32人，判处管制114人。[①]

镇压反革命，有力地扫除了国民党遗留在大陆的反革命残余势力，有力配合了抗美援朝运动，巩固了人民民主专政，保障了群众安居乐业，使全县呈现出前所未有的安定局面，为已经开始的大规模经济建设创造了良好的社会环境。

清除内部反革命分子

在大规模镇压社会上暗藏的反革命分子的同时，在革命队伍内部，还开展了清理“中层”[②]“内层”[③]的工作。

1951年5月21日，中央下达了《关于清理中层、内层问题的指示》。根据中央和省委指示，县委于7月28日印发《关于清理中层、内层问题的计划（草案）》，决定在全县党政军机关、群团组织、工矿企业和学校中开展清理“中层”“内层”工作。指出首先要在县委、县政府等政府机关，发电厂、有色金属局、东北电业局等要害部门，公安局、公安队等政法部门加以审查，然

①嫩江县地方志编纂委员会编著：《嫩江县志》，中国·三环出版社1992年版，第427页。

②“中层”：指隐藏在军政机关当中的反革命分子一类人。

③“内层”：指隐藏在党组织内的反革命分子一类人。

后再在一般部门进行清理。

8月17日，县委召开常委（扩大）会议，向县委各部委、县政府各科局及各企业负责人传达中央和省委关于清理中内层的指示精神。指出：主要审查历史不清的招聘人员和新吸收的知识分子，以及一切来历不明、政治面貌不清的人。并于8月27日至9月1日举办训练班，培训运动骨干87人；通过培训，学员统一了思想认识，明确了工作目标，端正了工作态度。

9月2日至5日，县委召开全县干部大会，会上成立县委书记覃平为主任、县长张中杰为副主任的县清理委员会和各单位分委会，组成中心学习小组和各单位学习小组，展开学习和讨论，县委书记覃平和县长张中杰在会上分别作报告。通过学习和讨论，解决了部分干部对于运动进一步深入认识不足和少数干部的“左”的思想认识。

此后，全县各单位纷纷开展学习和讨论活动，主要组织学习《惩治反革命条例》和彭真、罗瑞卿的报告①。学习采取个人阅读和集体讨论形式，各单位主要负责人负总责，作政治报告；并成立党政负责人为主任的清理委员会，根据中央、东北局和省委各项指示精神，认真的查阅本部门的人事档案，熟悉情况，将清查中发现的问题进行汇总分析，提出清查线索。

全县31个单位、680人参加了为期1个多月的学习教育活动，经过学习和坦白问题，各单位的中间力量由77%提高至91%，较落后的由25%下降至10%；其中有400人交代问题，其中：一般性质问题占64%，一般历史问题占30%，严重政治历史问题占6%。

---

①彭真、罗瑞卿的报告：指1950年7月23日，政务院和最高人民法院公布《关于镇压反革命活动的指示》，时任公安部部长罗瑞卿所作的镇压反革命的动员报告；1951年2月20日，彭真在中央人民政府委员会第十一次会议上作的《关于镇压反革命和惩治反革命条例问题的报告》。

在清除内部反革命分子工作中，全县各单位认真贯彻“争取多数、孤立少数”的方针，采取了谨慎的工作态度，严肃认真的对待一切问题，防止不经过充分酝酿，简单化从事的做法，教育了党员干部，纯洁了干部队伍，健全了人事档案和安全保卫制度。

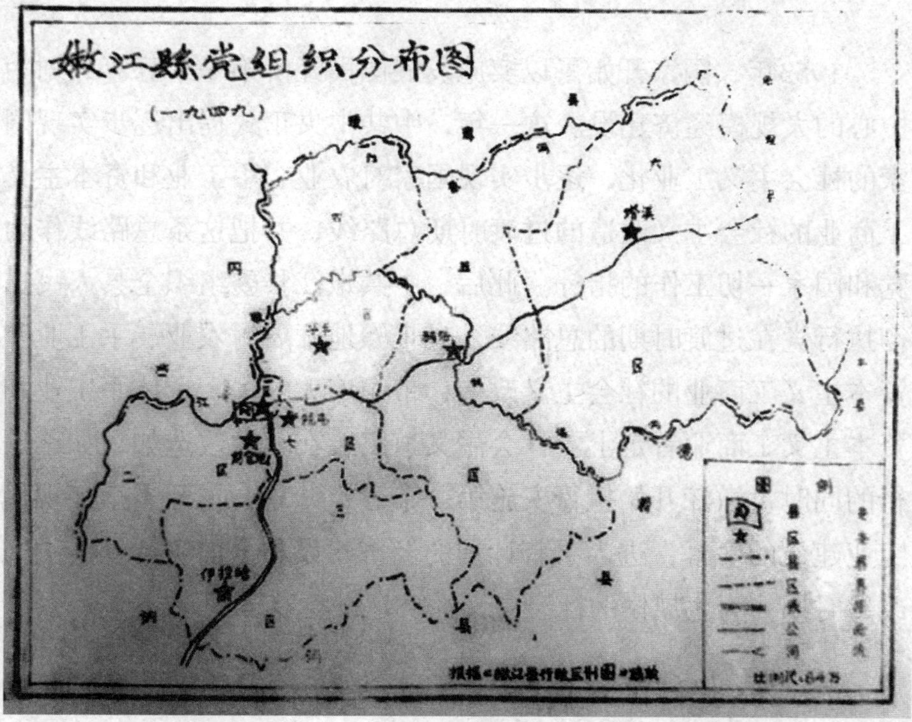

1945年8月12日，中共嫩江县党支部组建。11月末，中共嫩江县工作委员会成立。1949年，全县共设立7个区委、84个党支部，拥有912名党员。图为1949年嫩江县党组织分布图

第二节　社会主义改造的基本完成和开始有计划的经济建设

1953年，国家开始了以实施发展国民经济第一个五年计划为中心的大规模经济建设。这一年，中共中央正式提出逐步实现国家的社会主义工业化，逐步实现国家对农业、手工业和资本主义工商业的社会主义改造的过渡时期总路线，并把这条总路线作为党和国家一切工作的指针。此后，中共嫩江县委组织全县人民贯彻执行党在过渡时期的总路线，有步骤地开展对农业、手工业和资本主义工商业的社会主义改造，带领广大农民、个体手工业和资本主义工商业者走上了社会主义道路。在三大改造如火如荼进行的同时，嫩江开始执行实施第一个五年计划，拉开了嫩江现代工业建设的序幕，进入了有计划的经济建设和全面实行社会主义改造时期，为大规模的社会主义经济建设奠定了基础。

一、农业合作化运动

初级农业生产合作社的试办

1953年2月，中央正式公布《关于农业生产互助合作的决议》①。《决议》要求：在全国各地有领导地大量发展劳动互助组，在有比较坚强领导骨干的地区，有重点地发展土地入股，实

① 《关于农业生产互助合作的决议》：1951年9月20日至30日，中央召开了全国第一次农业互助合作会议，会议经过研究讨论，制定了《中共中央关于农业生产互助合作的决议（草案）》。1953年2月15日，中共中央把《决议（草案）》作了个别修改，通过为正式决议。

行按劳分配，有较多公共财产的半社会主义性质的初级农业生产合作社。

根据《决议》精神，县委于3月4日组成工作组在三区永发村胡占明互助组开展试办初级农业生产合作社工作。工作组深入群众进行调查了解情况，然后召开互助组组员和家属座谈会，着重座谈办社目的、方针和“由小变大、由低到高、由少到多、循序渐进”的办社原则，纠正了部分入社农民的错误思想。确定了土地、畜力、劳动力入股和评工计分的办法，选举产生合作社领导机构，制定了生产计划。合作社于3月8日正式成立，入社农户18户、58人、劳动力31人，马20匹、胶轮车1台、铁车3台、新式马拉农具1套、综合铲蹚机1台，耕地90.73垧。此后，县委按照“省委领导、县委控制、区委试办”的原则和“积极领导、稳步推进、只准办好，不准办坏”的要求，坚持积极慎重和逐渐发展的方针。到7月，在上年试办2个合作社的基础上，试办了8个初级农业生产合作社。全县167户农户入社，901.98垧耕地入社。在春耕和夏锄生产中，这些合作社普遍于清明前5至6天开犁，早于互助组10天，春耕中籽种消毒拌肥达100%；重点推广肇源丰产经验，春耕大田实行宽播295.79垧，占10个合作社耕地总面积的32.2%，夏锄等距间苗129.79垧，为丰产丰收打下了基础。

这些合作社大部分摊子小、债务少、账目清、开支小，同时，县委在合作社中加大工作力度，使新办社的生产基础和条件得到了明显的改善。但仍存在一些问题：劳动组织松散，劳动日计算不合理，民主管理贯彻的不好，等问题。为解决这些问题，县委于9月5日召开第二届合作社代表会议，各合作社主任、会计、妇女队长、农具组长等76名代表参加会议。会议进一步总结办社的经验和教训，强调指出：提高各级领导认识，把合作社办好，使之真正在广大农民中起到旗帜作用；加强民主管理，合理计算劳动力，对先进的技术和耕种方法，要逐渐推广，不能强迫命令。会议还提出再建立17个合作社的目标。会后，县委组织干部培训班，培训指导合作社生产干部26人，其中县直干部13人、区级干部13人。

经过一年的努力，合作社经过整顿，粮食增产，社员收入增加明显，与互助组相比，合作社多者超过了13%，少者超过了9%，初步显示了合作社在发展生产、增加收入上的优越性。

在发展初级合作社的同时，县委继续巩固互助组的发展，从发展生产入手，教育农民，克服自私、怕吃亏思想，进行互助合作是农业发展的前途和方向的教育，提高农民劳动互助的自觉性；不断完善和改进互助组的制度，劳动计酬从按件记工转变到小段包工，工分由评死分改为死分活评、定期找补，农具使用以折旧补贴与租用结合；对一些不称职的互助组领导进行改选，安排可行的生产计划。至年末，全县农业生产互助组达1 139个、参加农户9 037户。其中常年或季节互助组1 001个、参加农户8 385户，临时换工组135个、参加农户652户。

农业生产合作社的巩固和发展

1953年12月16日，中央通过《关于发展农业生产合作社的决议》。《决议》指出：引导个体农民经过具有社会主义萌芽的互助组，到半社会主义性质的初级社，再到完全社会主义性质的高级社，是党对农业进行社会主义改造的正确道路。

12月中旬，县委对合作社试办骨干成员进行了集中学习培训，主要培训办社方式方法、办社经验教训。通过学习，骨干们对这些问题有了更加深刻的认识。12月23日，县委办公室抽调各区委书记在三区永发村进行了建社试点的总结经验工作，进一步明确了农业生产合作社的正确经营方向。

1954年2月，县委派工作组到新生集体农庄就高级合作社各项工作进行检查。通过检查，从中发现合作社发展过程存在经营管理和生产计划不周全，民主办社作风不足，部分社员不服从领导等问题。工作组于2月14日开始合作社的整顿工作。首先，开展党的总路线教育，通过学习讨论社员思想认识进一步提高，如社员姜凤山说："我过去吃不上、穿不上，入农社后吃不缺、穿也不缺，还是共产党领导的正确呀，我今后听领导，搞好农庄，争取当模范。"其次，召开社员大会，作总结报告进行分组讨论，肯定成绩的同时找出问题并分析原因，提出解决方法。再次进行组织整顿，全社原有农户55户、99名社员，经过整顿开除2户3人，自动退社2户3人。同时，以马耀武常年互助组为基础吸收13户加入集体农庄。农庄发展到64户农户、119名社员。最后，修改章程、制定生产计划。经过整顿，新生集体农庄得到巩固和发展。

5月26日，县委印发《关于迎接合作化高潮的计划（草案）》。《计划（草案）》提出此后3年的建社目标：至1957年，合作社要达到300至350个，包括15个高级合作社，入社农户要达到6 000至7 000户，占全县农户的60%至70%。

《计划（草案）》下发后，县委首先从自身做起，县委委员每人联系一个合作社，并建立了卡片制度，按季按段的深入合作社检查工作、召开会议、总结经验，同时及时交流好的典型做法。此后，县委又相继印发《关于1954年农业合作社秋收分配方案》《在征购粮工作中巩固提高互助合作组织的意见》等文件，纠正了部分合作社盲目摆摊子、扩大集体积累的超前行为，批判了"好干赖干政府都会照顾的"依赖思想，健全了各项规章制度。 至年末，共新建合作社22个（其中一个是蔬菜生产合作社），全县合作社达33个，参加农户共有327户，入社耕地17 450亩，马339匹、牛66头，新式农具145台、大车92台。

1955年2月11日，县委印发《检查当前合作化运动中的问题解决意见》。《意见》指出：老社中存在的马匹饲养繁殖率低、死亡率高，生产投资上的不平衡，盲目扩大生产，分配上集体积累过大；新社中存在互助组基础不牢，劳动组织混乱，马车的报酬设定不明确等具体问题。《意见》针对上述问题逐项进行分析，制定解决方案：一是加强党的领导，对社员普遍进行基本原则和方针教育，以提高其社会主义觉悟和办好合作社的决心；二是认真地贯彻按劳分配的原则，提高社员的劳动积极性；三是建立完善的生产组织和各项分工责任制，建立正常的生产秩序；四是对于薄弱社，县委和区委要协助党支部进行分类指导、重点整顿。此《意见》得到省委农村工作部的重视和认可，于3月14日进行转发，建议全省各县参照执行。通过上述行之有效工作的开展，全县的老社得到巩固和新社得到发展。至1955年春，全县合作社已达154个，35%的农户加入合作社，全县67个村中65个村建有合作社。

农业合作化的快速推进

1955年9月23日，县委印发《关于指导合作化运动健康发展的通知》。《通知》确定三项制度：一是县委每季度召开一次专门会议，讨论总结发展合作社的经验和存在的问题，使联系合作社工作形成经常化和制度化；二是每季度由县委办和农村工作部提出书面的联系计划或要求；三是负责联系合作社的工作人员，每季度必须将合作社的情况进行系统的总结和检查，年终要有全面总结。《通知》下发后，县委决定：县委书记辛志远联系伊拉哈区[①]永发村第一社，县长刘廷春联系中心区中心村第一社，县

①1955年5月，二区改名前进区、三区改名伊拉哈区、四区改名中心区、五区改名科洛区、六区改名长胜区、七区改名新建区，12月19日，城区改名嫩江镇。

委副书记赵光利联系中心区长胜村第一社，县委副书记王贵友联系新生集体农庄，其他县委委员也均确定联系点。此后，县领导经常深入所联系社，指导生产、检查工作、解决问题，切实做到了典型示范、树立样板、以点带面，推动全县合作化运动快速发展。

至1956年2月14日，全县共建立了85个高级农业生产合作社（其中包括3个高级蔬菜生产合作社）；入社农户增至11 802户，为农村总户数的98.4%，基本实现农业合作化。至此，使本来需要用3年时间实现的农业社会主义改造任务，在不到半年时间就完成了。

农业进行社会主义改造，毕竟是一场空前广泛、深刻而复杂的社会大变革。它的顺利完成，首要作用便是充分显示出社会主义大协作巨大的凝聚力和动员力，使广大农村分散的劳动力和生产资料最大限度地组织起来，解决了农村土地公有的问题，在农村确立了社会主义集体所有制。特别是依靠农业合作社集体的力量，进行大规模农田基本建设，使农业生产条件大为改观，为以后农业的发展提供了长期发挥效益的重要物质条件。

二、手工业和资本主义工商业的社会主义改造

手工业社会主义改造

新中国成立初期，嫩江工业基础相对落后薄弱，手工业在整个国民经济中占有相当重要的地位。据统计，1953年全县共有工业企业242家，其中手工业企业236家。但从整体上看，这些个体手工业者的生产技术手段都比较落后，劳动效率低下，势单力薄，生产方式落后，远远适应不了经济发展的需要，因此，就必须对它进行社会主义改造，引导它走合作化的道路。1953年9月，党在过渡时期的总路线正式公布，其中提出了手工业社会主

义改造的新任务。

县委根据这一要求和省委关于试办手工业组织的指示，贯彻“统筹兼顾、全面安排、积极领导、稳步前进”的方针，开始在铁业、皮鞋和制帽等行业中，组织先行试点工作。引导手工业者走合作化的道路，当时主要采取了两种形式：一种是半社会主义性质的生产小组。这是对手工业进行社会主义改造的初级形式，其特点是小组负责统一安排原材料采购、产品推销和统一接洽加工订货等业务，小组成员仍然独立生产，分散经营，自负盈亏。第二种是手工业生产合作社。这是一种最高形式，其特点是入社社员将全部生产工具、设备折价归社，统一经营，集中生产，并根据按劳分配的原则取得劳动报酬。当年，组建2个合作社和1个合作小组：皮革合作社，入社10人；铁业合作社，入社20人；制鞋合作小组，入组12人。

县内的第一批手工业合作组织，统一由县供销合作社归口管理。在合作社中实行社员大会制，重大问题的决策按民主意思来加以解决。在合作社内成立了劳动生产领导小组，具体负责合作社的生产，产品品种和生产指标由政府统筹安排，计划管理。

1954年，县委组织广大干部深入到手工业生产系统内开展普查工作，进一步摸清生产现状，掌握全面情况，针对行业中经营管理上及思想上所存在的问题，加强社会主义改造教育工作，为个体手工业的进一步改造提供了第一手资料。6月，成立了手工业生产合作社联合社，统一领导手工业的发展和改造工作，并且制定了社员章程和守则及生产计划和管理制度。至年末，全县手工业生产合作社发展到6个。

1955年初，县委提出了手工业改造的中心任务：加强手工业者的思想政治教育，继续摸清情况，分清轻重缓急，有准备、有步骤、有目的的进行改造，并整顿、巩固、提高现有的生产合作组织，适当发展新社。根据全县的实际情况和可能条件，以手工业规划为基础，通过“带、联、并、转、淘”等方式方法，进行手工业有计划的改造，同时加强了对原有合作社组织的行政管理工作。至11月，全县的手工业合作组织发展到11个，生产小组7户。

12月17日，县委成立“个体手工业改造五人领导小组”，并从县直各机关单位中抽调28名干部，组成了手工业改造工作队。通过系统的学习和组织培训，然后分成3个工作小组，深入到各个手工业生产企业，进行手工业的改造宣传。通过深入广泛的宣传，使个体手工业者的思想认识明显提高，合作生产的积极性空前高涨，一致同意改造，走合作扩大生产之路。

1956年1月13日，宣传筹备组建工作基本结束。1月18日，手工业各行业筹备委员会联名呈请县委，要求走合作化道路；1月21日，县人民委员会①批准全县手工业13个行业建立18个合作社，拥有社员672人，占手工业者总数的97.1%；酱园和制糖2个行业实行公私合营。至此，全县手工业社会主义改造基本完成。

在改造进行过程中，由于加大了党的领导力度，使个体手工业者在自愿互利的基础上，按行业特点有机地结合到一起，使生产目的更为明确，生产指标更趋合理，有力地支援了农业的发展和满足人民群众的生产生活需要。但在改造的后期，也存在着速度过快、要求过急的问题，不加区别的合并和集中。由于组织规模同管理水平的矛盾一时难解决，结果导致手工业产品的质量下降，花色品种、服务网点和加工网点减少，给居民生活造成了一些不便。对此，县委根据中央、国务院和省委、省政府的指示，对手工业合作社进行了整顿：对手工业合作化大发展中过分集

①1955年3月16日，嫩江县人民政府改称为嫩江县人民委员会，人民委员会领导职务仍称县长、副县长。

中、过多合并等现象作了一定程度的调整，使大社、小社、小组和独立经营同时并存，集中生产和分散生产并存，统一核算和分别核算同时并存，以有利于发展手工业生产，便利人民生活。

改造资本主义工商业

新中国成立后，县委、县政府对资本主义工商业采取保护和鼓励发展的政策，使其得到恢复发展。至1952年，全县私营工商业共有247户，私营工业产值19.5万元，占工业总产值的28.6%。应当承认，资本主义工商业的发展对国民经济的恢复起到了积极的作用。但是，随着大规模有计划的社会主义建设的开始，随着农业合作化运动的开展和粮食统购统销政策的实行，只有对资本主义工商业进行全面的社会主义改造，才能保持国民经济高速协调发展。

1953年，党在过渡时期的总路线公布后，县委对私营商业根据不同情况采取了不同措施，把他们生产销售纳入国民经济发展计划之中，通过订货、统购包销等国家资本主义的初级形式，控制其主要商品的供应和销售，把资本主义工商业纳入国家资本主义轨道上来。

1954年初，县委通过一系列的扶持政策和措施，使社会主义的国营商业和合作社阵地不断扩大，工商管理等有关部门加强了市场监督，对一些违法私营工商业户根据情节轻重进行了处理，共处理6个行业、38户、5类违纪现象。同时，对私营棉布纺制业的13个业户全部进行了改造。

4月，开始了对私营企业的全面登记工作。至7月完成了登记工作，全县私营企业共有13个行业、355户、767人登记，资本金为63亿元（旧人民币）。当年，对38户个体私营业的违法行为进行了严肃处理。同时，对报废业的148户、270人给予重新安排工作。据年末统计，私营工商业总户数比1953年减少39.7%，销售额比1953年下降47.6%。

1955年4月25日，县委拟定《中共嫩江县委关于1955年对私营商业安排的初步意见》并上报省委。《意见》指出：对城市零售商应当通过国家资本主义形式进行改造，使之逐渐成为国家商业的分销处、门市部，或将其从业人员吸收为国家商业的工作人员；对农村小商贩，在供销合作社的领导和计划下，通过互助合作道路逐步过渡为供销合作社商业，即变为供销合作社的附属企业、门市部、分销店和流动购销员。《意见》下发后，对私营工商业户普遍加强了归口管理，使之有计划、有组织、有步骤地发展。至6月末，全县私营工商业户从业户数停止下滑趋势，营业额也开始回升。年末，随着农业合作化高潮的到来，对私营商业的社会主义改造也形成高潮。

1956年，嫩江私营商业的社会主义改造大体分为3个阶段：一是准备阶段。1月3日至13日，县委抽调了45名干部组成改造领导小组，组织工作队对各行业的经营状况及固定资金等情况进行普查。二是宣传改造阶段。1月13日至20日，进行了社会主义改造的前途、形势和内容的教育，通过学习，私营商业者提高了认识，端正了态度，递交了全行业参加合营或合作的申请书。1月21日，县人委会批准2个行业实行公私合营、11个行业组成合作商店，实际参加合营、合作的工商业者占私营商业从业人数的93.9%。三是清产核实阶段。1月20日至2月5日，成立了公私合营和合作社商店的管理委员会，组织专门清产核资小组，进行清产核资，建立各项章程制度，合营和合作商店均转入正常营业。对参加公私合营的工商业者连年按比例付给定息，工资从优，对参加合作商业的工商业者按集体职工对待。至此，全县基本完成对私营商业的社会主义改造，原有的私营商业组成合作商店10个、合作菜店1个、合营药店1个。

改造后的商业积极组织货源，繁荣城乡市场。当年百货合作商店筹措资金40 600元，到外地组织货源11次，经营商品品种由合营前的600种左右，增加到合营后的1 800多种；副食合作商店筹措资金金额2.3万元，到外地组织货源7次，经营品种也有显著增加。当年合营合作的百货、副食、药品销售额达83.4万元，比1955年增长2倍多。

资本主义工商业社会改造的顺利完成，有力地推动了国民经济的发展和国营商业的主渠道作用，对私营商业的社会主义改造是成功的。但也存在错把一些小商贩划为资产阶级工商业者，定性和处理有欠妥之处，合并调整过多，给人民生活带来某些不便。1957年初，公私合营企业和行业合作企业经过整顿、巩固，在职工中开展了社会主义劳动竞赛，改变经营作风。并通过经济改组和网点调整，营业额开始上升，劳资双方都比较满意。

三、开始有计划的经济建设

贯彻第一个五年计划

县委、县政府在执行国家“一五”建设计划期间，主要采取以下措施：第一，加强生产的计划性。在国家“一五”建设计划期间，县委、县政府逐年制定工作计划，以国家建设计划为中心，在优先发展工业的同时，集中力量发展农业生产，重点发展粮食生产，因地制宜地发展经济作物。经济作物播种面积由1952年的3 765亩，增加到1956年的41 730亩；总产量由1 952的339万斤，增加到1956年的4 150.5万斤。同时注意稳定市场，相应地发展交通运输业、商业和文化教育事业，逐步改造手工业和资本主义工商业，配合、支援国家重点项目建设，保证了“一五”计划全面实现。

第二，努力发展地方国营工业。1953年，在全省第二次地方国营工业会议后，嫩江各工厂加强了生产的计划性，发动工人讨论生产计划，并按月进行总结和检查。进一步解放思想，实行选购自销政策，贯彻为农村经济、为人们生活需要服务的方针。经过手工业改造后私营工业不复存在，国营企业由1952年的11家增至1956年的22家，集体企业增至16家，工业生产规模不断扩大，产品品种均有增加。

第三，加大基本建设投入，增强国民经济发展动力。对基本建设工程进行排队，把人力、物力和资金重点投放到重点工程。根据重点工程及国营工业工程在先，城市建设以及其他福利事业基建在后的原则，为重点工程建设调配了大批工程技术人员、物资和资金。1953年至1956年间，全县基本建设投资累计完成577.3万元，为国民经济恢复期3年71.8万元的8倍。其中生产性投资完成517.2万元，为国民经济恢复期3年63.9万元的8.1倍。

第四，加强党对经济工作的领导，以适应大规模经济建设需要。从1953年起，为了适应大规模的经济建设需要，县委从各部门动员、抽调大批优秀干部转到工业和农业战线，尤其注重充实和培养工业方面的领导骨干，着力改变工业建设干部极端缺乏的状况。此外，还采取举办短期培训班、业务文化技术学习班等办法，培养各类技术人员。这批人员努力学习工农建设业务知识，发挥技术专长，成为发展地方建设的骨干。1956年，全县从事工农业生产的职工达8 596人，占全县职工总数的80%，分别比1952年增长577%、26%；到1957年工农业专业技术人才为88人，比1952年51人增长72.5%。

经过第一个五年计划期间前4年的努力，与1952年比较，全县工业企业增长1.8倍，县营耕地新增1.6万亩，基本建设投资增长1.3倍。工农业总产值增长58%。

社会主义工业化的起步

嫩江在实施"一五"计划过程中，以工业化建设为中心，着手改变工业落后面貌。

第一，加大投资力度，使有限的基本建设投资向工业战线倾斜。1953年工业资金投资额为14.1万元，1954年增加到16万元，1955年增加到107万元，1956年增加到126.1万元。1953年，嫩江发电厂进行了技术改造，装机容量由原来的500千瓦增至880千瓦，职工人数达47人，年发电量150万度。同年，兴建县木工厂，当时称木业生产合作社；始建县机械厂，生产铁质小农具，支援农业生产。1954年，新建第二木业生产合作社，西窑地砖厂搬迁改称国营嫩江县制砖厂。1956年，组建嫩江县生产合作社；兴建县鞋帽生产合作社，乳品生产合作社转为地方国营嫩江县乳品厂，县食品加工厂增设酱油、面包车间，生产酱油、醋、酱菜、面包等产品。

第二，推进企业生产改革，着力改善企业管理。针对国营厂矿普遍存在生产技术和财务管理秩序混乱、管理机构和劳动组织不合理、生产成本高、基本建设浪费严重等问题，开始采取一系列生产改革措施，从管理上加大了力度，并且认真地贯彻了"两参一改三结合"[①]的方针，逐步废除旧的管理机制，初步建立新的管理制度和生产、经营、安全技术等各种责任制。制定产品质量规格标准和产品检验制度，降低产品的废品率，如印刷厂的废品率由0.6%降低到0.3%。

①"两参一改三结合"：1960年3月，毛泽东在中共中央批转《鞍山市委关于工业战线上的技术革新和技术革命运动开展情况的报告》的批示中，以苏联经济为鉴戒，对我国的社会主义企业的管理工作作了科学的总结，强调要实行民主管理，实行干部参加劳动，工人参加管理，改革不合理的规章制度，工人群众、领导干部和技术员三结合。

第三，深入开展以增产节约为中心的劳动竞赛活动，努力遏制浪费，降低成本。通过劳动竞赛，广泛征求职工的合理化建议，鼓励技术发明和创造，极大地发挥工人的主人翁作用，大大提高了劳动生产率。1956年，全县工业企业全员劳动生产率为2 421元，为1952年1 186元的2倍。

通过上述一系列措施，嫩江的工业化建设得到较快发展。1956年发电88万度，为1952年49万度的1.8倍；白酒183吨，为1952年149吨的1.2倍；红砖226万块，为1952年70万块的3.2倍；平版印刷10 462千印，为1952年1 607千印的6.5倍；乳制品从无到有，产量达18吨。全县工业产值326万元，为1952年68.1万元的4.8倍，占工农业总产值比重由1952年的6.7%提高到27.4%。

完善交通邮电和商业服务事业

“一五”期间，在发展地方工业的同时，县委、县政府十分重视交通运输和邮电通讯事业的发展。一方面投入大量人力、物力和资金加强基础设施的建设，特别是注意发动和组织群众大力进行修路、养路、护路；1953年至1956年累计投资20.5万元，积极建设农村邮电网。另一方面，积极组织与合理利用现有的各种运力，尤其是重视推广行之有效的协作经验，使铁路、公路、航运紧密配合，发挥各方面的专长，并强调运输企业和生产、供应企业之间的联系协作，千方百计提高运输效率。第三，在交通运输和邮电战线持久地深入地开展先进生产者运动。

至1956年末，公路货运量由1952年的9.2万吨增加到1956年的12.1万吨，增长31.5%；公路客运量由1952年的4.8万人增加到1956年的9.9万人，增长100.1%，投入客运车辆增至6台，客货混载比重下降。铁路货运业得到了长足发展，1956年新增站线5条，全年货运发货量为19万吨，客运量达25.5万人。全县的邮电机构达14个，邮路计469公里、函件达62.4万件、包件达6 467

件、报刊发行达3 300份、电话用户达255户，分别比1952年增长180%、99%、194%、200%、136%、90%。

为了适应有计划的经济建设和社会主义改造的需要，县委、县政府始终坚持商业为工农业生产和人民生活服务的方针，认真贯彻统购统销政策，特别是对粮食等关系国计民生的农产品，实行了统购和计划供应。积极组织货源，有计划地发展城乡物资交流，扩大商品流通，满足市场需求。

1956年1月，私营饮食业实现全行业公私合营，建立饮食业总店，下设25个网点，拥有职工90余人。当年营业收入17.3万元，比合营前增长23.4%；组建合营旅店总店，下设网点4个，当年营业收入8.4万元，比上年增长近1.7倍。截至1956年末，商业局下设有5个专业公司，即百货公司、纺织品公司、煤建公司、木材公司和药材公司。县联社下设2个专业批发站，14个基层供销社，265个代销门市部，4处百货商店。

至1956年末，嫩江的商业基本上形成了以国营商业为主，集体商业为辅，个体商业为补充的社会主义商业市场，商业供销全面发展。1956年，主要商品零售量：粮食24 578吨、植物油286吨、白酒381吨、棉花2 004市担、棉布169万米、缝纫机216台、手表406块、煤炭39 918吨、化肥630吨、农药13 200公斤、自行车270台，全县商业零售额为1 931万元，比1952年678.4万元增长184.6%；社会商品购买力为2 371万元，比1952年700.8万元增长238%；城乡市场出现了前所未有的繁荣兴旺景象。

加快发展农业

嫩江县是重要农业地区，大力发展农业，增加粮食生产，与国家的工业化发展相适应，是“一五”期间全县人民面临的一个重大任务。1953年起，全县各级党委和政府进行了一系列改善农业生产基本条件的工作，认真贯彻农业发展纲要，推动了农业发展。

第一，推广先进技术，改进耕作方法。一是加强农业生产新技术的指导。早在1952年县政府就在三区永发村和二区文质村设立农业技术指导站。1953年，增设三区土城沟村和四区中心村2个技术指导站；1954年，设立县农业技术推广总站，再次增设六区河北村和四区合胜村2个技术指导站。这些技术指导站积极推广肇源丰产经验①，引导农民加强田间作物的管理。二是引进农作物优良品种。1954年开始引进推广小麦抗锈病优良品种甘肃96，搭配品种有合作六号、松花江三号，全县平均亩产为132斤，比1953年增产49斤。三是推广新式农机具。1954年，全县各区新式畜力农具达982套，并举办320名农民技术员和农机手的培训班，新式畜力农具在农业生产中得到了普遍的应用。1955年，全县用新式畜力农具达1 299套，当年利用新式畜力农具开荒105 000亩，播种小麦32 540亩、大田作物14 890亩。1956年，全县新式畜力农具增至3 177套，为1952年83套的38倍。大量新式农具的投入使用，对提高农业生产效率发挥了重要作用。

第二，狠抓植树造林，改善农业生态环境。新中国成立以后，尤其是“一五”时期，县委制定了一系列政策措施，鼓励国家、集体和个人积极搞好造林护林工作。一是加强育苗造林。1953年，县委提出了“造林、护林必须和农业生产和农民利益相结合”的林业工作方针，广泛开展群众性的造林、护林、育林运动，当年营造农田防护林268亩。1954年，增设中央站、崔家坟两处苗圃，县营育苗面积增至60亩；1956年，县营育苗面积突破200亩，苗木自给能力大大增强。“一五”时期，全县累计造林

①肇源丰产经验：即“等距宽播、合理密植、间苗保苗、分期追肥”十六字丰产经验。

13 770亩，平均每年造林2 754亩。其中，县营造林6 978亩，农垦造林6 792亩，群众植树101万株，平均每年20.2万株。二是严防森林火灾。全县贯彻“预防为主，积极消灭”的方针，提出系统责任制、地区责任制、行政责任制三项制度，大张旗鼓地宣传护林防火规定。1953年，航空护林总站始设嫩江、瑷珲、讷河等5县旗护林防火联防委员会，扩大了同毗邻地区的联防。1956年，开始修筑卧都河至十二站的防火公路。三是强化林政管理。根据上级下达的采伐生产计划，对采伐进行调查设计，报经上级林业行政部门批准后发给采伐许可证，而后再按设计组织采伐，并由林政部门进行检查监督，对乱砍滥伐者则依法追究责任。至1956年全县农田防护林达726亩，改善了农业生产基础条件，夯实农业经济发展基础。

第三，大力发展畜牧业生产，促进农业增长增收。一是引进优良品种。1953年，县农业科引进哈白种猪260头，九三荣军农场引进阿尔登、欧洛夫种马，用以改善嫩江本地猪、马的品种，改良后代明显优于本地品种。二是注重疫病防治。1954年，农业科增设了畜牧服务生产指导站，并且成立专门的防疫和治疗机构，在疫病区域组织群众，实施检疫、隔离、封锁、处杀、消毒等综合防治措施。期间，县政府每年都举办牲畜生产能手培训班，到1956年共举办了4期，培训畜牧生产技术骨干1 268人次。在农业合作化完成之后，各生产合作社都配备了专职饲养员，建立了科学的饲养、使役和管理制度，使饲养水平明显提高。至1956年，全县大牲畜为23 892头（匹），比1952年17 904头（匹）增长33%；役畜为15 659头（匹），比1952年11 891头（匹）增长32%；家禽为14 739只，比1952年11 405只增长29%。三是开展积肥造肥。通过宣传科学种田知识，农民长期形成的种地不上粪的旧习惯有所改变，到1954年乡村施农肥面积已达

139 604亩，占县营总播种面积的20.5%。此后，县内中南部地区的村屯基本达到三年一茬粪，施用农家肥不仅改良土壤、培肥地力，还降低了农业生产生产成本，提高了农业生产的经济效益。

第四，加强农田水利建设，增强抗灾自救能力。“一五”时期，县委始终把加强农田水利建设摆在突出位置。1955年，在县委的统一领导下，共发动4 670名干部和群众，修筑江堤6处，挖顺水沟、排水沟30多处，使8 500亩被水淹农田得以丰收。同年，四区联兴等乡的8个农业生产合作社开始兴建新兴灌区，三区兴建兴隆灌区也形成了一定的防洪抗灾能力，为农业的丰收奠定了基础。尤其6月间，依靠和发动群众，迅速动员了4 670人到防汛第一线，整修加固民堤6处，挖排水沟30多条，搬迁脱险10个自然屯，动员迁出139户，保住农田12 750亩，没有一人伤亡，使受灾村屯灾情减少到最低程度，取得了1955年防汛斗争的胜利，保证人民生命财产安全。

截至1956年末，全县耕地面积达83万亩，为1952年11.8倍；粮豆薯播种面积达78.6万亩，为1952年1.1倍；粮豆薯总产达12 163.2万斤，为1952年1.2倍；平均亩产171斤，为1952年1.2倍；农业总产值达1 270.14万元，为1952年1.3倍。

第四章　社会主义建设的探索和曲折

1956年生产资料私有制社会主义改造的基本完成，标志着社会主义制度的基本建立，它为社会主义建设奠定了根本政治前提和制度基础。但是，怎样建设社会主义，是摆在全国人民面前的一个全新课题。1956年9月，中国共产党第八次全国代表大会召开，党对全国社会主义制度确立后国内的主要矛盾和以后的根本任务进行了正确分析，指出的关于国内主要矛盾和党的主要任务论述，为党探索建设中国特色的社会主义的道路指明了方向。但是，党在领导大规模的经济建设中，由于缺乏经验，出现了急于求成、急躁冒进的倾向，使全国社会主义建设步入了曲折发展道路。

在此期间，中共嫩江县委按照中共中央、中共黑龙江省委的部署，在全县范围内开展了整风“反右”等政治运动。由于当时党对阶级斗争形势过于严重的估计和判断，导致斗争扩大化，挫伤了一大批民主人士和广大知识分子建设社会主义的积极性，给全县社会主义经济建设、政治建设、文化建设都带来了不利影响。在各项社会主义事业建设上同全国一样开展了“大跃进”和人民公社化运动，违背了经济发展规律，导致嫩江的经济、社会发展偏离了党的八大路线，给全县整个国民经济建设和人民生活造成损失。1961年后，通过贯彻中央的“调整、巩固、充实、提高”的方针，对农业、工业、财贸、文教卫生等各项事业进行了全面调整，逐步扭转了困难局面，嫩江的社会主义建设事业在经历曲折后有所好转。1963年，又开展了以阶级斗争为纲的社会主义教育运动，由于没有从根本上纠正“左”的指导思想，因而“大跃进”和人民公社化运动带来的影响并未完全消除。

第一节　国民经济在调整中发展

农业生产恢复发展

由于县委贯彻执行中央提出的“以农业为基础，以粮为纲，全民发展，多种经营”和“多种、高产、多收”的方针，加之各级领导和农村干部作了大量有效的工作，农业生产有了显著恢复。全县的总耕地面积1965年为1 288 756亩，比1962年的1 015 612亩，增加273 144亩，增长26.9%。粮豆薯总产量1965年为87 769吨，比1962年62 845吨增加24 924吨，增长39.7%；粮豆薯平均亩产1965年为160斤，比1952年138斤增加22斤，增长15.9%；国民经济调整时期平均总产量77 419吨、平均亩产量168斤，比第二个五年计划时期的45 659吨、138斤，分别增长69.6%、21.7%。农林牧渔总产值1965年为8 788万元，比1962年6 622万元增加2 166万元，增长32.7%。

国民经济调整时期，根据省委和省人委关于林权下放的规定，对分布在全县各个地区的散生幼林，按政策的规定，分别划归了就近的公社和生产队，明确了这些散生幼林所有权，对这些幼林保护，严禁乱砍滥伐，都起到积极作用。1965年造林面积为10 654亩，比1962年6 091亩增加4 563亩，增长74.9%。林业生产本着以“扶育为主，扶育、改造、保护、利用相结合”的方针；

建立了15处经营林场，2处造林林场，16处营林指导站，在10个公社内建立9处林业工作站，加强天然幼林管理。1960年至1964年共育苗10 796亩，更新39 020亩。

畜牧业生产经过贯彻“八字方针”和认真执行“四包一奖”制度，进一步调动了广大社员保护和发展畜牧的积极性。从畜力上看，耕畜下降的趋势停止，并开始有所回升，1965年耕畜已达到22 375头，比1962年的10 497头增加11 878头。全县大牲畜存栏1965年为23 748头，比1962年16 203头，增加7 545头，增长46.6%。生猪生产在“公私并举，以私养为主”的方针指导下稳步增长。全县生猪存栏1965年为27 241头，比1962年的25 133头，增加2 108头，增长8.4%。

农业生产机耕作业质量逐年提高，拖拉机由1962年的888标准台增加到1965年的2 462标准台，增加1 574标准台，增长117%。

工业生产稳步提升

全县工业经过一系列的调整工作，国营工业和手工业认真执行“工业七十条”及“手工业三十条”[①]，各企业主要抓了以下几项工作：严格实行定员管理，合理确定各类人员的比例关系，彻底精简多余人员；开展技术革新、技术革命，不断提高生产过程的机械化；进一步改进工资、奖励制度，采取合理的工资形式和奖励办法，重新回到有计划、按比例发展的道路上。全县工业总产值1965年为2 591万元，比1962年的2 220万元增加371万元，增长3.2%；县属工业总产值1965年为2 513万元，比1962年的2 173万元增加340万元，增长15.6%。通过“关、停、并、

---

①“手工业三十条”：1961年9月16日，中共中央起草的《关于城市手工业若干政策问题的规定（试行草案）》，共30条，故简称“手工业三十条”。

缩、转”原料没有保证、技术不过关、企业经营亏损、产品不是农业急需的煤矿等重工业厂矿，至1965年底全县工业企业总数下调至65个，比1962年减少19个。基本改变了重工业战线过长的状况，充实了轻工业和为农业服务企业。1965年全县轻工业总产值为2 193万元，占全部工业总产值的84.6%，全县列入计划的四股叉、锄勾、锄板、镰刀等铁制小农具生产数量有所增长，1965年比1962年增长25%。经过上述努力，生产情况有所好转。全县亏损企业亏损额由1962年的31万元下降到1965年26万元，恢复与巩固了传统的名牌产品13种。

城乡建设、交通运输得到恢复和发展。1962年至1965年完成的建筑总面积为44万余平方米，其中，住宅、学校、医疗机构等建设完成25万余平方米，占57.7%，城乡居民的居住条件及生活环境有了一定的改善。加强主要的公路整修和养护，使道路的状况有了一定的改善。优先安排农业物资的运输力量，基本保证了农业物资的及时运输。1962年至1965年的货运总量达到38.5万吨，周转量达到1 131.2万吨公里；客运总量达到48.4万人，周转量达到1 810.1万人公里。

市场供应状况逐步好转

随着粮食生产的好转和猪禽饲养的发展，在贯彻国家政策的前提下，扩大了农副产品的收购量，为市场提供了更多的货源。1965年社会商品零售总额4 366.2万元，比1962年的3 040.1万元增加1 326.1万元，增长43.6%。其中，生活资料零售总额4 347.1万元，比1962年的2 829.7万元增加1 517.4万元，增长53.6%。农副产品收购总额3 185.1万元，比1962年的2 291.4万元增加748.7万元，增长32.7%。1965年收购活猪17 781头、活牛214头、鲜蛋549担，比1962年的4 719头、10头、260担，分别增加13 062头、204头和289担。卷烟、棉布、呢绒、针织品、火柴、肥皂、手表、自行车等零售量都有很大增加。1962年经济调整时。恢复百货、糖业烟酒、食品、五金、医药共五大公司和煤木、土产、生产资料等专业站，批发和零售机构日趋健全；农村供销社、供销部、代销点等商品供应网点遍布村屯和农场，形成了完整的商品供应网络。1965年，增设干鲜果品采购供应站，专营干鲜果品、调味品、水产品等商品。这一时期，商业、饮食业、服务业机构和人员都有了相应的发展，物价稳定，各种物价总指数趋于回落，高价商品改为平价，农贸市场价格也日益接近国营牌价。

在“统筹兼顾、全面安排”的原则下，城乡均需要的工业品优先供应农村，供应农村的工业品逐年增多。如化肥1965年比1962年增加8.2倍，农药增加2.8倍，元钉增加5.2倍，镀锌铁丝增加4.2倍。这对保证农业生产，提高农民生活都起到了一定作用。本着“及时布置收购，同时安排生活”的政策，对重要的农副产品实行了派购和奖售工业品的方法，兼顾了国家、集体、个人三者利益，调动了农民生产和交售的积极性。1965年完成国民经济调整任务时，水稻收购价格上调5.2%，其他原粮收购价格未动。但自1965年开始，对超购粮每千市斤加价44元和奖售50市尺棉布；成品粮油销售价格除面粉降价3.4%、“大路菜”降价17%外，其他6个品种均提价25.5%。与此同时，国家开始发放职工粮食补贴，减轻消费者的负担。

在“调整、巩固、充实、提高”的八字方针的指导下，经过全县人民的努力，嫩江农村困难形势有所缓解，以高指标、瞎指挥、浮夸风、共产风为标志的“左倾”错误得到初步纠正，城乡人民生活有一定提高，国民经济得到恢复和发展。

第二节　继续开发建设北大荒

一、继续开发建设北大荒

屯垦戍边开荒建场

1962年，遵照中央军委关于屯垦戍边、巩固边防的命令，以铁道兵第九师四十三团为主体的5个师2万多名官兵告别铁路建设工地，挥师北疆，奋战千里雪原，在嫩江县境内展开开荒生产。

开荒当年，一支穿着军大衣的队伍，在白茫茫齐腰深的雪原上艰难行进着，他们扛着锹镐，背着简陋的行囊，住窝棚，喝盐水汤，啃半生不熟的燕麦饼艰难进行开荒生产。不久，拓荒之火从几十个开荒点上燃烧起来，10万多亩荆棘丛生的荒原清烧出来。春耕时，没有机具，官兵们就身背装满种子的挎包，手持自制的小铲或削尖的木棍点种，用脚踩压；为数不多的拖拉机，不分昼夜地开荒整地。夏锄时，官兵不顾蚊虫的轮番叮咬，一人一把锄头锄草；秋收时遭遇暴雨冰雪，官兵们毫不犹豫跳进冰冷的水里，硬是一把一把将小麦从灾害之中抢了回来。1962年，共计开垦荒地11万亩，收获了1 100万斤的粮食，实现了当年开荒、当年播种、当年收获。生产的粮食被运往铁道兵施工部队，补充了部队生活，减轻了国家负担。1962年至1966年，全垦区共开荒种地44万亩，生产麦豆2.2亿斤，创造利润860万元。

同一时期，为减轻国家负担，响应党中央“大办农业，大办粮食”的号召，中国人民解放军空军、沈阳军区经黑龙江省批准，在嫩江县开荒建场。1961年春，隶属四十军一一八师后勤部9 629部队，在科洛公社东明大队、嫩黑公路36公里路南一带开荒建场，当年开荒 600公顷。10月，隶属六十四军一九〇师后勤部的81 233部队在临江境内建场。同年，沈阳军区驻大连市守备二师81 551部队，在九三分场六队附近开荒及占地1 290公顷。1962年3月，81 233部队在海江公社红塔大队、科洛公社双泉村建双泉分场，在嫩黑公路36公里处建立总场及畜牧场4个生产点。3月5日，中国人民解放军空军后勤部在科洛公社、塔溪公社境内开荒约6 000公顷。1966年8月，81 233部队扩大生产规模，在科洛公社柏根里大队一带开垦荒地1 800公顷，建立柏根里分场。

1964年，嫩林铁路开建，自嫩江至加格达奇南段铁路两侧的15万亩土地划拨给铁三师、铁六师、铁九师耕种；以后又将红彦车站以东的10万亩土地划拨给铁四师、铁十四师耕种，铁道兵的东北农场已初具规模。铁三师、铁四师、铁六师、铁九师、铁十四师各投入一个营的兵力建设农场，另有铁九师四十三团（代号3 351部队）担负铁道兵的粮食生产任务，这时的土地已达到45万亩之多，投入兵力最多时达到了1.1万人。

人民解放军官兵在执行屯垦戍边的双重任务中，面对“荒草没头、积雪没膝、白天大风嚎、夜晚野狼叫、举目望冰雪、滴水即成冰”的北大荒非常艰苦的自然环境和生产条件，以顽强的斗争意志和献身精神，奋战荒原，同各种困难进行了顽强的斗争。拓荒者们发扬了革命英雄主义和献身精神，克服各种难以想象的困难，向荒原进军，向土地要粮。用宝贵的青春和一腔热血改造了亘古荒原，为减轻国家和人民负担，保障部队生活，加强国防建设做出了积极贡献。

九三垦区的进一步开发

1956年，九三垦区机械化已初具规模，拖拉机增加到62台，各种联合收割机增加到62台，农用汽车33辆，各种机引农具334台件。当年，开荒36万亩，粮豆总产量达6 672万斤。1957年，九三垦区农业科学研究所为农场培育和繁殖成熟早、产量高、适于机械化栽培的新品种，推广应用的有大豆、小麦、土豆、谷子新品种11个。其中，“春辽一号”小麦比“合作六号”小麦增产31%。当年，给生产各单位提供了20多万斤良种。

1958年，各农场纷纷掀起了生产建设“大跃进”。干部人人包“卫星田”“高产田”“试验田”，定产千斤甚至超千斤，“左倾”蛮干阻碍了农业生产的正常发展。当年，粮豆总产量为9 804万斤，是二五计划时期最低年份，低于平均产量7%。

1959年，在较重的旱灾面前，广大干部、职工和家属以主人翁的精神，立志抗旱保苗，不计报酬忘我地进行生产劳动，夺得了粮豆平均亩产204斤的好收成。

1960年至1962年，面对自然灾害的种种困难和人民公社化中左的错误的影响，各农场职工没灰心、没屈服，机车不能下地就人工播种，秋收时机械没油，就组织人工拣粮，尽力减少损失。3年间，粮豆总产量达29 116万斤。

1963年，九三垦区通过贯彻“调整、巩固、充实、提高”的八字方针，各项生产活动得到恢复和发展。年初，广泛深入地开展了“五好生产队”[①]和“五好职工”[②]竞赛活动，涌现出一大批先进集体和先进个人。2月，国家农垦部决定在九三垦区重点装备9个机械化生产队，按上级要求从“五好”生产队中选择大西江农场九队和红五月农场二队等9生产队为第一批机械化生产队。生产中，这些生产队平均每个农业劳力生产粮食2.5万斤至6万斤，受到省农垦厅的奖励。当年，垦区开垦荒地14.4万亩，

①“五好生产队”：生产建设好、经营管理好、贯彻政策好、政治思想好、职工生活好的生产队。

②“五好职工”：完成任务好、作业质量好、安全生产好、遵守纪律好、团结互助好的农场职工。

总耕地面积达101万亩，比1962年增加了17.7%，粮豆总产量达14 299万斤，超过计划的14.9%，比1962年增加了29.2%。上交粮达亿斤，超过计划的42.8%，商品率达70.7%，比全省农场平均数高24.9%。平均每个农业劳力生产粮食28 566斤，比全省农场平均数高71%。畜牧业增长幅度较大，大牲畜增长13%、猪增长37.2%、羊增长24.3%。向国家上交猪758头、羊毛30 878斤、鸡2 902只、蛋7 363斤、蜂蜜17 170斤，盈利8.1万元，扭转了建场连续几年的亏损局面，全垦区各项生产总利润达354万元，超过计划的50%，是建场以来盈利最多的一年。

1965年7月22日，农垦局党委召开（扩大）会议，贯彻农垦部党组（扩大）会议通过的《关于改革国营农场经营管理体制的规定（草案）》，提出了各场建立小型加工厂，吸收农场职工家属参加季节性生产，实行同工同酬，家属可以大量养家畜、家禽，实行自建公助，解决住房不足，收到较好效果。当年垦区发展到11个农牧场，下设87个生产队，拥有拖拉机270混合台、康拜因284台、汽车62台、机引农具2 650台（件）；各种工副业工厂20处，经营管理水平逐步提高，对国家贡献越来越大。

1966年，国家把大批的国产机械投放到九三垦区，农机设备有了大幅度的增加，各农场拥有农业生产队85个，其中机械化生产队35个。拥有农用拖拉机513台，其中东方红-54拖拉机409台，占保有量的79.7%；拥有联合收割机376台，其中牵引式125台，国产GT—4.9收割机78台，占牵引收割机总数的62.4%。机务队伍有了很大的发展，有机务工人近4 000人，从东北农学院、黑龙江省农机校等院校的大、中专毕业生不断地分配来垦区工作，大大地加强了垦区的技术力量。

1956年到1966年，是九三垦区的重要时期，奠定了垦区发展的基础。期间，九三垦区共开垦荒地118 156万亩，耕地发展到122 847万亩，粮豆播种面积增加到108 891万亩；粮豆平均亩产由143斤增加到212斤，增长1.8倍；粮豆年总产由9 584万斤增加到4.9亿斤，增长5.1倍；生产粮豆产量总计近25亿斤。

地方国营农场的发展

1956年至1957年，各地方国营农场的农业生产是在省委提出的“巩固成绩、提高质量、重点发展、全面安排”的方针下进行的。农业生产的任务是集中力量，全面提高单位面积产量，大力进行调整，改进经营管理，发展多部门经营，开展以“办好合作社，争取大丰收”为中心的竞赛。两年共开荒68.2万亩，各农场耕地面积总计70.5万亩，粮豆薯作物总产达40 443万斤。

1958年7月30日，省委根据中央将企业事业单位下放的精神，作出“将国营农场管理厅合并到农业厅，为厅属局，直属的国营农场下放地委”的决定，七星泡等地方国营农场下放给县委。这一年各农场纷纷召开“掀起生产高潮，实现大跃进”大会，在大会促动下，提出了大搞卫星田和高产田，在“左”的思想影响下，“无偿平调”“共产风”“浮夸风”等盛极一时，严重破坏了农场经济长期稳定发展的格局。虽然经受了“左”的思潮的严重干扰，但经过农场广大党员、干部职工、家属的共同努力，各项事业还是取得一定进展。全年各农场播种粮豆薯作物总计65.4万亩，平均亩产为162斤，较1957年增长1.9倍；总产达10 626万斤，较1957年增长1.9倍。

1959年初，嫩江地委对农场进行调整，门鲁河农场与柏根里农场合并，名为地方国营嫩北农场；虎山农场与七星泡农场合并，名为地方国营七星泡农场；科洛河农场与山河农场合并，名为地方国营山河农场；三岗农场与嫩江农场合并，名为地方国营嫩江农场；各场均属省公安厅劳改局嫩江工作分局所辖。[①]当年，各农场掀起比志气、比干劲为中心内容的生产竞赛运动。1959年，各农场共有耕地面积74.3万亩，粮薯豆总产量达到1.4亿斤，占全县总产量的37.6%。向国家上交商品粮7 273万斤，占全县商品粮总数的35.6%。

1960年至1961年，各农场对犯人进行了经常性的服法、守法教育，掀起了比劳动生产好、比思想改造好、比遵守监规纪律好的“三好红旗”竞赛活动，从而激发了劳动生产积极性，提高了劳动生产率。1961年下半年，各农场增加了大批拖拉机、收割机，田间作业机械化程度大幅提高，粮薯豆总产量达到30 367万斤，其中上交国家18 674万斤，各项事业都有了很大发展，各场都办起了粮油加工、制砖制瓦、机械修理等工副业生产项目。

1961年后，各地方国营农场发扬“奋发图强、自力更生、大办农业，大办粮食”办场精神，进入全面调整恢复阶段。由于机械化生产水平的提高，同时实行科学种田采取定额管理和增产措施，生产得以逐步稳定的发展。

1956年到1966年，地方国营农场加大机械化建设力度，耕地面积不断扩大，粮豆薯持续增产。期间，各农场共开垦荒地157万亩，耕地发展到142万亩，粮豆薯播种面积增加到115万亩。粮豆薯平均亩产达153斤、总产量达17 702万斤，分别为1956年的1.5倍、5倍。

知识青年上山下乡

1964年初，党中央、国务院发布了《关于动员和组织城市知识青年参加农村社会主义建设的决定（草案）》，中央成立了“知识青年下乡指导小组”和安置办。当年，县委也成立知识青年工作领导小组，各乡镇设立了安置知青下乡的专门办事机构。

①黑龙江省九三国营农场管理局局志办公室编撰：《九三农垦志（1945—1985）》，1986年12月内部出版，第90页。

至年末，全县动员知识青年下乡295人，其中各公社安置228人、农场安置67人。另外接收安置齐齐哈尔知青58人，这些知青分别安置在海江、前进等8个公社、15个生产大队、75个生产小队。在生产中，广大知青积极劳动、服从分配、关心集体、虚心学习，有38名知青被评为“五好”社员，42人当选生产队、共青团、妇联、民兵等组织的领导干部。

到1966年，全县接收安置哈尔滨、齐齐哈尔、鹤岗等城市和县城知识青年5 513人（县属单位接收1 280人、九三垦区接收4 233人）。安置去向为国营农场4 704人、社队809人。此段时期，广大城市知青在老一代垦荒人带领下，继承和发扬艰苦奋斗、顽强拼搏、勇于开拓的精神，在艰苦的环境下，为开发建设北大荒，默默地奉献力量。知青们在科学种田、巩固集体经济、活跃农村文化生活等方面起到了积极作用。

二、十年的主要成就

经济建设

自1956年贯彻党的八大路线至1966年初的10年间，在历经“大跃进”运动和三年经济困难后，县委认真地贯彻执行中央和省委、地委的一系列指示和调整政策措施，使经济困难的被动局面到1963年得到基本改观，至1966年全县经济发展取得较大进展。

国民经济全面发展。1966年工农业总产值达到4 124万元，比1956年的1 596万元增长158%。其中，工业总产值1 280.8万元，增长293%；农业总产值3 843.6万元，增长124%。财政金融工作根据“当年平衡，略有回笼”的方针，全面彻底进行了清产核资，挖掘了物资潜力，发挥了资金效能；大力压缩社会集团购买力，加强资金管理。财政预算内收入达1 053万元，比1956年的158万元增加895万元。国民收入达680万元，比1956年的251万元增加429万元。全县人均收入达到601元，比1956年529元增加72元。

工业建设取得成就。1958年到1965年期间，用于工业方面的基本建设投资达862.3万元，新建扩建了大批重要企业。新建了黑龙江省多宝山铜矿、嫩江地区钢铁厂、黑龙江省嫩江农业机械厂、嫩江农机具修造厂、嫩江县农业机械修配厂、第一砖瓦厂、纺织厂、乳品厂、制粉厂、制油厂、制米厂、酱菜厂、造纸厂、制材厂、制鞋厂等一大批企业。1958年到1964年，全县主要工业产品的品种大约增加了303种。生产出许多过去从未生产过的产品，如：电机、制米机、都柿糖、活塞涨圈、江米纸、玻璃器皿、香皂、肥皂等，产品的品种和产量均增加，使全县的日用工业品和小商品的自给率大大提高。有些产品不但满足了县内需要，还调剂了外市县的市场。这期间，电力工业在县域也有所发展。1958年，嫩江发电厂下划嫩江县管辖，改称嫩江县发电厂，增加了发电量，年发电量达150万度。许多较大单位开始配备自备电源，新办工业的村屯开始自办发电厂。到1965年，企业办电不下几十处，其中发电能力较大的有：国营农场5处、劳改农场9处、省属矿山1处，年发电量1 406万度。建筑上由原来只能建设民房设施，发展到能够承担从设计到施工六层楼房的建筑任务，满足了工农业生产的需要。

农业生产条件改善。从1956年到1965年，水利建设投资达52.1万元，兴修了沭河、杨树等16个灌区和14眼机电井、4处机电提水站，灌溉面积达1 370万亩。农业机械程度有一定提高，1966年，全县拥有大中型拖拉机354标准台，比1956年增长了354倍；拥有联合收割机5台，增长5倍；机引播种机增长332倍，大中型拖拉机增长110倍，碾米机增长70倍，磨面机增长70倍，榨油机增长38倍。此外，在植树造林，推广优良品种、改良土壤、控制水土流失、建立气象预报等方面，进行了大量卓有成效工作。由于生产条件的不断改善，农业生产虽然遭受了“大跃进”运动和人民公社化运动的挫折，但是各种主要农副产品的产量还是得到恢复和发展，只有个别农副产品的产量没有达到历史上的最高水平。1966年粮豆薯总产量达135 827吨，平均亩产216斤，分别比1956年增长123%和26.3%。

交通邮电业取得进展。全县新增公路通车里程公里有所增长，绝大部分农场、公社都通了车，这对全县的交通运输发挥了重要作用。1958年，新辟县城至海江、县城至塔溪、县城至霍龙门3条客运线路，大客车增至11台。1962年，新辟山河农场至县城客运线路。1963年，新辟县城至星火、县城至泥鳅、县城至联兴、县城至卧都河4条客运线路。1964年，新辟县城至鹤山农场客运线路。1966年，全县货运量达26.9万吨，货运周转量达609万吨公里，分别比1956年增长1.2倍和19.3倍。客运量达21.6万人，客运周转量达687万人公里，分别比1956年增长1.2倍和60.2倍。全县邮政电信事业得到发展。1966年，邮电业务总收入为34.9万元，比1956年增长184%；信函包裹总件数为200.8万件，比1956年增长236%；电话用户量达443户，比1956年增长73.7%。

社会事业全面进步

十年间，嫩江人民在党的领导下，在完成了对农业、手工业和资本主义工商业的社会主义改造的基础上，开始了大规模的社会主义建设事业的探索，全县的社会面貌发生了较大的变化，各项事业取得显著成就。

教育事业得到恢复和发展。全县教育事业在“大跃进”期间盲目冒进，新建一批农业中学和民办小学，但因条件不具备只好进行撤并，造成不应有的损失。1961年以后，主要是适当控制了中专以上全日制、半日制学校发展的速度和规模，使学校的布局和专业设置趋于合理，经过调整和整顿，教学质量迅速提高。1966年，全县共有普通中学校23所、小学425所，分别比1956年增加22所、321所；中学在校生6 522人、小学在校生44 497人，分别比1956年增加6 077人、36 413人。10年中，共培养中学毕业生2 597人，小学毕业生24 476人。

卫生事业稳步发展。深入开展了以除害减病为中心的爱国卫生运动，彻底消灭了霍乱、天花等烈性传染病。坚持了常年性的综合预防工作，本着“防、治、抢、查、研”的各项基本措施；掌握了群众生活和健康状况。采取了必要的措施，开展了克山病防治工作，大大减少了克山病的发病率。此外，还广泛开展了节制生育的宣传教育。1966年医疗卫生机构达209个、床位1 060张、医疗卫生人员874人；分别为1956年的3.6倍、12.3倍、1.5倍。

文化体育事业全面进步。经过调整，文化、体育等事业都得到迅速恢复，并进入了一个新的发展时期。到1966年，全县有电影院1个、电影放映队3支、文化馆1个、民间艺术团1个、曲艺场3个。1966年，县人委始设广播事业管理科，实行科、站合一，除自办广播外，对县内广播事业实施统一管理，专职工作人员增至17人。在农村公社原有伊拉哈、海江2个广播放大站的基础上，新建前进、长福、临江、联兴、科洛、塔溪、霍龙门7个公社广播放大站；公社广播专职人员增至31人，有广播专线的生产大队普遍配备线路维护员，形成县、社、队三级广播工作体系。1966年，县广播站架设县城至伊拉哈54公里、县城至科洛45公里、科洛至塔溪55公里3条简易专线，县属广播线路增至l422公里，其中：专用线路482公里（县社间211公里、公社以下271公里）、共用线路940公里（县社间95公里、公社以下845公里）；县属广播喇叭增至10 020只，其中农村9 020只，入户率为32.5%。10年间，职工体育得到大发展，开展项目达50个，经常坚持的有20余个，较为活跃的有篮球、长跑、乒乓球、太极拳、游泳等。农村体育更为活跃，海江、伊拉哈、科洛、塔溪公社从本地实际出发，对一年四季的活动统筹安排，除保留篮球、田径、乒乓球、广播体操、棋类等项目外，还自创出适宜于在田间开展的跳人、搬人、拉锄杠、踢口袋、角力等项目。县内10个公社，均举办田径运动会和青年篮球赛。

第五章　重大历史事件、著名英烈事迹

第一节　重大历史事件

一、东北抗日联军嫩江县境内军事斗争路线示意图

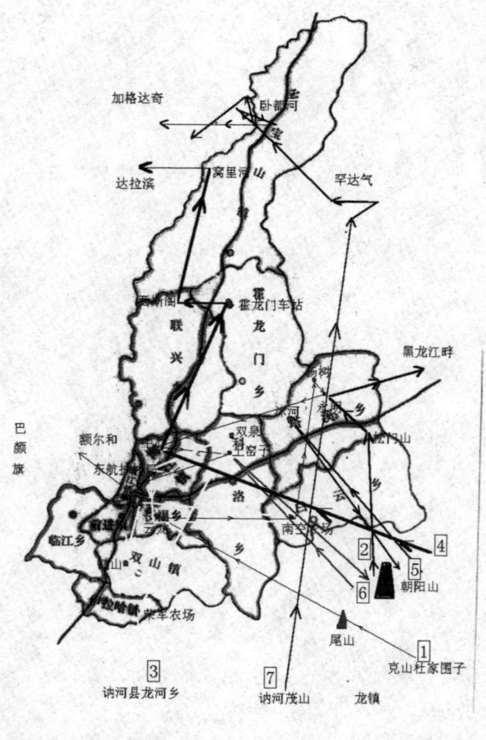

东北抗日联军嫩江县境内军事斗争路线图诠释

1938年10月，王钧率抗联六军十二团（十一团刚刚合并到十二团）西征部队开辟讷河、嫩江新战区，在龙镇附近打下讷莫尔自卫团，获全部鞍马；打下当时通北县东南日本开拓团，缴获大量马匹，全团变成骑兵团。部队经过龙门山、尾山、七星泡，直扑南齐岭（长福乡云龙村），袭击警察所，又奔袭何家大泡子（现南空农场附近）自卫团。部队从杨树、蔺家屯林地穿过，遇小遭遇战，直奔海江、土窑子，甩掉追剿的日伪军。在土窑子遇到伪军，打了一仗。十二团返经嫩江城附近，越过嫩江进入内蒙古巴彦旗。

1938年11月中旬，抗联北征先遣支队改编为抗联三路军一支队。支队长张光迪，政治部主任陈雷，为建立游击根据地选址。他们在朝阳山考察，认为那里没有隘路险崖，不利防御；没有相当多部队，不易防守。从军事观点看，朝阳山不是理想地方。一支队只在朝阳山吃一顿饭即北行。在嫩江境内走了三四天，到松门山，宿营山顶，与嫩江日伪军200余人作战。张光迪负伤，北撤到十五里弯子屯，受到群众的欢迎掩护。第二天撤到蔺家屯，当地抗日群众组织马爬犁，送三支队同志越过大岭岭脊，在瑷珲县上马厂附近渡过黑龙江。

1939年初，抗联六军二师十二团为抗联第二批西征部队进入讷河、嫩江一带，派一连指导员王恩荣在嫩江县境内建点。5月份，王报告日军正在扩建嫩江一号飞机场。团长王钧派班长史化鹏以劳工身份混入工地。7月份，十二团从讷河县的五区（现龙河乡）经过查拉巴奇山进驻嫩江县科洛镇双泉村。在那里做了战前准备。随后越过科洛村，做了战前部署，直扑嫩江一号飞机场。夜11点打响战斗。是役，炸毁日本关东军三菱96式飞机7架，全歼机场守军，开创我军抗日战争历史中，仅次于八路军陈锡联夜袭日军阳明堡飞机场，炸毁敌机24架的光辉战例。袭击飞机场之后，部队又转战在嫩江县境。十二团再打南齐岭警察所、何家泡子自卫团，返到东官地（今爱国村）东，歼灭伪军一个连，又直奔日本鹤山开拓团。七月底撤离嫩江，向龙镇方向游击。

1939年9月26日，抗联三支队在克山县杜家围子接受三路军政委冯仲云同志指示，准备进入内蒙古自治区的呼盟地区。部队经过朝阳山。10月初直扑当时日军物资集散地霍龙门车站。三支队经过海江镇，在窝窝村稍事休息。在霍龙门当地群众支援下，当晚打下霍龙门车站及日军、伪军兵营、物资库等。歼、俘日伪军150余人，缴获大批越冬物资和枪支、弹药。随后，挥师偏脸子车站，西斯阁金厂，皆获全胜。北上经窝理河口，进入内蒙古，转入达拉滨方向。霍龙门大捷为我军抗日战争期间长途奔袭的光辉战例。

1940年4月12日，三支队宣布组建。当天，在科洛河边遇到沭河群众当向导，直袭沭河森林警察大队。抗联出动兵力70余人，俘敌45人及枪支弹药、粮食等物资。

1940年6月份，第三路军总指挥李兆麟到朝阳山办党校。没有纸张、笔记本等各类文秘用品。7月14日，三支队司令王明贵和政委赵敬夫率部袭击双泉村公所和科洛警察署，俘获甚丰。其中有纸张、笔记本、油印机之类文秘用品。搬回朝阳山。日伪军沿途跟随，袭击了朝阳山。朝阳山根据地展开了激烈保卫战。

抗联三支队1941年5月21日奉北满省委命令，第三次开赴内蒙古呼伦贝尔地区。日伪军在嫩江两岸部署军队围堵抗联三支队。为了渡江，三支队采取击东西进的办法，向东进军。在讷河境内的茂山与敌作战。随即挥师进入嫩江县境，直扑塔溪南大营，消灭伪军一个连，并打下警察署，处理一个自卫团。三支队又挥师进入瑷辉县，攻下罕达气金矿，缴获颇丰。抗联的活动调动大批日伪军东进。三支队于七月份在八站处越过嫩江。隔江发现八站日伪军力量薄弱，又返回嫩江东岸消灭这支敌日伪军。俘日军20多人在内的俘虏50余人。随后，支队司令王明贵率部队经加格达奇、大杨树南下。时任政治部主任、党委书记的王钧头部负伤，带12个伤员在古鲁河口养伤。嫩江排木工人支援了他们。

1939年夏,抗联六军十二团从德都、讷河一带游击后返回嫩江南部杜甲长村（旧址位在尖山农场六、七队之间）休整，同从讷河县尾随日伪军“讨伐队”作战，缴获“三八”式步枪32支，子弹2 500发。

1939年秋，抗联六军十二团在攻打讷河县城后，计划撤到嫩江县唐大火犁屯（旧址在荣军农场二、三队之间）休整。当地救国会同志报告，嫩江日伪“讨伐”队刚刚撤走。讷河县的“讨伐”队尾追而来。十二团设伏袭击日伪“讨伐”队。该战击毙日军30余人，俘虏伪警察60余人，烧毁几台汽车，缴获“三八”式机枪3挺、韩国造步枪63支，“三八”步枪29支，子弹1 500发。

二、嫩江县抗日战争期间人口伤亡和财产损失调研报告

嫩江县位于黑龙江省西北部，北接大、小兴安岭结合部，东依小兴安岭，西傍嫩江，南连松嫩平原。县域四邻：东与爱辉区、孙吴县、五大连池市接壤。南与讷河市毗连，西与内蒙古自治区呼伦贝尔市的莫力达瓦达斡尔族自治旗、鄂伦春自治旗为邻，北与本省大兴安岭地区的呼玛县交界。康熙二十五年（1686年），筑成墨尔根城（今嫩江县城）。嫩江县现辖9个镇，5个乡、15个社区居委会，148个行政村，有满、鄂伦春、达斡尔、朝鲜、俄罗斯等25个少数民族。全县总面积15 109.2平方公里，人口50余万人。

抗战前后的基本情况

日本侵略者占领嫩江县前，当地山清水秀，植物茂盛，鸟兽繁多，自然生态环境良好。当时劳动者从事农耕的较多，少数从事淘沙金、采木耳、狩猎等辛勤劳作，在正常情况下，无论从事上述哪一项生产，基本可以度日。伪满时期，日本侵略者为掠夺自然资源，乱采滥挖，毁林开荒，将原始森林砍伐殆尽，破坏了嫩江大地的天然屏障，生态环境恶化，野生动植物各类和数量大大减少，自然灾害的频率逐年增加。当时，由于日伪残酷压榨，窕民生计艰难，被近弃耕外流，农作物播种面积和产量逐年下降。日伪巧立钟，肆意苛收敛财，几乎无业不捐，无事不捐，百姓困苦不堪。

人口情况，1929年，全县2 767户，总人口12 235人。1934年，全县3 828户，总人口达19 124人，比1929年增长56.3%。至日本侵略者投降前夕，县内总人口比1934年增长1.1%。抗战后县内人口增多原因：一是日本帝国主义加紧侵华战争，中国内地贫困民众饱受日本侵略军的蹂躏，离境返籍者陆续归来，同时还吸引了大批关内来的新户；二是日本侵略者强征到县内大批劳工，修筑工事、铁路、军营、飞机场等军事工程；三是日本侵略者为巩固其殖民统治，不仅委派日本人到要害部门任职加强控制，还从日本、朝鲜大量移民，在县内组建“开拓团”和“集团部落”，使人口逐年增加。据《黑龙江历史编年》记载：1937年9月，第一批日本少年“开拓团”500人进入嫩江伊拉哈。知情人回忆，“开拓团”多数是在1940—1943年建立的，嫩江县境内的集团义勇队“开拓团”17处，计划移入4 450户，实际移入1 628户2 070。此外，建有开拓部落（点）12处。

日本侵略者主要罪行

嫩江被日本侵略者侵占近13年，在此期间的主要畤是：

（1）乱杀无辜。

1932年12月12日，日本侵略军出动6架飞机，在县域上空投弹20多枚，炸死10人，炸伤6人。

1936年，日军在县城东门外残杀了7人。

（2）残害百姓。

1940年3月15日至1941年5月，日军嫩江、讷河及霍龙门间的列车内和嫩江县站内检查中，每天约500人，累计225 000人进行盘查。每天殴打数人。逮捕累计约1 250人，加以殴打拘留30分钟。同时在车站取缔中将中人男女累计2 250人逮捕，殴打拷问并拘留1至2小时。

1941年4月，日本侵略者在县城、伊拉哈、日军飞机场等 地逮捕爱国群众150多人，许多人被害，其余人员送往各地强制劳动。

1945年，嫩江县两村160名百姓被日本贫血者残害至死。

1944年6月至1945年8月间，嫩江宪兵队杀害平民1人，逮捕29人。

（3）利用鸦片摧残人民。

日本侵略者侵占嫩江县后，积极支持吸毒，使之公开化、合法化。1934年，在县城始设烟馆1处，可容纳百人，并内设单间10余个，每日前往吸毒者近300人。翌年，又增设烟馆1处，可容纳40多人，所需“大烟”由伪县公署供给。1937年，伪县公署在保健股增设“鸦片零卖所”，吸毒者可申领“吸烟证”，每周售烟1次，按每日1—4份量售给烟膏。1941年，伪县公署保健股在城内新建砖房9间，自营烟馆，内设单间每日接待150多人，并向分散吸毒者发“烟票”570余份。

（4）奴役残害劳工。

1941年冬，日本侵略者在县城内以抓“浮浪”为名抓捕大量劳工，在通往北部山区的路上一次冻死劳工60多人。

1942年，日本侵略者在霍龙门一带修筑军及民用设施时，中国劳工冻死100多人。

1943年6月至1944年9月，原黑嫩江铁路冷川站南山林内日 军第四军道路部（即718部队）以“勤劳奉公队”“勤劳报国队”名义在各地抓来3 600名中国劳工，日本宪兵对他们严加监视，强制劳役，一年内死亡400多人。

1945年8月18日嫩江站内10名劳工被监禁在站内宿舍时，由于失火，将其中一男子烧死，数人受伤。

（5）侮辱妇女。

1941年6月，藤田未吉于嫩江街庆发旅馆强奸1人。

1943年，日本宪兵队防空帘用布丢失，7名妇女涉嫌被宪 兵拘捕，倍受凌辱并科以罚款。

1945年5月至8月15日，藤田未吉强奸嫩江墨尔根饭店在华苏侨娜加4次。6月，佐藤团长于嫩江街强奸妇女。

1945年8月17日，嫩江日本宪兵队长世城户哲郎于嫩江街康熙路的宪兵队宿舍将看守工作宿舍的一名中国妇女强奸。

（6）焚毁罪证。

据日本战犯藤田未吉供述：

1945年8月12日，伪嫩江警护团将一切的畤证据文件，在该团前的广场上挖坑全部烧掉。

1945年8月28日前后，在一四三部队内和日本居留民会某将防毒面及被服约两捆烧掉，隐藏了企图使用瓦斯的罪行。

1945年8月13日，嫩江宪兵分队长指挥军曹石田善作以下3人，对分队保管的文件及认为有罪行关系物品拿到分队的后院全部焚毁。

人口伤亡情况

1933年1月，日本侵略者侵占嫩江，沦陷时间13年，日本侵略者在县境内横征暴敛，烧杀抢掠，掠夺物资财富，全县人口伤亡严重。

在嫩江沦陷时期，日本侵略者对当地抗日义士和平民百姓的残害、屠杀从未停止过。

1932年12月12日，日本侵略军出动6架飞机，在县域上空投弹20多枚，炸死10人，炸伤6人。

1934年，在县城始设烟馆1处，可容纳百人，并内设单间10余个，每日 前往 吸毒者近300人。翌年，又增高烟馆1处，可容纳40多人，所需“大烟”由伪县公署供综合办。1937年伪县公署在保健股增设“鸦片零卖所”，吸毒者可申领“吸烟证”，每周售烟1次，按每日 1—4份量售给烟膏。1941年伪县公团保健股在城内新建砖房9间。自营烟馆，内设单间每日接待150多人，并向分散吸毒者发“烟票”570多份。

1935年秋，日军米山守备队，在县城西北门外残杀10名东北抗日联军战士。

1935年，籍贯嫩江县的抗联九团战士范芝清于瑷珲县大岭遭日军伪军杀害。

1936年，在康家窑一带，抗联某部与日伪军激战3小时后转移，1名战士被俘，1个月后被日本参事官中夏魁平杀害。

1936年，日军在县城东门外残杀7人。

1938年，原籍汤原县的抗联二十团团长徐国在嫩江遭日伪军杀害。

1940年2月4日，抗联三路军龙北指挥部指挥冯治纲在挺进嫩西开辟新的游击区中，于阿荣旗任家窝棚同日军战斗壮烈牺牲。

1940年4月，嫩江站1名男子被伤害；6月，鹤山站附近及站北方5公里处5名反日受日爱国者被日军射杀，嫩江爱国我却让我机关区7名男子被伤害；7月，1名男子被伤害；10月，2名男子被伤害；11月，1名男子被伤害。

1940年9月，嫩江宪兵队队长齐藤翌在嫩江县嫩江街杀害中国地下工作者1名。

1940年9月，弘田利光于嫩江逮捕漠河县人刘相，疑为苏谍，移送到731部队杀害。10月，于宁霍县逮捕住在呼玛县金山镇采金工人刘某，疑为苏谍，刑讯20多天，送齐齐哈尔投狱，没收20 000元伪币。殴打30人。

1940年3月15日至1941年5月，日军嫩江、讷河及霍龙门间的列车内和嫩江站内检查中，每年约500人，累计225 000人进行盘查，每天殴打数人。逮捕累计约1 250人，加以殴打拘留30分钟。同时在车站取缔中，将中国人男女累计2 250人逮捕，殴打拷问并拘留1至2小时。

1940年3月15日至1942年5月，日军在嫩江警掮 队里，对所逮捕的约50人殴打刑讯奴役监押。

1940年12月1日，抗联三路军三支队政委高禹民在阿荣旗鸡冠山与日伪军战斗中牺牲。

1941年4月，日交往以来在嫩江县城、伊拉哈、日军飞机场等地逮捕爱国群众150多人，均移送伪讷洒区法院，许多人被害，其余人员送往各地强制劳动。

1941年8月，嫩江县某宾馆内宪兵队长齐藤命令杀害抗日地下工作者1人。

1941年4月，某中国谍报人员被押送齐齐哈尔；6月，藤田未吉于嫩江街庆发旅馆强奸1人。7月，科洛村一男子、嫩江站内一男子和徐某被伤害；8月，在布西、甘南附近抗联支队除郭副官外8名战士被日军射杀。

1941年5月—1945年8月，日军酷使3 000劳工给日军金水、科洛、南门外、文学屯飞机场，以及欣里铁路工程和沿线军用建筑进行修建工程。每年天工作从早4点到晚9点，一天给二次少量食物，不给补报，对病人不给任何处置，将逃亡出来的100名以上劳工逮捕，进行殴打刑讯，交给建筑工程业者，将其虐杀。

1941年8月，原田左中与弘田利光在嫩江县墨尔根大路某旅馆逮捕受国地下工作者金士贵，拘押刑讯1个月后送石井部队杀害。

1941年9月20日，抗联第三路军第九支队参谋长郭铁坚率队在嫩江西岸莫力达瓦旗郭泥屯与敌人激战中牺牲。

1941年冬，日本侵略者在城内以抓“浮浪”为名抓捕大量劳工，在通往北部山区的路上一次冻死劳工60多人。

1941年，据弘田利光交代，共殴打50人（伤害）。

1942年1月，抗联三路军三支队与铃木“讨伐”队于塔源以上的库栖居河边交战，大队条徐宝和、副官司高帮华等66人牺牲，损失枪、马80左右。王明贵等带60余人突围，在头卡与井泽“讨伐”队交战又牺牲4人。

1942年2月前后，日本侵略军指挥报谓鄂伦春部队和完备队，在柏根里一带“围剿”东北抗日联军，身杀王明贵支队50多名抗联战士。

1942年2月，县内10人被伤害，1人被虐杀；李某被伤害、讷河县九龙村经他分手，被捕10余天。3月，齐某、朱某被伤害。5月，张某被伤害；杨某被伤害，被掠夺50枚道钉、罚款200元；伪嫩江满铁员宋香兰被跟踪1个月，因惊恐跳军而死。

1942年冬，日本侵略者在霍龙门一带修筑军用及民用设施时，中国劳工冻死100多人。

1943年1月,7人被伤害。3月，某男子被伤害，没收折页若干，掠夺200元1桌酒席。5月，张某等2男子被伤害，另有1人被投狱6个月。6月，机车司机某男和陈某等3人被投狱处置不明；功某、张亿佰投狱6个月；嫩江街周乙俊因受奴役自杀；某男子被投狱而死；老莱村某一爱国男子受伤害；一妇女被拷问。7月，蔡某及嫩江站国际运输工人5人被伤害。8月，二十里河某男子被伤害，掠夺猎枪1支。

1943年，嫩江宪兵分队逮捕刑讯92人，其中爱国者1人；殴打210人，其中妇女8人。

1943年冬，嫩江县日本宪兵队信空帘用布丢失，7名妇女涉嫌被宪兵拘捕，倍受凌辱并科以罚款。

1943年6月至1944年9月，原黑嫩铁路冷川站南山林内的日军第四军道路部，即718部队以“勤劳奉公队”“勤劳报国队”名义在各地抓来3 600余名中国劳工，日本宪兵对他们严加监视，强制劳役，一年内死亡400余人。

1944年1月中旬至3月，原田左中等奉分队长江岛治市之命监督黑河省嫩江县科洛关东军机场建筑工程中约1 500名劳工劳动。逮捕审讯3人，殴打约50人。

1944年2月，世城户哲郎在任嫩江宪兵分队长准尉时，将9人投狱。

1944年，嫩江宪兵分队逮捕刑讯62人，另将1名爱国者投狱。8月，嫩江军曹村上定担心我一定嫩江到瑷珲间道上逮捕抗日地下工作者李福林，刑讯企图反利用，在到北安途中逃跑。

1945年，嫩江日本宪兵分队逮捕刑讯103人，其中3名妇女；8月，命令逮捕嫩江飞机场奴役的300名中国工人中的8名，刑讯扣押2天至5天放回。

1945年5月至8月，藤田未吉强奸嫩江街墨尔根在华苏侨娜加4次。6月，佐藤团长于嫩江街强奸妇女1人。

1945年，嫩江县两村160名百姓被日本侵略者残害至死。

日伪时期有7名战士：左成杰、徐云龙、耿学孟、魏玉祥、祝洪喜、李洪德、李德贵，在抗日战争中负伤。

伪满时期，县城内被日本侵略者奴役致死的平民有90余人。

据不完全统计，嫩江县在抗战期间人口伤亡总数29 467人。直接人口伤亡6 463人，其中，死亡936人，受伤5 527人。间接人口伤亡23 004人，其中，被俘捕393人，灾民13 933人，劳工8 678人。

财产损失情况

（1）社会财产损失。

黄金。1938年，日本侵略者为积聚资金，垄断采金业，霸占矿区，各金厂改由采金社统一经营，在兴安金厂建行采鑫船进行机械化开采，年采金量在200公斤左右。1941年后，日本侵略者已捉襟见肘，忙于太平洋战争，遂将采金船 拆除运走，两年后各金厂均闭沟停采。按1 000公斤计算，合3 410 000元（伪国币）。

林业。1934年，伪嫩江县公署 假借“解决贫民生活”之名，向伪省公团提出采伐森林的请示并获得批准，开始颁发“入山经营许可证”。当年入山900多人，流送木排800多张（每张排由70—100根原木组成），沿嫩江河道流送到齐齐哈尔等地出售。按8 000根原木，1立方米/根计算，合2 906 400元（伪国币）。

1935年中东铁路林业局在县内设立嫩江森林事务所，专营林木采伐。每年采伐木材2万多立方米，均供日本侵略军调用。

税收。1934年，日本侵略者征收工商各税7 888.47元（伪国币）

1935年，日本侵略者征收工商各税10 995元（伪国币）。

人力资源。1934年，伪嫩江县公团开始颁发“入山经营许可证”，当年入山900多人。按900多人至少工作4个月120天计算，达108 000个劳动日，损失人力合167 400元（伪国币）。

1941年4月下旬，于嫩江站对由四平省附近威胁强近募集的数千中国人进行“输送警戒”，以铺设嫩江县霍龙门至黑河之间铁道。

1941年5月—1945年8月，日军酷使3 000劳工修筑金水、科洛、南门外、文学屯飞机场，以及铁里铁路工程和沿线军用建筑工程。

1942年10月，藤田未吉在嫩江街将2名中国人酷使一天，类似罪行有15次左右，累计30以上。

（2）居民财产损失。

耕地。1936年，日本侵略者为掠夺资源，巩固其殖民统治，建立各类“开拓团”，圈占熟地，大量开荒，强占、开垦土地近40万亩。

减产。日本侵略者建立各类“开拓团”，播种面积和产量一度上升较快。1935年，播种面积20万亩，总产1.7万吨；到1940年，播种面积增至46万亩，总产增至2.7万吨，达到最高点。

此后由于日伪残酷压榨，农民生计艰难，被近弃耕外流，播种面积和产量逐年下降。

枪支。1933年10月，伪嫩江县公署强行收缴民间武器。至1935年上半年，共收缴枪支1 100多支、子弹数万发。

房屋。1944年5月，日军在泥鳅站北方约十公里处，烧毁2间草房。

1944年1月至3月间，原田左中奉命在嫩江科洛强占2间房，强迫5名居民搬出。

综上所述，嫩江县日伪满洲国的社会财产和居民财产损失达24 529 513元。社会财产损失218 596 833元，其中：损失黄金

1 000公斤，合3 410 000元；林业28万米木材，合10 172 400元；税收18 883元；人力资源5 328 000劳动日，8 258 400元。居民财产损失2 669 830元，其中：掠夺耕地40万亩，合26.7万元；损失房屋220元，食品950元，鸦片400元，服饰240元，生产工具220元，生活用品1 100元。另损失枪支1 100元，子弹数万发。

结论

（1）自然资源遭破坏。

嫩江县处于黑龙江西北边远山区，日军入侵前，这里山清水秀，地广人稀，自然资源丰富。日本侵略军侵占嫩江后，圈占土地，毁林开荒，使洼地、森林等资源遭到严重破坏，至伪满洲国崩溃时，卧都河以南昌的松木被砍伐殆尽，县内的原始森林已不复存在。破坏了嫩江大地的天然屏障，生态环境恶化，野生动植物各类和数量大大减少，自然灾害的频率逐年增加。

（2）人民生活水平急剧下降。

伪满时期，日本侵略者奉行掠夺政策，建立“洋行”，倾销日货，垄断市场，强制推行“经济统制”“物资配给制”和限价政策，排挤民族工商业，阻碍了县内工商业的发展。1932年，伪国务院颁发《国地税划分纲要及其办理方法》，仅伪国税就分所得税、消费税、流通税计三大类29种。1941年，伪满政府实行第一次户口卡时增税，提高了卷烟税、家屋税、烟税、特别卖钱税、事业所得税、没脂图看热税率。1942年，实行第二次战时增税。新增清凉饮料税、酒税、交易税，改变劳动所得税，修改事业所得税率，恢复面粉、棉纱和水泥的统税。1943年，实行第三次战时增税，再次提高工商及地方税率，工商及其他税多达60余种。日伪巧立名目，肆意苛收敛财，几乎无业不捐、无事不捐，就连每家的鸡鸭、婚嫁时燃放的鞭炮都得交捐，百姓困苦不堪。

三、嫩江抗日斗争大事记

（1931年9月18日—1945年9月3日）

1931年

9月18日夜10点20分，日本关东军炸毁沈阳柳条湖附近南满铁路一小段路轨，拉开进攻东北军北大营“序幕”。几乎同时，日本关东军以猛烈炮火袭击东北军驻地北大营，发动蓄谋已久的侵华战争。史称九一八事变。

9月20日，中国共产党中央委员会发表《为日本帝国主义强占东三省宣言》。

9月21日，中共满洲省委作出《日本帝国主义武装占领满洲与目前党的紧急任务决议》。

10月，嫩江人民欢送东北军驻嫩部队开赴齐齐哈尔昂昂溪附近的嫩江江桥，参加江桥保卫战。

11月4—19日，黑龙江省代省主席、黑龙江省军事总指挥马占山率部举行江桥抗战。

12月，嫩江县成立联防游击队。

是年，嫩江各学校学生上街宣传抗日。

1932年

3月1日，伪东北行政委员会公布《建国宣言》，宣布成立“满洲国”。

3月5日，中共满洲省委发表宣言，反对伪满洲国成立。

4月，当时嫩江县还没有被日军占领，各种抗日力量在这里集聚，嫩江县成为东北军的强大后方。最典型的例子是马占山在嫩江扩军。1932年3月。困境中的马占山被伪满当局任命为军政部“总长”“黑龙江省省长”。但他没有屈从伪满统治，又重举抗日大旗，于4月5日率领部队由齐齐哈尔、讷河抵达嫩江，在这里整顿部队，扩充兵力。为了适应新形势，嫩江县机构名称由县行政公署改为县政府，行政长官改称县长。基层组织由原来保甲制度改为县城设镇、农村设乡的机构，建立乡公所，设置乡（镇）长、副乡（镇）长，居民以25户编为闾，设闾长；5户编为邻，设邻长。县长按省长马占山的“命令”，上下总动员，积极配合马占山部队募兵扩军。几天间，各募兵站接待参军青年出现了高潮，十几天扩充兵源4 000余人。战马也由嫩江大户支援，仅当时五家子村大蒋家支援战马达200余匹。东北军在嫩江组建一个骑兵团，定名为陆军步兵第二旅骑兵团，又称抗日补充团，归徐宝珍旅指挥。团长王进章，设4个连，这是由嫩江人组建的部队，开始驻防嫩江，参加了马占山在黑龙江抗战的历次战斗，多有牺牲。后来，少量人又跟随马占山与苏炳文等将领，退入苏联境内；另一些人跟随徐子鹤部转战拜泉、德都一带，坚持抗战。

6月12日，县政府独立组建的嫩江县游击队队员吴绥远等12人将不主张抗日的队长击毙，拉起50余人队伍，建立抗日救国义勇军，报号“东来好”，肩章标记为“灭日救国救民义勇军”，举旗抗日，并在嫩江两岸扩军。

6月17日，县游击队队长冯华珍接受马占山命令，组建抗日独立营。

7月15日，马占山部将张竞渡部3 000余人由讷河移驻嫩江，张任抗日义勇军总司令。

同日，驻嫩江的（嫩江、讷河、布西、甘南四县游击总指挥）徐子鹤组建义勇军；傅玉山（身份不详）组建抗日独立团。群起抗日。

9月15日，张竞渡部与徐子鹤部联合抗日，开赴拉哈前线。

12月12日，日本侵略者出动飞机6架，在嫩江城上空投弹20

多枚，炸死10人，炸伤6人。

1933年

1月下旬，日本侵略军占领嫩江。大部队扑向黑河，米山守备队留驻。

2月，在日本侵略军嫩江守备队长米山操纵下，伪嫩江县公署建立，原民国时期嫩江县长崔作智留任伪嫩江公署县长。

4月，日本参事官高井虎雄、中夏平魁到伪县公署就任。

9月，农村各区建立“自卫团”和“保公所”，再行保甲制。

10月，伪县公署开始强行收缴民间武器。至1935年上半年收缴枪支1 100多支，子弹数万发。

11月，日本侵略者占领嫩江后，嫩江人民群起抗日，10多只绿林武装转战在今嫩江（墨尔根）、前进、长福、科洛、塔溪、霍龙门、座虎滩、麦海等地，不断袭击日伪军，突出代表为“防贤”。

当月12日，报号“防贤”的绿林队伍有20多人，在柏根里村附近同日军作战，打响了嫩江本土抗战第一枪。当日军调兵遣将包抄“防贤”时，“防贤”队伍已经撤出战场，转移到现在的多宝山镇的嫩江岸边，同日本侵略者展开游击战，直到抗战最后胜利。

1934年

3月，瑷珲县视学范革人（嫩江县沭河人）等3人在黑河建立“通苏秘密小组”，为苏联远东军区司令部情报局收集情报。

夏，伪县公署建立“治安整肃委员会”，日本守备队长任主任，伪县长任副主任，专事镇压迫害反满抗日人士。

1935年

4月，日军在县内组织“讨伐”，出动149人，消耗子弹

37 659发，有一批抗日义勇军战士被捕。

秋，日本米山守备队将4月份“讨伐”中抓到的抗日联军战士10人在西北门外残杀。

冬，日本关东军136旅团进驻嫩江，在县城东门外设兵营，称东大营。

12月，伪县公署将全县编为5保、36甲、314牌。

1936年

5月，在康家窑一带，抗日义勇军与伪军激战3小时转移，一名战士被俘，一个月后被日本参事官中夏魁平杀害。

是年，日本侵略者开始在县内设置开拓团。

1931年“九一八”事变后，东北三省先后沦为殖民地，日本侵略者不仅在政治上血腥统治人民，在经济上也实行全面管制，逼迫百姓缴纳“出荷粮”，疯狂掠夺资源和财富，还从日本和朝鲜移民到中国东北建立开拓团。1936—1939年间，在嫩江境内日军设立了11个日本开拓团和18个朝鲜部落开拓团，设开拓团点28处，共有日本青年2 070人左右，朝鲜人3 000人左右，耕地50万亩。开拓团为军事预备役，一方面开垦土地，种植粮食作物，一方面进行军事训练，为关东军补充兵源，经常对周边中国老百姓袭扰、侵害。

1937年

7月，中共北满临时省委决定，开辟黑嫩平原抗日游击区。抗联六军军长戴洪滨率队西征。

7月，日本侵略军“满洲开拓青年义勇队”在伊拉哈附近设立“嫩江训练所”，至年底共训练由日本人组成的先遣班319人。

是年，日伪当局在铁路沿线设“警护团”“爱路村”，强化铁路治安。

是年，伪县警务科设立鸦片零售所，毒害民众。

1938年

春，日伪当局强制实行“坚壁清野”，设置集团部落，小屯并大屯，限制抗日武装力量活动。

5月1日，北满临时省委召开第七次常委会议，决定抗联三、六、九、十一军冲出敌人包围，向松嫩平原转移，坚持长期抗战。

11月，抗联六军五师十二团在政治部主任王钧率领下进入嫩江，纵横驰骋南北东西，袭击南奇岭（今长福镇云龙村）警察所、何家大泡子（今南空农场附近）自卫团，越过嫩江，直捣巴彦镇几处警察所。这是进入嫩江的第一支抗联部队。

是年，伪县公署开始强制实行“粮谷统制”。

1939年

3月下旬，张光迪、陈雷率领西北临时指挥部一支队进入嫩江境内，在松木山（塔溪境内松木砬子）被日伪军包围。一支队在两次遭遇战中损失严重。支队长张光迪负伤。部队撤出战斗，经过十五里湾、蔺家屯等村时，得到当地群众的掩护，派出马爬犁，送到黑河上马厂，退入苏联。这是进入嫩江境内的第二支抗联部队。

7月下旬，抗联六军第十二团在政治部主任王钧率领下，袭击嫩江一号飞机场，炸毁飞机7架，击毙飞行员及守备日军30余人，缴获大量物资。整个战斗过程是：先派遣侦察班长史化鹏以劳工身份潜入嫩江一号飞机场扩建工地，摸清敌情传递情报，做内应。十二团由当时讷河五区（今龙河镇）奔波百余公里，进入嫩江县科洛乡双泉村，傍晚部队向嫩江一号飞机场进发，兵分3路；一路在机场西侧公路旁设伏打援，以阻击日军136旅团增援；第二路埋伏在黑嫩公路边，以阻击东官地、科洛方面增援之敌；第三路分成4组袭击机场。整个战斗过程激烈、紧张、迅速，十二团无一人伤亡，是我军游击战中的精彩战例。

当年日本侵略者占领嫩江后，遂将嫩江作为空军基地。在嫩江境内，仅日本关东军修建的飞机场达13个，数量之多，为中国各县之最。这些机场是一号机场、二号机场、三号机场、西孟庄机场、太平机场（今海江镇太平村西南）、城南机场（今城南2公里左右）、前何家机场（今前进镇永胜村北）、前永安机场（今前进镇保胜村一带）、柏根里机场（今嫩北农场场部东）、东一号机场（今联兴乡东宁村）、科洛机场（今山河农场六分场场部附近）、沐河机场（沐河村南山）、霍龙门机场。其中东一号、科洛、沐河、霍龙门4个机场没有完全投入使用。

日本关东军为适应空运、空战和“北上”作战需要，从1936年起，在嫩江修建飞机场。一、二、三号机场通常又叫嫩江一号机场、嫩江二号机场、嫩江三号机场，分布在东起贲家岗屯，西至闫家屯一带，即今天海江镇的海江村至红星村一带，占地几百晌。一号机场为环形跑道。任何风向都可以起飞，为当时亚洲最大机场。起落以战斗机为主，常有运输机和轰炸机入场。日本关东军在蒙古边境诺门罕战斗中被苏联红军击败后，那里地处沙漠，运输困难，日本守军需要的饮用水、物资等均由嫩江一号机场空运。机场当时建有修理间达10余栋房、钢筋混凝土飞机堡（即飞机库）数十座，设有管理水、电、气象等机构。

奇袭嫩江一号机场，给日本侵略者以沉重打击，使嫩江一号机场彻底瘫痪，失去战斗力。

8月，中共讷河中心县委成立，领导讷河、嫩江、克山、甘南、布西等县旗的抗日斗争。翌年11月被日伪当局破坏、停止活动。

8月，抗联六军十二团在政治部主任王钧率领下，在杜甲长村（今九三农管局尖山农场六、七队）击退伪军“讨伐”队尾追袭击，缴获“三八”式步枪32支、子弹2 500发。

9月，抗联六军十二团在唐大火梨屯（今九三农管局荣军农场二、三队）设伏击毙日军30余人，俘虏伪军警察60余人，缴获机枪3挺、步枪82支、子弹1 500发。

是年，嫩江县伪警察分队长程震翔率部起义，投向东北抗日联军。

1940年

3月，伪军独立旅石兰斌部调到嫩江至塔溪沿线驻扎，准备随时“围剿”东北抗日联军。

4月，日本侵略军驻嫩江宪兵分遣队扩编为分队。

5月5日，王明贵率抗联三路军三支队袭击沐河森林警察署，俘敌45人及大批弹药、物资等。5月5日深夜抗联3支队在支队长王明贵率领下攻打沐河森警大队，未放一枪，未投一弹，突然袭击，取得全胜。这次战斗，三支队投入兵力70余人，俘虏伪警45人，缴获机枪一挺、步枪40支、手枪5支、子弹5 000发，若干粮食。第二天，三支队安全转移，撤回朝阳山地区。在撤离之前，召开了群众大会。在会上宣传了党的抗日救国政策，动员群众支援抗联部队，为争取全民抗战的胜利做贡献。45名伪警当场释放，要他们不要忘了自己是中国人。

5月21日，王明贵率抗联三路军三支队深夜袭击四站（今塔溪乡兴驿村）南大营伪军混成旅、自卫团和警察署，至第二天清晨，战斗结束，除毙、伤俘敌40余人；缴获步枪27支、手枪8支、缴获一批弹药，两匹战马，彻底打垮了塔溪警察署，瓦解了自卫团，使驻南大营伪军一个连丧失了战斗力。

6月7日，抗联三支队袭击大椅山日本“满拓青年训练所”，俘虏日本工头3人，解散劳工167人。

同月，抗联三支队在科洛袭击日本护路武装队。

7月14日，抗联三支队分别袭击双泉警察所、科洛警察所，俘日本警察官4人，缴获20余支步枪和一批弹药、粮食。

10月30日（有资料记载为10月13日），抗联三支队夜袭霍龙门车站，大获全胜。当年日本侵占嫩江时，霍龙门是日军物资储备基地。日伪当局为了殖民统治的需要和掠夺资源的需要，以霍龙门为中转站或起点，1936年修建嫩黑铁路和霍欧铁路。嫩黑铁路起点是嫩江站，终点是爱辉县神武屯、中间经华丰、柏根里、泥鳅、窝窝、霍龙门（今霍龙门乡北岗村）、花园、金水等13站，1941年全线通车。1940年是修建阶段，也是工程高潮期。嫩黑铁路、霍欧铁路投入几千人施工队伍。工程需要大量工程物资和工人需要的大量生活物资都集中在霍龙门车站仓储、中转。为此，东北抗联三支队决定袭击霍龙门火车站，为解决部队越冬装备和补充给养。部队由今五大连池市朝阳山出发长途奔袭500余里直插霍龙门，10月30日支队长王明贵率先头部队行至距霍龙门10公里处，遇一烧炭老汉，便停下来了解情况，烧炭老汉原住佳木斯地区，对抗日联军早有认识，便如实告知霍龙门敌情：常驻日军三四十人，有时县城日军来此，可达百人，伪满洲国军有七八十人，霍龙门车站守备日军仅十余人。为了解霍龙门确切情况，王明贵恳请老人前去探察；老人欣然前往，太阳尚未落山时已从霍龙门返回，查明从县城来的四五十名日军已经离开，该地只有常驻武装力量，部队迅速出发，行至霍龙门（今霍龙门乡霍龙门沟村北岗屯）附近的山中隐蔽休息。入夜后，部队迅速包围了日本驻军营地和火车站，兵营里的日军向外冲了几次，都被打了回去。火车站内的日军和伪军抵抗一阵后，看到抗联部队已冲到大门口，料难固守，便仓皇逃窜，有的被击毙、有的被俘获，战斗历时90分钟。三支队控制了霍龙门车站，打开日军仓库，每名战士都换上日军装备，补充马匹和弹药，用马车装运一车战利品，剩余物资分给了当地群众，房屋、设施和带不走的物资全部烧毁。此次作战三支队投入兵力80人，俘敌80余人，缴获枪支122支，马80匹，弹药千余发，伪国币7 000元及粮食，被服等物资若干。

11月，抗联三支队攻打偏脸子车站、西施阁金矿（今联兴乡兴革村）皆获全胜。

是年，日为强制推行“粮谷出荷”。

1941年

1月2日，抗联三路军三支队在嫩江四站召开党委会议，决定进入苏联进行短期整训。

4月初，抗联三支队61人从苏联返回东北。

6月，日伪当局在县城、伊拉哈、飞机场等处逮捕150余人。

6月23日，抗联三支队攻打罕达气金矿，缴获步枪60支、手枪13支、子弹1.5万发、伪币1万元、马7匹、黄金若干及白面、服装等物资。

7月29日，抗联三支队在八站、腰站袭击日伪国境警察部队。

7月末，抗联三支队破坏嫩江沿岸“满鲜木业”4号、5号作业区，缴获大批粮食、食盐。

是年，伪军混成十五旅移驻嫩江。

1942年

2月，日伪军大“讨伐”，在柏根里一带杀害50多名抗日志士。

1943年

冬，日本宪兵队防空帘用布丢失，7名妇女涉嫌被日本宪兵队拘捕，备受凌辱并处以罚款。

1944年

伪县公署强制推行“战时征税”。伪军步兵十八团进驻四站。

1945年

8月9日，苏军分三路进军我国东北。

8月12日，苏联红军第15集团军和独立第5步兵军从黑河进入嫩江，将日本驻嫩江守备部队击溃，嫩江从此解放。抗联老战士夏凤林等3人随军进入嫩江建立中共东北委员会支部。随后建立人民自治军。

9月3日，日本政府签订投降书。世界反法西斯国家确定本日为反法西斯战争最后胜利日。中国人民的伟大抗日战争胜利结束。

抗日时期“嫩江三杰”

嫩江在抗战时期有过“嫩江三杰”之说，吴永海是其中之一。吴永海，嫩江西北关人，1906年出生。17岁考入奉天东北讲武学堂，毕业后在马占山麾下任排、连、营长，曾在苏炳文的黑龙江省东北民众抗日救国军中任职，带领士兵与日军殊死斗争。对日最后一站是当时著名的“海满抗战”，即海拉尔、满洲里一线斗争。救国军队从富拉尔基沿江退打到朱家坎，再退打到碾子山，同日本关东军司令武藤信义指挥的14师团等多支部队进行了长达两个多小时的顽强斗争。海满抗战是东北抗战中最具规模的战役。救国军由3万余人打到只剩2 000余人。战斗十分惨烈、悲壮。最后在弹尽粮绝，又无外援的形势下，经海拉尔、满洲里退到苏联境内。吴永海是2 000余人中的一员，是枪林弹雨打出来的抗日英雄。

在苏联，吴永海等东北军曾和抗联一起接受苏联红军的训练。当他们和一部分抗联战士经苏联返回新疆，途经莫斯科时，受命参加苏军阅兵式，接受斯大林的检阅。中国抗日部队组成3个抗日方队。吴永海当时已升为上校，被委任为第一方队领队。苏联新闻电影记录了这段阅兵式，给中国人吴永海几个特写镜头。吴永海也因此在东北军中名声大振。

东北军入新疆以后，新疆军阀盛世才是东北人，很重视吴永海，先授予他上校军衔，后授少将军衔，担任新疆军官学校炮兵系主任兼机械化炮兵团长。机械化旅的旅长为中将盛世琪，是盛世才亲弟弟，左右着新疆局势。吴永海随机械化旅曾参加乡尼泉、达坂城、保卫迪化等重大战役，被公认为出色指挥员。在庆功会上，获一等功勋章。但他和盛世琪思想都倾向于共产党，重大事情都要向陈潭秋、林基路、毛泽民等人汇报，因此被盛世才制造的“崔荣昌学兵连案”牵连逮捕。盛世才掀起反共高潮。陈潭秋、林基路、毛泽民均被处死。吴永海也含冤在第二监狱中被勒死。死前对子女讲：恨未马革裹尸抗日死，留作今日冤屈狱中羞。嘱咐子女回嫩江看望父老乡亲，把最后对家乡的问候带回嫩江。

抗战时的“嫩江三杰”之二是陈治源，又名陈悦周。1907年11月22日生。1931年曾任富锦县警察局局长，期间正是日本侵略者发动“九一八”事变前后，富锦县又让陈组建骑兵队任队长。“九一八”事变后，他以骑兵队为基础，组建义勇军，拉起队伍抗击日本侵略军。部队曾发展到5 000余人，多次同日军作战。县长任总指挥、陈任副总指挥。总指挥在一次战斗中负伤。陈悦周指挥部队击退日军进攻后，率部队护送总指挥越境进入苏联。随后，按照苏联政府意见，被送到新疆。

陈悦周在新疆曾任新疆边防督办公署中校副官、上校科长和上校处长，他也因为思想进步被盛世才以“崔荣昌学兵连案”残害在狱中。和他同时牺牲的还有嫩江西北关人崔志澄。崔是东北军营职军官，牺牲前任库车县县长。学兵案领头人崔荣昌也是东北军转战白山黑水的军官。

抗战时期的“嫩江三杰”之三为：范革人，原名范文魁，塔溪乡沭河人，典型的嫩江驿站人，简称站上人。1935年3月加入苏联远东情报局之前，是嫩江县十分活跃的热血青年。

范革人曾就读于黑龙江省第一师范和北平大学法律系。学生时代，立志以一腔热血“唤起民众，改造国家”，积极参加罢课、示威等活动。喜欢读书，喜欢读进步书刊，对中国共产党领导的井冈山斗争尤其关注。“九一八”事变以后，尤其关注形势的变化和国家命运的变化。当马占山1932年4月再举抗日大旗，在嫩江县组建陆军步兵第二旅骑兵补充团（即抗日补充团）的消息传出以后，他毅然返回嫩江，参加补充团，从军抗日。后来他发现第二旅旅长江桥抗战的英雄徐宝珍准备投降日军时，毅然离开部队，另外寻找抗日之路。

1934年3月，范革人从黑河越境进入苏联，和苏联远东情报局接上联系，开始了职业间谍生涯，成为当年苏联远东情报局著名谍报人员，为苏联红军进入黑龙江，解放东北做出了突出贡献。

四、日本侵华遗址

嫩江县列入日本侵华遗址普查对象20处：火车站日伪时期火车库、火车站日伪时期侵华日军军营、火车站日伪时期侵华日军俱乐部、火车站侵华日军宪兵指挥部、火车站日伪时期水台子、立新社区日伪时期火车站建筑、长福日伪时期侵华日军碉堡、科洛河大桥、山河农场日伪时期侵华日军军事建筑、柏根里日伪时期侵华日军火车站旧址、永胜日伪时期侵华日军飞机场、永胜日伪时期侵华日军飞机包群、西孟日伪时期侵华日军飞机包群、红星侵华日军飞机堡群、北方村日伪时期石料加工点、泥鳅村日伪时期侵华日军山洞、小农场村日伪时期侵华日军山洞、伊克特日伪时期侵华日军山洞、建边日伪时期侵华日军山洞、曙光日伪时期侵华日军弹药库，分布在嫩江镇、长福镇、科洛镇、前进镇、海江镇、多宝山镇、联兴乡、霍龙门乡8个乡镇，其中保存现状较好、一般的10处、保存现状较差、差的8处；建筑占地面积10万平方米以上2处，10万平方米至1万平方米1处，1万平方米至1 000平方米1处，1 000平方米以下16处；形成时间均在1919年5月至1949年10月间，地处北纬49°04′29.9″至49°59′59.6″、东经125°14′52.4″至125°47′19.4″之间。

火车站日伪时期火车库

火车站日伪时期火车库位于嫩江火车站北200处，为红砖结构，南北长50米，东西宽15米，南北两侧均有两门，门为铁质，各两扇，该建筑内可容纳火车头，内有一木制楼梯可上建筑顶部，顶部四周均有机枪眼。现建筑原四达冷饮租用并改造过，现有个人在此租用，做废品生意，院内废品堆积成山。此建筑对研究侵华日军在嫩江地区的历史有极为重要的作用。

火车站侵华日军军营

火车站日伪时期侵华日军军营位于黑龙江省黑河市嫩江县县城火车站北军民路立交桥下北10米处。东临站前大街，南临军民路，北西为铁路家属房相连，该建筑为8间红砖水泥瓦房，南北15米，东西50米，红砖外墙涂有黄油漆，现有5户住家，分西门、东门、北门进出，该房现有70多年的历史，现住户介绍说，这里原为日本兵营，现房屋内部都经过改建，该建筑对研究侵华日军在嫩江地区驻兵情况有的价值。

火车站日伪时期侵华日军俱乐部

火车站日伪时期侵华日军俱乐部位于黑龙江省黑河市嫩江

县嫩江镇军民社区内火车站北立交桥下北10米处，东临站前大街，北临军民路，东与北均为铁路家属房，此建筑为左右对称的6间房，现有住家5户，门均为北开，东西25米，南北14米，房顶为6个高2米的红砖烟筒，房盖为水泥瓦，墙体均粉刷为黄色，房前有一小院。据住户讲，该建筑原为日本俱乐部，内住有日军军妓。

火车站侵华日军宪兵指挥部

火车站侵华日军宪兵指挥部位于黑龙江省黑河市嫩江县县城内立交桥北30米处。属日伪时期建筑，为红砖水泥结构，现为铁路家属房，此楼为地上两层，地下一层，楼梯大门两侧为面积大约相同的对称格局，指挥部大门宽2米，高2.5米，木质门，进深为6米，门入口地面是马赛克，大门进身右边墙周围为老式瓷砖，保存较好，大门左侧瓷砖部分已损坏，一楼北部有3个环行水泥台阶直接上二楼，二楼房高3米，有灰棚，白灰粉刷屋顶，一、二楼现已改为铁路职工居住，据楼内住户范永春介绍室内均有一同地上面积相等的地下室，有多处地下通道通原车站、东大营、火车库等地方。一楼东侧有禁闭室两间，2楼有会议室一间，屋内门上均有猫眼。楼外正中有一旗杆，此日伪建筑以前住过上海知青，后归铁路，铁路分给职工居住至今。

火车站日伪时期水台子

火车站日伪时期水台子遗址位于黑龙江省黑河市嫩江县内火车站机务段内。水台子现存有3个，为水泥结构，高出地面50厘米，两个为圆柱形，一个为长方形，圆形水台子直径为120厘米，长方形长为2米，宽为1米，上有一略小的圆形盖子将其盖上，依次排开，每个间距10米，现存有3个，其中有一个为连体与其他两个有所不同。据铁路职工介绍该水台建于日伪时期，是专为火车加水所建，在其周围还有其他设施都已拆除，现仅剩3个水台子。水台子距铁路线1.5米，这样的距离是为给来去火车加水方便。该水台子对研究日伪时期火车站建筑构造有一定的价值。

立新社区日伪时期火车站建筑

立新社区日伪时期火车站建筑位于黑龙江省黑河市嫩江县嫩江镇立新社区火车站机务段内，南距铁路线5米，建筑东为民房，建筑为红砖水泥结构，房盖为砖瓦，南部已破损，建筑门北开，西侧有4个窗户，每个窗户有两扇，现都已没有玻璃，建筑南为一桶形物，高出主体建筑，下部为砖砌，上部为水泥抹面，铁皮盖。西面有枪烟。建筑总面积约为75平方米，四周长满杂草，建筑内无其他设施，废弃很久，在2003年曾用该建筑拍过电影。

长福日伪时期侵华日军碉堡

长福日伪时期侵华日军碉堡位于黑龙江省黑河市嫩江县长福镇中合村北，北距嫩黑公路8公里处约2公里的土地中，共6个，其有完整2个，4个只剩底座，每个相距约100米，该建筑为钢筋水泥结构，呈倒陀螺形，门南开，顶部及东西两侧各有一个通气口，内部无其他设施，墙体较厚，约50厘米，碉堡内常年积水，碉堡直径9米。四周为耕地，北侧有一条偏东西走向的土道。该建筑具体用途不详，待考证。

科洛河大桥

科洛河大桥位于黑龙江省黑河市嫩江县科洛镇科洛村东南200米处，是1934年所建，重力式墩台型钢筋混凝土结构，为县内最早的永久性公路大桥，使用至今；解放战争期间，因战争破坏和年久失修，桥涵坍塌，坑槽连片，春季翻浆，夏季泥泞，甚为难行；1951年，县人民政府动员大批民工进行整修，路况有所好转。科洛河大桥由8个桥墩所支撑，桥墩下部用铁板围成，桥由水泥钢筋灌注，大桥为偏东西走向，下面为东北走向的科洛河，大桥两侧为水泥栏杆，桥面宽5米，全长171米，桥墩高5.1米，桥墩间距10米，南北宽6.9米。据当地老人说是日伪时期修建的，所以也叫康德桥。

山河农场侵华日军军事建筑

山河农场日伪时期侵华日军军事建筑分别位于黑龙江省黑河市嫩江县境内九三管理局山河农场五分场北20米处（建筑一）、东200米处（建筑二）、南100米处（建筑三）。建筑一位于土地中为东西向排列，门南开，为砖混结构，呈圆形。每个间距70米，顶部中间有通风口，半径3.7米，四周均为耕地，内淤泥堆积，具体存放物品不详。建筑二位于土地中，门东开，杂草将门口大部分掩盖，远距离很难发现门址所在，建筑为砖混结构，呈圆形。每个间距70米，顶部中间有通风口，半径3.7米。四周均为耕地，北为农场果园，内淤泥堆积，具体存放物品不详。建筑三为圆形钢筋水泥灌注，内部高2.2米，中间有一通风口，上面是土堆，建筑上杂草丛生，四周为耕地，洞口宽1.8米，门口朝东开，北侧100米有一趟杨树林，西侧200米有一条南北走向土道，两建筑之间间距200米。

永胜日伪时期侵华日军飞机场

永胜日伪时期侵华日军飞机场位于黑龙江省黑河市嫩江县前进镇永胜村北，与村屯紧相毗邻，建于1947年，属日本侵华军事机场，跑道为水泥结构，周围未见附设建筑，机场大体成长方形，南北长，东西窄。长为1 000米，宽约为100米，机场跑道因不同程度遭到破坏，起始部分很难辨别，在机场上连接一条通村路，该机场跑道西南角有一工厂，工厂厂房建在跑道上，跑道南为永胜村民房，东西北三面为耕地，种植作物为黄豆，秋收后，当地村民用其晾晒粮食。

永胜侵华日军飞机堡群

永胜日伪时期侵华日军飞机堡群位于前进镇永胜村西1.5公里一山西北坡，共有9个机堡，以山为掩体，依山顺序建筑，部分机堡已有不同程度的损毁，结构为钢筋水泥结构，飞机堡呈半圆形，内部无设施，有通风口,墙厚0.5米，飞机包大门宽18.5米，高约5米，整体长28米，内径19.7米,在飞机堡周围未发现跑道，此飞机堡距永胜日伪时期飞机场约两公里，两者间应有一定关系。据当地村民介绍说，原机堡都有跑道，叫村民铲除种地了。

西孟侵华日军飞机堡群

西孟侵华日军飞机堡群位于海江镇东风村西北约2华里，该建筑群由9个飞机堡和9个相同的附属设施组成，机堡与附属设施间距为20米，飞机堡由南起向北成半圆形排列，建筑均为钢筋水泥结构，西侧有6个飞机堡东侧有3个，飞机堡间原为跑道，现已辟为耕地，一条南北向土路将机堡群分为东西两侧。飞机堡墙体分布有3个通风口，墙厚50厘米，飞机堡大门宽18.5米，高约5米，整体长28米，内径19.7米，附属设施长8.7米，门高1米，门宽1.14米。飞机堡路西为北开，路东为南开门，每个可容纳一架战斗机，附设建筑可能是存放配件和油料的。据当地村民介绍原周围都有跑道，后由于土地耕种都已铲除。此机堡群对研究侵华日军在该地的军事情况有一定的价值。

红星侵华日军飞机堡群

红星侵华日军飞机堡群位于黑龙江省黑河市嫩江县海江镇红星村东北100米处，该机堡群由14个大小不同，形状两样的机堡组成，该机堡群，残损机堡较多，部分就剩建筑底部，机堡均由钢筋水泥构筑，墙体较后，该机堡群由北像南排列，门开方向东西南北都有，机堡都坐落在耕地中，在耕地中有一条南北向土道，将飞机堡分为东西两侧。在机堡周围未见跑道，在机堡群东即是现东航中心，原为日伪时期一号机场所在。两者间应有一定的关联，需进一步调查研究。

北方村日伪时期石料加工点

北方日伪时期石料厂位于黑龙江省黑河市嫩江县卧都河乡北方村北约2公里处，西临卧都河，东南北树木杂草丛生，中间有一条南北走向的土路，石料厂成三角形，主工作区为圆形，地表散落大量的碎石，有一成品磨盘，直径1.7米，厚0.32米，有大部分半成品和石料，东南有一座采石山。该遗址据当地居民介绍说，在此加工的磨盘都是提供给侵华日军的。

柏根里日伪时期火车站旧址

柏根里日伪时期火车站旧址位于黑龙江省黑河市嫩江县联兴乡境内嫩北农场现柏根里车站北约30米，遗址四周树木环绕，杂草丛生，现遗留原火车站水泥地基，呈长方形，高为50厘米，地基长16米，宽8.5米。无其他建筑设施。据车站工作人员介绍，该车站解放后拆除，在其南建现在的火车站；几年前，日本人来看过此车站，还用该车站拍摄了电影片段背景。

泥鳅村日伪时期侵华日军山洞

泥鳅村日伪时期侵华日军山洞位于霍龙门乡西北1公里南山半山腰上，该山洞洞口朝南，前面是耕地，东西树木丛生，西侧200米处有一条南北走向的铁路线，铁路西侧有一条小河，洞内有大量积水，还有烧火的木材，在洞内壁上有放灯处，洞高3米，宽2米。据该村村民描述山洞大约30米深，常年积水，该山洞对研究嫩江作为侵华日军后方贮备物质基地有着重要意义。

小农场村日伪时期侵华日军山洞

小农场村山洞位于黑龙江省黑河市嫩江县霍龙门乡小农场村西200米山东坡。山洞洞口较窄，仅容一人进出，洞口朝上开，据当地村民向导介绍说，曾有人用绳子下去过。山洞所在位置比较陡峭，很难行走，山洞山下前方不远处即为伊克特河，该山洞洞口很难发现，只有上山才能找到。当地老人讲，该山洞当时日军未挖完就不挖了，不知道什么原因，现洞内面积约10平方米。该山洞对研究当时日军在该地活动情况有一定作用。

伊克特日伪时期侵华日军山洞

伊克特日伪时期山洞位于黑龙江省黑河市嫩江县霍龙门乡伊克特村西南300米一山东坡。山洞洞口在半山腰处，洞口已被碎石所封，据当地原老支书介绍说，该洞口是日本兵撤退时自己炸的，曾有村民去挖，后害怕里面可以存放危险品就回来了，另在山下有一土坑。老人家介绍说那是当时日本兵要在那里建哨所，后来就撤退了，他介绍说在夏季离很远就可以通过山上所长草就可知道洞口位置，因为洞口处所长草呈圆形，有些像八卦。现洞口下长满树木，山下为一条公路。据调查走防该山洞内宽3米，贯穿整个山，面积约150平方米。

建边日伪时期侵华日军山洞

建边日伪时期侵华日军山洞位于黑龙江省黑河市嫩江县嫩多公路101公里处一北山西侧。洞口西开，四周树木杂草丛生，三面环山，洞口前有一条人工开的小道，洞口宽2米，高2米，洞口内3米处有碎石堆积，经走访当地老户，听其反映说，该山洞约有100米深，山洞南150米为嫩多公路，该山洞位于两山夹空北山西侧，较隐蔽，很难发现，在通往洞口道下方，有用木桩铁丝围成的栅栏。

曙光侵华日军弹药库

曙光日伪时期侵华日军弹药库位于黑龙江省黑河市嫩江县海江镇曙光村合胜屯南500米处，该弹药库修建于1939年，当时，侵华日军从天津、山东等地强征1 000余劳工，用近3年时间修建完成，共修建12个弹药库，全部为钢筋混凝土结构，是当时伪黑龙江省最大军火库之一。

五、革命遗址

嫩江县列入革命遗址普查对象10处：烈士陵园，科洛烈士墓，王长福烈士纪念碑，张海江、张海涛、季清山烈士纪念牌卧，都河战绩纪念碑，霍龙门战绩纪念碑，塔溪战绩纪念碑，奇袭一号飞机场战迹地遗址，霍龙门大捷战迹地遗址，夜袭塔溪南大营战迹地遗址；分布在嫩江镇、长福镇、科洛镇、海江镇、多宝山镇、霍龙门乡、塔溪乡7个乡镇，其中历史事件及人物活动纪念地3处，纪念设施6处，烈士墓1处；保存现状好的1处，保存现状较好、一般的6处，保存现状较差、差的3处；建筑占地面积10万平方米以上1处，10万平方米至1万平方米1处，1万平方米至1 000平方米1处，1 000平方米以下7处；形成时间在1919年5月至1949年10月间的3处，在1949年10月至1999年12月间的5处，2000年1月至现在2处；地处北纬49°09′27.9″至50°30′51.8″、东经125°13′01.5″至126°14′52.4″之间。

烈士陵园

烈士陵园修建于1950年，原址在县城西殡仪馆附近，后于1972年迁址于嫩江镇嫩水社区居委会沿江街北50米，江南50米处，东为县武装部；最初安葬176名烈士，多为抗美援朝、解放战争、剿匪、执行军事任务中牺牲追认者，原址主墓地占地800平方米，结构为砖构大碑，水泥构小碑及栱墓。现陵园2007年6月进行修缮，7月27日完工；陵园长240米，宽150米，陵园门东开；陵园入口处有铜制烈士塑像，底座边长1.51米，主像高47厘米；主墓地占地1 500平方米，结构大理石、花岗石、汉白玉、青石建成，178名烈士遗骨入土深葬。陵园由引道、对狮、月亮广场、白桦马鞍、九级踏步、烈士塑像、十字甬道、忠骨墙、太阳广场、黄花池组成。内种植几百株松柏，绿篱围之，花草成片。

2007年6月，烈士陵园被黑河市委、市政府命名为黑河市爱国主义教育基地、国防教育基地；该烈士陵园每年清明节都是中小学、机关单位开展爱国主义教育的重要场所。

王长福烈士纪念碑

王长福烈士纪念碑位于嫩江县长福镇长庆村北200米，长福公园内，该纪念碑坐北朝南，南为长福镇所在，西距111高速公路1华里，纪念碑为一岗地南坡，为青松所环绕。纪念碑为砖混结构，碑身贴瓷砖，年久失修已破损。墓底座宽2.67米，长4.13米，墓穴下为长方形，上为半圆形，高1.54米。墓院宽8.4米，墙高0.88米，门高1米，碑到墓间距2.3米。该纪念碑是为纪念烈士王长福所建，现长福镇镇名就是为纪念烈士所命名。

王长福（1919—1947年），黑龙江省嫩江县长福镇长庆村（原名陈屯）人，出身于贫苦农民家庭。嫩江解放初期，反动势力猖獗一时，有些人对形势认识不清，处于怀疑、观望之中。他从中国共产党的主张和军政人员的模范行动上看到了希望，坚信中国共产党是人民的救星，主动说服同村群众跟着共产党走。1946年，他第一批参加了农会，投身于土地改革，是年8月秘密加入中国共产党。1947年2月，作为农村积极分子参加了县工委举办的首批土地改革训练班，回村后担任农会主任。任职期间，他意志坚定，宁折不弯，带领贫苦农民闹翻身，被群众称为“穷人的贴心人”。1947年10月12日，随前官区政委巫文质追剿“光复军”杨化泉残部，在双龙泉战斗中不幸牺牲，年仅29岁。为缅怀烈士，在前官区驻地举行追悼大会，其遗体安葬在陈屯村北；1948年末建立村政权时将陈屯命名为“长福村”，1956年撤区设乡后一直以烈士名字为公社和乡、镇名称。（《嫩江县志》739页）

科洛革命烈士墓

科洛革命烈士墓位于黑龙江省黑河嫩江县科洛镇科洛村黑嫩公路45公里处北侧150米一山岗地南坡，距科洛镇约2公里，东西北三面有10余株松树耸立，墓地有纪念碑，20个砖混结构的墓穴。碑身正面书“革命烈士永垂不朽”字样，背面有铭文。墓穴2大18小，并排排列，墓地由铁柱、铁链围之。科洛革命烈士墓及纪念碑修建于2000年，这里安葬着1946年12月7日在石头沟与土匪作战英勇牺牲的东北民主联军某部二团四连骑兵连长孙振怀、排长张质文等20位烈士。

1946年12月7日，由黑河剿匪回来的一个骑兵排走到石头沟子村，遇到土匪刘山东子集团，经过一场激烈的战斗，骑兵排全部壮烈牺牲。土匪在石头沟子村进行惨无人道的奸淫、烧杀、为非作歹、为所欲为，把全村人民的财产抢光。这时，县委派东北民主联军某部二团四连骑兵连长孙振怀、排长张质文率一个连的兵力前来增援，当天夜里战斗打响了。枪声、喊杀声响成一片，整个山村变成了火海，战斗一直到天亮，土匪发现我军人少，又进行了疯狂的反击，我军退到公路北的草房里继续坚持战斗，这时地主分子刘显胜私通土匪，将房子烧着，我军战士全部壮烈牺牲。

张海江、张海涛、季清山烈士纪念碑

张海江、张海涛、季清山烈士纪念碑位于黑龙江省黑河市嫩江县海江镇海江粮库西北2公里处，中共海江镇委员会、海江镇人民政府于2001年8月30日立。碑身为砖混结构，镶有白色瓷砖，北侧和西侧院墙残损，院内为一整体，分3个墓，东为张海涛，中间为张海江，西为季清山，院内为水泥地面，墓院北侧有一排杨树林，东西南为耕地，碑南有一南北走向土路，碑座旁杂草丛生，南300米为嫩多公路。墓院内墓穴宽2.5米，长4.2米，高

1.13米，每个墓穴间距0.2米。墓院门南开，宽1.93米，院墙边长7.2米，纪念碑底宽1.1米，长1.55米，碑身宽0.70米，长1.18米。海江镇就是为了纪念烈士所命名的。

张海江（1910—1946年），吉林省辽源市人。出身贫苦农民家庭，为人刚正侠义，很受乡里敬重。日本侵略者侵占东北后，于1932年被强迫征入伪满“国军”，但不愿入关作战镇压同胞，受到查办，不久重返家乡为民。乡里荐举他担任“民团”团长，被断然拒绝，公开表示决不给财主当看家护院的奴才，为此，受到土豪劣绅的迫害，只好背井离乡，迁居嫩江县华丰区四季屯（今海江镇海江村）。嫩江县解放后，于1946年第一批加入农会，当选为四季屯农会主任，是年被秘密接收为中国共产党党员。是时，地主阶级势力较强，“光复军”活动猖獗，政治斗争十分复杂激烈。遵照中共县、区两级工委的指示，他发动和依靠贫农雇农，在村里开展轰轰烈烈的清算分地斗争，首先“斗争”坏分子李汉儒，继而清算了汉奸吕焕章（人称“吕剥皮”），为全屯60余户无地少地的农民分配土地261.3垧、粮食百余石、牲畜80多头、房屋38间。反动势力不甘心失败，策划了杀害张的阴谋。1946年8月12日，买通混进村领导核心的副村长张青山做内应，将正在开会的张海江、纪青山、张海涛掠至巨贤屯（今海江镇集贤村），张海江受尽酷刑，宁死不屈；翌日，惨遭枪杀，终年36岁。是年9月3日，中共嫩江县工委、县政府在四季屯举行追悼大会，全县各界纷纷敬献花圈、挽联和挽诗，深切悼念这位视死如归的钢铁战士。为缅怀烈士，在四季屯修建了烈士陵墓，1948年建立基层政权时，将四季屯命名为“海江村”，1956年撤区建乡后，海江村所在的乡、公社和镇均以烈士名字命名。（《嫩江县志》738页）

奇袭一号飞机场战迹地遗址

奇袭一号飞机场战迹地遗址（东航中心侵华日军飞机场）原称

嫩江田家粉房机场，是日本侵略者为适应空战、空运和北侵作战之需，建于1936年。原飞机跑道长8公里，以战斗机为主，常有运输机和轰炸机起降；建有永久性修理间10余栋，可对飞机进行检修；每个机场均建有钢筋混凝土构筑的飞机库数十座，水、电、气设施配套，附设仓库、医疗、气象等机构。解放后其附设设施均被损毁，1952年后东北航空护林局将飞机场部分修复，利用至今。飞机跑道为圆形，可以从不同方位起降，跑道为混凝土结构。在东航中心院内有一日伪建筑，据说是当时用于检修飞机的永久性修理间，另发现几个墙基。该机场结构非常有代表性，有着非常重要的研究价值。飞机场附属设施遗址位于嫩江县海江镇曙光村北200米，原东航中心东200米。该附属设施因年久失修和其他人为因素所破坏，现只剩地基和部分墙址，该墙址长30米，宽20米，为长方形，南北走向，墙址中有一棵榆树，遗址内杂草丛生，原遗址四周为飞机跑道，现以开垦为耕地，遗址北20米为一条东西走向的土道，遗址内有房屋建造时所用的砖及其他材料。

卧都河战绩纪念碑

卧都河战绩纪念碑黑龙江省黑河市嫩江县星火镇卧都河村卧都河林场西2公里。北2公里有一座通往加格达奇的公路大桥，碑前20米为一条南北走向的土路，东300米处是卧都河村，碑主体为砖混结构，下有3级台阶，碑座为长方形，碑身为梯形，该纪念碑由原省长、抗联老战士陈雷题词，后面的碑文书嫩江县人民政府字样；为纪念东北抗联三路军三支队在卧都河一代战绩于1988年所立，纪念碑四周均为耕地，碑周围杂草丛生。

1941年6月29日，抗联三支队袭击了驻嫩江八站的伪黑河省国境警察队，毙敌5人，缴枪13支，子弹1 800发，战马10匹，服装军备品13套，毙日本兵数名。（《兴安史话》30–31页，《东北抗联军史料》733页，《黑龙江历史编年》第628页，《中共黑龙江党史大事记》175页）罕达气战斗后，三支队神奇般的到达了山神府（今爱辉区罕达气镇锦河农场206队驻地）一带，对修建山神府到黑河公路的工人进行抗日救国宣传，拿走了日军的帐篷。日伪当局十分恐慌，立即派队追至八站（今嫩江县卧都河乡境），“讨伐”队被三支队击败，缴获40多支枪。（《黑河历史》第106页）

霍龙门战绩纪念碑

霍龙门战绩纪念碑位于嫩江县霍龙门乡南街村北霍龙门林场场部东南50米处，南为一山，东为耕地。碑身为砖混结构，正面书霍龙门战绩纪念碑，背面书嫩江县人民政府字样，该纪念碑由原省长、抗联老战士陈雷题词，立于1988年10月30日。纪念碑地基宽3.8米、长4.1米，碑座长1.2米、宽0.6米，碑身高1.4米；该纪念碑是为纪念霍龙门大捷战斗所立。

霍龙门、塔溪战绩纪念碑

塔溪战绩纪念碑

塔溪战绩纪念碑位于塔溪乡塔溪村南，与居民房紧相毗邻。

纪念碑为东西向，面朝东。纪念碑西北有几株杨树，在入乡公路西侧，北为居民房。碑为砖混结构，底座已有损坏，碑身为梯形，顶部为半圆形。碑座长1.2米，宽0.6米，碑身高1.4米。该碑是为纪念抗联三支队夜袭四站南大营战斗于1989年所立。2007年6月，塔溪战绩纪念碑被黑河市委、市政府命名为黑河市爱国主义教育基地、国防教育基地。

霍龙门大捷战迹地遗址

北岗村侵华日军火车站建筑群位于黑龙江省黑河市嫩江县霍龙门乡北岗村，东距霍龙门林场约50米，东侧为居民点。其由炮楼、候车室、货物处和售票厅组成。站北炮楼为三层砖混结构，占地270余平方米。西北角处为一个直径为3米的圆形结构，地面底层长约24米、宽约11米，高近5米，内有三个营房、一个禁闭室、一个仓库。二层为一个平台，炮楼平台有28个枪眼，6个排水口，北墙残损，平台中间部为上下通道的旋转楼梯，楼梯上方为八角形瞭望台，四周为1.5米高围墙、墙上每2米左右有一个射击孔；平台中央建有直径3米、高5米的两层八棱形炮楼。每层每面有射击孔，平台北侧有一个圆形炮台；炮楼建有3个2米多高的烟囱，供下面3个营房用（现已被当地居民用于民居）。火车站候车室基本是原貌，砖瓦结构，面积80余平方米；炮楼距候车室和货物处约20米，候车室为红砖结构，另其地下有一地道，直通东山炮楼，在货物处南约10米为售票厅，也为红砖结构，现有居民居住，原为公路养护办公场所，在其南墙西角处有一连体炮楼；该建筑群对研究当时历史有着不可估量的作用。

霍龙门侵华日军东山炮楼位于黑龙江省黑河市嫩江县霍龙门乡霍龙门林场场部东南200米东山上。炮楼为四方形，边长4米，建筑占地面积 16平方米。该炮楼需经一条非常陡峭的上山台阶才能到达，台阶为水泥结构，在半山腰部有一缓台。炮楼为二层砖混结构，5米高、20厘米厚，底层门窗木质结构已无，顶层仅剩50厘米残壁，每面墙体上有3个瞭望（射击）用小窗，共12个窗口。除北面上山一侧有坡度45度很陡石阶，其余三面均为深壑，坡度在70度以上，地形险要。该炮楼门朝北开，炮楼四角均有高于墙体的建筑，炮楼整体均有不同程度的损坏，炮楼内有一楼梯，已残，无其他设施。炮楼四周均为树木所环绕，在其北部有一防火观望塔。据当地居民介绍该炮楼与北岗村炮楼通过地道互为相通，该炮楼对研究侵华日军对嫩江地区的侵略历史有着重要意义。

霍龙门大捷战斗。1940年10月30日，抗联三支队为解决部队越冬装备和补充给养，由朝阳山出发直插霍龙门。为了解霍龙门确切情况支队长王明贵恳请烧炭老汉前去探察，察明从县城来的四五十名日军已经离开，该地只有常驻武装力量。部队迅速出发，行至霍龙门（今霍龙门乡北岗村）附近的山中隐蔽休息。入夜后，部队迅速包围了驻军营地和火车站。兵营里的日军向外冲了几次，都被打了回去。火车站内的日军和伪军抵抗一阵后，看到抗联部队已冲到大门口，料难固守，便仓皇逃窜，有的被击毙，有的被俘获。作战历时90分钟，三支队控制了霍龙门，打开日军仓库，每名战士都换上日军装备，补充马匹和弹药，用畜力大车装运1车战利品，剩余物资分给当地群众一些，房屋、设施和带不走的物资全数烧毁。此次作战三支队投入兵力80余人，俘敌20余人，缴获枪支120支、马200匹、弹药千余发、伪国币7 000元及粮食、被服若干。（《嫩江县志》524页）

夜袭塔溪南大营战迹地遗址

夜袭塔溪南大营战迹地遗址位于黑龙江省黑河市嫩江县塔溪乡塔溪村南200米，北紧邻嫩黑公路。遗址四面环山，距离嫩江县城90公里，遗址现南半部为耕地，北半部为居民住房，北距嫩黑公里20米，南300米为一圆山和一片松树林。遗址中间部分有些高出地表土堆，遗址内未见原建筑，只在地表见有散落碎砖。据当地居民介绍：20世纪年代，原南大营建筑被拆除。南大营1933年到1944年，曾先后驻扎伪满洲国军、伪满洲国军混成十五旅、伪军骑兵二十一团、伪步兵十八团。夜袭塔溪南大营战斗。1940年5月21日深夜，王明贵、王钧率抗联三支队出其不意地包围了四站南大营，向伪满洲国军发起进攻，经过短时间战斗，毙伤敌军六七人，俘敌32人，缴获步枪27支、马2匹和弹药若干。

第二节　著名英烈事迹

一、嫩江重要抗联历史人物

1.史化鹏（1918—1983年），原名史长发，黑龙江省汤原县人，中共党员。1935年8月参加革命，先后在汤原民众反日游击总队、人民革命军第六军、东北抗日联军第六军当战士。1938年，抗联六军西征时，因病留佳木斯调养，是年底来到讷嫩地区重返部队，编入抗联第六军第十二团。1938年底，奉抗联十二团首长之命，扮作“劳工”，打入嫩江日军一号飞机场，佯装积极，骗取敌人赏识，当上劳工小队长，乘此机会，逐步摸清机场的兵力部署、飞机数量、配套设施及活动特点，将情报送回部队。1939年4月上旬，抗联十二团按既定作战计划夜袭一号飞机场，他率机场劳工切断对外电话联系，引导抗联部队消灭机场守备队，共炸毁飞机7架，毙敌30余人，机场设备破坏殆尽，油料和待运物资统统付之一炬，使这个空战和军运基地变成废墟。1940年7月，为破坏日军修筑反坦克工事的计划，他出现在赴神武屯（瑷珲境内）的劳工队伍中，下车后，用铁锹砍死日本工头西村曹一，组织全体劳工暴动，使神武屯反坦克工事建设计划化作泡影。翌月，奉命潜入泥鳅口子车站，一夜之间将日军积蓄几年的木炭全部烧掉。是年10月，又奉命潜入科洛南山日军七号飞机场，利用工头克扣工人的丑行，组织拉沙工人罢工，延缓了工程进度。1941年3月，奉命潜入日军三号飞机场，住进靠近仓库的席棚内，入夜用油灯将席棚点燃，火势迅速向四周蔓延，顷刻间连成一片火海，等日军赶来时，仓库物资和机场设备已荡然无存。是年10月，为戳穿日伪大肆散布的“东北抗日联军已被最后消灭”的谎言，只身进入嫩江县城，在集市上痛打一名欺压群众的伪警尉补，边打边说：“抗联是杀不尽的，我就是抗联！”此举轰动一时，群众为之振奋，伪政权人员则谈虎色变。嫩江县解放初期，他调任嫩江省军区第二军分区警卫连连长，在第一次嫩江保卫战中，临危不乱，大智大勇，除掉内奸，化险为夷。1945年11月30日，史化鹏随军分区司令员金忠、行政区专员王文等首长来嫩江视察剿匪斗争情况。当时，人民自治军和光复军正剑拔弩张，决战在即。驻嫩的人民自治军十一团收编人员胡维舟（自称副司令），暗中与“光复军”勾结，策动自治军第二营叛变，充作内应，欲一举将十一团“吃掉”。金忠等首长一到，胡便将一行人诱至自己住地，命令解除来人的武装，在此危急关头，史化鹏坦然自若，打开枪套抽出双枪，佯装交出武器之状，就在交枪的瞬间，撞倒欲接枪的人，一个箭步跃至胡维舟身边，用枪口顶住胡的腰部，大喝一声：“谁敢动，我就先打死他！把枪统统放下，不然我就开枪了！快把夏凤林（十一团司令员）找来！”形势急转直下，胡惊恐万状，随从们亦目瞪口呆，只好放下武器，请来夏凤林。经搜查，发现“光复军”与胡勾结的密信，遂将胡处决，收缴了第二营的武器，使此次嫩江保卫战获得胜利。

1946年春，随大军南下，屡立战功。1950年，参加中国人民志愿军赴朝作战。20世纪60年代转业到地方工作。1983年，因患癌症逝世，终年65岁。

2.范革人（1905—1986年），原名范文魁，黑龙江省嫩江县塔溪乡沐河村人。曾先后就读于黑龙江省立第一师范和北平大学法律系。学生时代，积极参加罢课、示威等斗争，立志以一腔热血“唤起民众，改造国家”；喜读进步书刊，对中国共产党领导的井冈山斗争十分关注。1931年“九一八”事变后，在齐齐哈尔参加了马占山领导的抗战活动，翌年编入马占山组建的陆军步兵第二旅骑兵补充团（又称抗日补充团）。1933年1月嫩江县沦陷后，转赴黑河，在瑷珲女子中学任教。1935年3月，加入苏联红军远东司令部情报局，并建立通苏秘密小组，发展成员3人，多次偷渡黑龙江传递情报，因成绩突出，受到嘉奖。1937年，受命转至嫩江县收集情报，因从苏联带回的无线电台被困在黑河，中断与情报局联络。后因被日本特务机关怀疑，转移至林甸、巴彦两县暂避。1941年重回嫩江县，担任塔溪村村长，秘密策反伪满“国军”，于1945年6月使驻塔溪的两个“自卫团”哗变，打死日军27人。1945年8月中下旬，接受中共东北委员会王明贵的指示，由齐齐哈尔返回嫩江县，与在嫩江的抗联干部夏凤林等人紧密配合，于是年9月15日组建由中国共产党领导的群众组织——嫩江县民主大同盟，出任委员长之职。民主大同盟同由伪官吏、土豪劣绅组成的嫩江县地方治安维持委员会展开针锋相对的斗争，对扩大中国共产党的影响、广泛发动群众、打击反动势力作出重大贡献。是年12月初，组建嫩江县民主政府时，被任命为副县长，并加入中国共产党。此间，多次参加剿匪作战，并将收集到的大批枪支弹药护送到嫩江省政府，为人民自治军再次解放齐齐哈尔“立了大功”（嫩江省军区司令员王明贵语）。1946

年3月，改建嫩江县政府时，留任副县长职，致力于巩固政权、恢复生产和土地改革。是年11月，率土地改革工作队赴六区（今塔溪乡）贯彻中共中央“五四指示”（即《关于土地问题的指示》），深入发动群众，解除农民的思想顾虑，普遍建起农会组织，使土地改革形成高潮。1947年，奉命率担架队赴四平地区参加战地勤务工作，从此离开嫩江县。1948年后，历任嫩江县战勤支队副支队长、省民政厅战勤科长、省荣军干部学校校长。新中国成立后，历任黑龙江省民政厅战勤处、优抚处处长、省计划委员会物资处处长、省物资局副局长、中共中央东北局经委物资局副局长等职。“文化大革命”中，蒙受不白之冤，遭到残酷批斗，被下放到朝阳“五七”干校劳动改造达8年之久，但矢志不渝，不改初衷，坚持原则，光明磊落，几次拒绝为“造反组织”提供伪证。粉碎江青反革命集团后，因年事已高，改任国家物资局沈阳办事处顾问，不顾体弱多病，仍勤勤恳恳、兢兢业业地工作，十分关心物资流通体制改革，在物资管理的理论和实践上作出了突出贡献。晚年仍对家乡十分关注，亲自撰写回忆录《嫩江保卫战》，积极提供革命历史资料，为后人留下了宝贵的精神财富。1986年7月16日，因病在沈阳市逝世，终年81岁。

二、烈士名录

抗日战争牺牲烈士名录

序号	姓　名	性别	省份	县　别	政治面貌	出生时间(年)	入伍时间	牺牲时间	牺牲地点	生前部队	生前职务
1	吴作泗	男	山东省	济南铁路管理局	不详	1902	1935	1937.8	东平县	济南铁路管理局兴段派出所	地下工作者
2	齐振平	男	山东省	梁山县	党员	1912	1930	1940	山东省刘庄	黄河支队特务连	排长
3	阎贵勤	男	山东省	招远县	不详	1912	1940	1942	山东省掖县	山东省军区西海军分区后勤军需厂	战士
4	梁维汉	男	黑龙江省	嫩江县长福公社	不详	1911.4	1945.8	1945.10	嫩江县关东地	东北抗日联军九团	战士
5	朱玉良	男	黑龙江省	嫩江县海江公社	不详	1921.6	1947.6		嫩江县	东北人民解放军九团警卫连	文书
6	范芝清	男	黑龙江省	嫩江县科洛公社	党员	1915.4	1934.2	1935.10	爱辉县大岭	东北抗日联军九团	战士
7	崔尚有	男	黑龙江省	讷河县	党员	1915	1937.9	1938	讷河县	东北抗日联军	连长
8	刘庆祥	男	山东省	单县	不详	1916	1936	1938.5	山东省单县	黄河支队	战士
9	杨善利	男	山东省	日照县	不详	1919.1	1939	1940	河北省石家庄市		地下工作者
10	李玉发	男	河北省	大厂回族自治县	党员	1929.6	1942	1942	河北省保定市	华北抗日游击队	队员
11	武根银	男	浙江省	温州市	党员	1901	1928	1929.6	浙江省温州市	农村农会	干部
12	李双权	男	山西省	襄垣县	不详	1924.1	1937.6	1938.4	山西省左权县	太行山部队三八五旅五团二营	警卫员
13	张成友	男	山东省	日照县	不详	1920.12	1941.6	1943.6	日照县三庄	八路军	战士
14	杜　朋	男	河北省	安新县	不详	1915.8	1936.4	1942	河北省安新县	冀中军分区三中队	战士

解放战争牺牲烈士名录

序号	姓　名	性别	省份	县别	政治面貌	出生时间	入伍时间	牺牲时间	牺牲地点	生前部队	生前职务
1	范正印	男	山东省	泰安县	不详			1947	山东省泰安县		地下工作者
2	王金臣	男	吉林省	大安县	不详	1926	1947.12	1948	吉林省四平	东北人民解放军	连长
3	范奎元	男	吉林省	长岭县	不详	1920	1946.2	1946	吉林省怀德	东北民主联军	战士
4	徐连福	男	吉林省	怀德县	党员	1924.3	1947.10	1948.9	辽宁省锦州市	东北人民解放军	战士
5	腾吉伦	男	山东省	乳山县	不详	1927	1946.1	1948	淮海战役	第三野战军九纵队	副排长
6	王福玉	男	山东省	潍县	党员	1919	1936	1948	辽宁省锦州市	东北人民解放军	营长
7	姜文财	男	黑龙江省	讷河县	不详	1929.2	1946	1949		第四野战军	战士
8	金昌珠	男	黑龙江省	方正县	不详	1925	1946.4	1947.8	黑龙江省方正县	东北人民解放军三支队	战士
9	赵志臣	男	山东省	照县	不详	1916	1946.3	1947.8	山东省莱阳县	华东野战军十九军五十五团三营九连	战士
10	毛华明	男	内蒙古自治区		不详	1927.2	1945.8	1946.8	寒西柳	二十三师	排长
11	张广友	男	辽宁省		党员	1928.5	1947.9	1949	天津市	第四野战军警卫连	战士
12	赵炳田	男	内蒙古自治区	宁城县	不详	1929	1947	1948	辽宁省锦州市	东北人民解放军	战士

续表

序号	姓　名	性别	省份	县别	政治面貌	出生时间	入伍时间	牺牲时间	牺牲地点	生前部队	生前职务
13	宋志发	男	辽宁省	新金县	不详	1925.8	1947	1949	北京市万寿山	第四野战军	连长
14	耿凤岐	男	黑龙江省	北安县	不详	1921	1946.4	1947.4	四平市	一纵队二师警卫营	战士
15	高玉山	男	黑龙江省	嫩江县	党员	1923.3	1947.3	1948.2	辽宁省恒仁县	东北人民解放军	战士
16	王长福	男	黑龙江省	克山县	党员	1919.12	1946.1	1947.3	嫩江县陈屯	嫩江县陈屯民兵	队长
17	封永先	男	内蒙古自治区	宁城县	党员	1927.7	1945.9	1948.9	宁城县王八盖子山	县大队二连	战士
18	王立敬	男	黑龙江省	嫩江县联兴公社	不详	1930	194510	1947.10	山东省掖县	三十七师	战士
19	崔昌雨	男	黑龙江省	嫩江县九三农场	不详	1926	1947.11	1948	吉林市	独立六师一十七团	战士
20	李万录	男	黑龙江省	嫩江县海江公社	不详	1929	19475	1949.3	渡海作战	一一五师三四三团一营二连	战士
21	刘富	男	黑龙江省	鸡西市	不详	1926.4	1947.2	1948.7	吉林四平市	东北人民解放军	班长
22	柳玉山	男	山东省	文登县	党员	1924.4	1947.2	1947.4	孟良崮	华东野战军	战士
23	张井录	男	山东省	乳山县	党员	1929.3	1947.2	1948.9	济南市	六师十六团三营	通讯员
24	李财作	男	黑龙江省	依安县	党员	1924.4	1947.3	1948	吉林省四平市	东北人民解放军	连长

续表

序号	姓　名	性别	省份	县别	政治面貌	出生时间	入伍时间	牺牲时间	牺牲地点	生前部队	生前职务
25	赵志林	男	黑龙江省	嫩江县九三农场	不详	1928.2	1946.6	1949	天津市	第四野战军	战士
26	李炳红	男	黑龙江省	嫩江县嫩江镇公社	党员	1922.6	1944	1946	嫩江县	东北民主联军	参谋
27	孙万成	男	吉林省	长岭县	党员	1927.9	1945.11	1948.10	辽宁省锦州市	东北人民解放军	排长
28	张继成	男	黑龙江省	嫩江县科洛公社	不详	1927.5	1944	1948	吉林省四平市	东北人民解放军	参谋
29	刘国荣	男	黑龙江省	嫩江县	不详	1925	1947	1947.11	讷河县	东北人民解放军	战士
30	李学连	男	黑龙江省	五常县	不详	1923.1	1942.10	1947.12	山东省青岛市	三十二军九十五师二八三团一营三连	战士
31	万金章	男	辽宁省	建平县	不详	1921	1947.5	1947.8	讷河县小八盘村	嫩江县县大队	战士
32	郭双聚	男	山东省	潍县	不详	1924.8	1946.2	1947	山东省郓县	华东野战军	战士
33	巫文质	男	黑龙江省		不详			1947			
34	杨坤	男	江苏省		不详			1947			
35	陆太照	男	黑龙江省		不详						

抗美援朝战争牺牲烈士名录

序号	姓名	性别	省份	县别	政治面貌	出生时间	入伍时间	牺牲时间	牺牲地点	生前部队	生前职务
1	郑文录	男	黑龙江省	嫩江县伊拉哈公社	不详	1926	1947	1952	朝鲜	东北军区警卫师	战士
2	潘洪玉	男	黑龙江省	嫩江县公社	不详	1925.12	1945.11	1951.4	朝鲜	三十九军一一七师三四九团一营一连	战士
3	吴井阳	男	黑龙江省	嫩江县公社	党员	1913	1947.6	1951.12	朝鲜黄海道	一一五师三四三团三营八连	战士
4	高凤生	男	黑龙江省	嫩江县九三农场	不详	1925.1	1946.5	1951	朝鲜	中南军区铁道兵警卫营一连	战士
5	候连财	男	山东省		不详	1919.2	1941.2	1951.5	朝鲜	十二军火箭炮营三连一排	排长
6	王之玉	男	黑龙江省	嫩江县长福公社	不详	1931	1950.3	1952.5	朝鲜	三十九军一一六师	战士
7	卞永福	男	黑龙江省	讷河县	不详	1932	1951.2	1952	朝鲜	志援军	战士
8	刘志勤	男	黑龙江省	讷河县	不详	1933.6	1951.1	1951.5	朝鲜	二十七军八〇师二三九团特务连	战士
9	付殿元	男	黑龙江省	安达县	党员	1917.6	1947	1950	朝鲜	志愿军	副连长
10	吴汉章	男	黑龙江省	讷河县	党员	1926	1949	1951	朝鲜	赴朝担架队	司务长
11	刘玉江	男	辽宁省	庄河县	党员	1925.3	1947.2	1950	朝鲜	四十军一一九师机枪连	副连长
12	王有东	男	河北省	平泉县	党员	1931.4	1948.5	1951	朝鲜	志愿军一一八师五六二团机枪连	副连长
13	付金来	男	黑龙江省	讷河县	党员	1928	1948.1	1951.4	朝鲜	一一七师三五〇团三营九连	战士
14	付金声	男	黑龙江省	讷河县	党员	1930	1950.2	1951	朝鲜	志愿军	战士
15	于作让	男	山东省	邱县	不详	1926.5	1949.9	1951.4	朝鲜	三十八军一一四师	战士
16	王殿财	男	黑龙江省	青钢县	党员	1927.6	1947.6	1952.2	朝鲜	一一五师三四三团三营	班长

续表

序号	姓名	性别	省份	县别	政治面貌	出生时间	入伍时间	牺牲时间	牺牲地点	生前部队	生前职务
17	陈洪祥	男	辽宁省	昌图县	党员	1919.1	1945	1951.8	朝鲜	志愿军	指导员
18	王典福	男	黑龙江省	嫩江县塔西公社	不详	1929.10	1950.11	1951.5	朝鲜	八十师二三九团二营八连	战士
19	佟军	不详	吉林省		党员	1931.4	1951	1951.5	朝鲜	志愿军特务团	班长
20	李玉清	男	黑龙江省	嫩江县联兴公社	不详	1923	1952.8	1952.8	朝鲜	三十九军一一七师三四九团警卫连	班长
21	霍显金	男	黑龙江省	嫩江县联兴公社	不详	1914.6	1946.10	1951.12	朝鲜	三十九军一一六师三四七团一营二连	副连长
22	范芝新	男	黑龙江省	嫩江县科洛公社	不详	1912.10	1947.12	1951.12	朝鲜	三十九军一一六师三四八团三营机枪连	副班长
23	范芝贵	男	黑龙江省	嫩江县科洛公社	团员	1929.4	1945.9	1953.11	朝鲜	三十九军一一六师三四七团三营九连	排长
24	李奎三	男	黑龙江省	延寿县	不详	1917.7	1950.1	1952.4	朝鲜黄海道	六十四军	翻译
25	朴世浩	男	吉林省		不详	1921.4	1947		朝鲜	朝鲜人民军五三五部队	战士
26	王文新	男	黑龙江省	嫩江县九三农场	不详	1931.8	1948.10	1951	朝鲜	二十四师一〇八团	战士
27	于广学	男	黑龙江省	嫩江县九三农场	不详	1931.4	1947	1951	朝鲜	三十九军一一六师警卫连	战士
28	吴殿君	男	吉林省	扶余县	不详	1929	1950.12	1952.5	朝鲜	三十九军一一七师	战士
29	李在天	男	黑龙江省	五常县	党员	1927.9	1945.4	1951.4	朝鲜	志愿军高射炮大队	战士
30	邱成玉	男	黑龙江省	嫩江县伊拉哈公社	不详	1930.4	1947.7	1950.11	朝鲜	三十九军一一六师三四八团二营五连	副排长
31	关永红	男	黑龙江省	青冈县	不详	1916	1947.10	1953.5	朝鲜	志愿军	副班长
32	张建德	男	河南省	开封市	不详	1925	1946.5		朝鲜开城	一八八师五〇三团三营九连	副班长
33	孙万成	男	吉林省	长岭县	党员	1927.9	1945.11	1948.10	辽宁省锦州市	东北人民解放军	排长

续表

序号	姓名	性别	省份	县别	政治面貌	出生时间	入伍时间	牺牲时间	牺牲地点	生前部队	生前职务
34	袁兆玉	男	山东省	日照县	党员	1926	1947.2	1951.3	朝鲜	第九兵团二三二团四连	战士
35	蔺志强	男	黑龙江省	嫩江县塔溪公社	不详	1920.3	1950	1951	朝鲜	八十师二三九团三营八连	战士
36	顾长俊	男	辽宁省		不详	1922.1	1945.12	1953.4	朝鲜	三十八军一一四师三四〇团二营机枪连	副连长
37	赵庆福	男	辽宁省		不详	1931.7	1951	1951.8	朝鲜	志愿军警卫营三连	战士
38	肖法全	男			不详			1952.7			
39	韩永胜	男	江苏省		不详			1953.1			
40	王吉杰	男	山西省		不详			1952.9			
41	武龙生	男	河南省		不详			1951			
42	焦德修	男	河南省		不详			1953.1			
43	丁钧儒	男	山东省		不详			1951			
44	景兆思	男	四川省		不详			1951.2			
45	王彦良	男	四川省		不详			1951.7			
46	杨风鸣	男	湖北省		不详			1951.1			
47	欧阳谦	男	广东省		不详			1951.1			
48	徐有全	男	广东省		不详			1951.1			
49	康继良	男	辽宁省		不详			1951.1			
50	胡忠贵	男	四川省		不详			1950.2			
51	孙洪伟	男	山东省		不详			1957			
52	李殿忠	男	山东省		不详			1951			

续表

序号	姓名	性别	省份	县别	政治面貌	出生时间	入伍时间	牺牲时间	牺牲地点	生前部队	生前职务
53	孙良春	男	山东省		不详			1951.1			
54	杨正荣	男	河北省		不详			1953.1			
55	连配义	男	辽宁省		不详			1951.1			
56	梁玉林	男	河北省		不详			1951.1			
57	郑文建	男	四川省		不详			1951.9			
58	李潮斌	男	湖北省		不详			1951.6			
59	王振中	男	黑龙江省		不详			1951.6			
60	李宝田	男	山东省		不详			1951.6			
61	许美	男	湖南省		不详			1951.6			
62	陈宝成	男	黑龙江省		不详			1951.5			
63	范大祥	男	河南省		不详			1951.2			
64	王景吉	男	河北省		不详			1951.3			
65	马瑞生	男	黑龙江省		不详			1951.3			
66	周士洪	男	湖北省		不详			1950			
67	周宝忠	男	四川省		不详			1951			
68	王相林	男	陕西省		不详			1951.9			
69	田进保	男	贵州省		不详			1952.2			
70	冉瑞祥	男	贵州省		不详			1952.2			
71	杨玉梅	男	黑龙江省		不详			1952.2			
72	吴小龙	男	陕西省		不详			1952.2			

续表

序号	姓名	性别	省份	县别	政治面貌	出生时间	入伍时间	牺牲时间	牺牲地点	生前部队	生前职务
73	王玺生	男	河北省		不详			1952.2			
74	李虎林	男	吉林省		不详			1951.1			
75	赵洋群	男	四川省		不详			1951.1			
76	曹明书	男	四川省		不详			1951.2			
77	苏显珠	男	辽宁省		不详			1951.2			
78	刘康云	男	广西省		不详						
79	贺同启	男	河南省		不详			1952.1			
80	傅程贵	男	四川省		不详			1952.4			
81	毛开梦	男	四川省		不详			1952.2			
82	潘宝忠	男	黑龙江省		不详			1952.4			
83	颜庚寿	男	江苏省		不详						
84	苏兴隆	男	甘肃省		不详			1952.2			
85	高文秀	男	江苏省		不详			1952.8			
86	胡家荣	男	四川省		不详						
87	薛永和	男	辽宁省		不详						
88	黄胜金	男	广东省		不详			1952.10			
89	王明选	男	黑龙江省		不详			1952.8			
90	赖子英	男	广东省		不详						
91	陈其才	男	山东省		不详						
92	朱祥凯	男	山东省		不详						

续表

序号	姓名	性别	省份	县别	政治面貌	出生时间	入伍时间	牺牲时间	牺牲地点	生前部队	生前职务
93	刘金声	男	山东省		不详						
94	汤金镇	男	河北省		不详			1952.9			
95	王鹏寿	男	上海市		不详			1952			
96	张思善	男	陕西省		不详			1952			
97	王海棠	男	辽宁省		不详			1952.6			
98	李凤廷	男	河北省		不详						
99	唐天顺	男	陕西省		不详						
100	武顺怀	男	山东省		不详						
101	黄少清	男	四川省		不详			1953.1			
102	武银忠	男	甘肃省		不详			1952.9			
103	杜文成	男	山东省		不详						
104	张树江	男	河北省		不详						
105	杨昌兴	男	贵州省		不详						
106	成举明	男	四川省		不详			1952.9			
107	焦金录	男	甘肃省		不详						
108	谢天福	男	四川省		不详						
109	王喜尧	男	辽宁省		不详			1953.9			
110	谢智明	男	四川省		不详						

续表

序号	姓名	性别	省份	县别	政治面貌	出生时间	入伍时间	牺牲时间	牺牲地点	生前部队	生前职务
111	陈少堂	男	贵州省		不详			1953.3			
112	郭长乐	男	江苏省		不详			1952.1			
113	邹长云	男	四川省		不详			1953			
114	杨振昌	男	四川省		不详			1951.3			
115	彭兴隆	男	湖南省		不详			1952.7			
116	高文彬	男	河北省		不详			1953.8			
117	杨洪奎	男			不详			1952.7			
118	张忠玉	男	福建省		不详			1953.3			
119	冯国恩	男	辽宁省		不详			1953.9			
120	吴拥华	男	浙江省		不详						
121	何水清	男	四川省		不详			1952.12			
122	刘汉卿	男	四川省		不详			1952.12			
123	于胜天	男	云南省		不详			1952.12			
124	司永光	男	四川省		不详			1952.12			
125	郭振玉	男	四川省		不详			1952.12			
126	赵志忠	男	河北省		不详			1952.4			

续表

序号	姓名	性别	省份	县别	政治面貌	出生时间	入伍时间	牺牲时间	牺牲地点	生前部队	生前职务
127	闫黄才	男	山东省		不详			1952.1			
128	孟宪禹	男	山东省		不详			1953.5			
129	何秉发	男	湖北省		不详			1953.6			
130	王万友	男	广西		不详			1953.1			
131	谭学明	男	广西		不详			1953.2			
132	王兴	男	河北省		不详			1953.6			
133	王凤奎	男	黑龙江省		不详			1952.1			
134	林英杰	男	四川省		不详			1953.5			
135	何永宽	男	河北省		不详			1952			
136	谢文贤	男	山东省		不详			1952			
137	令双奎	男	甘肃省		不详			1952.12			
138	刘贵富	男	河北省		不详			1952			
139	李振武	男	河北省		不详			1952.12			
140	韩英淑	男	吉林省		不详			1952.12			
141	宋显明	男	黑龙江省		不详			1953.11			
142	张顺富	男	内蒙古		不详			1953.1			

续表

序号	姓名	性别	省份	县别	政治面貌	出生时间	入伍时间	牺牲时间	牺牲地点	生前部队	生前职务
143	宋显珠	男	黑龙江省		不详			1953			
144	彭玉海	男	湖北省		不详			1953.1			
145	祝万福	男	黑龙江省		不详			1953.9			
146	王帮来	男	安徽省		不详			1952.11			
147	彭福初	男	湖北省		不详			1953			
148	刘尚文	男	辽宁省		不详			1952			
149	杨松鹤	男	湖北省		不详			1952			
150	刘海山	男	江苏省		不详			1951.8			
151	陈东发	男			不详						
152	唐林书	男			不详						
153	杨进升	男	湖北省		不详			1953.4			
154	王运通	男	河南省		不详			1952			
155	唐明清	男	陕西省		不详			1953			
156	袁小舟	男	四川省		不详			1952			
157	廖茂常	男	四川省		不详			1953			
158	谭初林	男	湖北省		不详			1952			

续表

序号	姓名	性别	省份	县别	政治面貌	出生时间	入伍时间	牺牲时间	牺牲地点	生前部队	生前职务
159	王仁麟	男	贵州省		不详			1953			
160	于占仁	男	山西省		不详			1953			
161	王继茂	男	湖南省		不详			1952			
162	孙富	男	黑龙江省		不详			1952.7			
163	吴海山	男	黑龙江省		不详			1952.4			
164	闫成恩	男	黑龙江省		不详			1952.5			
165	方祝山	男	安徽省		不详			1952			
166	王立木	男	四川省		不详			1952.2			
167	钱金生	男	江苏省		不详			1952			
168	金化清	男	云南省		不详			1952			
169	蒲昌碧	男	四川省		不详			1952			
170	韩占利	男	河北省		不详			1953			
171	关万军	男	黑龙江省		不详			1952.2			
172	高中华	男	四川省		不详			1952.7			
173	李文才	男	广西		不详			1952.7			
174	朱永贵	男	湖南省		不详			1952			

续表

序号	姓名	性别	省份	县别	政治面貌	出生时间	入伍时间	牺牲时间	牺牲地点	生前部队	生前职务
175	巩建国	男	福建省		不详			1952			
176	钟子才	男	山西省		不详			1953			
177	梁玉林	男	湖北省		不详			1953.3			
178	董岐山	男	山东省		不详			1952.3			
179	陈文科	男	辽宁省		不详			1952.4			
180	石凤鸣	男	辽宁省		不详			1952.4			
181	王海龙	男	黑龙江省		不详			1952.4			
182	杨明耀	男	黑龙江省		不详			1952.4			
183	李怀青	男	河北省		不详			1952.7			
184	孙兴财	男	江苏省		不详			1952			
185	姜传海	男	四川省		不详			1952.7			
186	刘风有	男	山东省		不详			1952.3			
187	关文澍	男	河南省		不详			1952.5			
188	张栓才	男	山西省		不详			1952.6			
189	温祥隆	男	江苏省		不详			1952.7			
190	唐成富	男	四川省		不详			1952.6			

续表

序号	姓名	性别	省份	县别	政治面貌	出生时间	入伍时间	牺牲时间	牺牲地点	生前部队	生前职务
191	黄彦俊	男	陕西省		不详			1952			
192	唐学成	男	四川省		不详			1952			
193	刘文海	男	山西省		不详			1952			
194	史树海	男	湖北省		不详			1952.7			
195	许学明	男	山东省		不详			1952.2			
196	邹家华	男	四川省		不详			1952.2			
197	刘云甫	男	山东省		不详			1952			
198	余先潘	男	四川省		不详			1952			
199	黄继清	男	四川省		不详			1951.1			
200	谭士庆	男	四川省		不详			1952			
201	延学春	男	山东省		不详			1951.2			
202	张永荣	男	山西省		不详			1951			
203	岳从文	男	山西省		不详			1952			
204	魏振斌	男	贵州省		不详			1951.12			
205	胡世德	男	黑龙江省		不详						
206	董广林	男	黑龙江省		不详						

续表

序号	姓名	性别	省份	县别	政治面貌	出生时间	入伍时间	牺牲时间	牺牲地点	生前部队	生前职务
207	于为然	男	黑龙江省		不详						

新中国成立后牺牲烈士名录

序号	烈士姓名	性别	省份	县别	政治面貌	出生时间	入伍时间	牺牲时间	牺牲地点	生前部队	生前职务
1	潘洪玉	男	黑龙江省	嫩江县公社	不详	1925.12	1945.11	1951.4	朝鲜	三十九军一一七师三四九团一营一连	战士
2	史永珍	男	黑龙江省	嫩江县公社	不详	1922.3	194.51	1952.7	上浦坊	三十九军三四三团炮兵连	副排长
3	吴井阳	男	黑龙江省	嫩江县公社	党员	1913	1947.6	1951.12	朝鲜黄海道	一一五师三四三团三营八连	战士
4	孙启明	男	黑龙江省	嫩江县九三农场	不详	1929.5	194.2	1950	广东省	一四二部队三支队	战士
5	秦玉山	男	黑龙江省	嫩江县科洛公社	团员	1953.8	1973.1	1975.10	北京市	铁道兵七十三团	战士
6	张成顺	男	黑龙江省	嫩江县联兴公社	不详	1930.5	1952.3	1975.1	嫩江县联兴公社	嫩江县联兴公社北兴供销社	经理
7	刘增发	男	辽宁省		不详	1951.10	1969.3	1970.10	辽宁省宽甸县	三二〇五部队	战士
8	赵富	男	黑龙江省	绥化市	不详	1942.1	1960	1960.5	哈尔滨市	九八四三部队榴炮三连指挥排	战士
9	王洪波	男	黑龙江省	嫩江县	党员	1954.2	1972.12	1974	哈尔滨市	哈尔滨市消防大队	战士
10	胡世德	男	黑龙江省	嫩江县嫩江镇公社	不详	1947	1966	1969.7	西安市	空军〇一七部队	战士
11	李登阁	男	甘肃省	盐关镇	党员	1912	1945	1977	嫩江县	黑河军分区	连长
12	马建华	男	黑龙江省	嫩江县嫩江镇公社	不详	1955	1972.12	1974.12	哈尔滨市	哈尔滨市消防大队	战士

续表

序号	烈士姓名	性别	省份	县别	政治面貌	出生时间	入伍时间	牺牲时间	牺牲地点	生前部队	生前职务
13	何井兴	男	黑龙江省	嫩江县九三农场	不详	1937.3	1958.1	1968.7	四川省西昌县	七七八七部队	汽车驾驶员
14	吴长贵	男	黑龙江省	嫩江县九三农场	党员	1942.10	1964.3	1968..9	吉林省青石镇	三三八0部队七十三分队	班长
15	鄂宝成	男	黑龙江省	嫩江县临江公社	党员	1940	1968.10	1975.5	辽宁省营口市	解放军二一二医院	军医
16	徐祖民	男	四川省		不详			1966			
17	谭月柱	男	四川省		不详			1966			
18	刘福信	男	黑龙江省	嫩江县	不详	1954.11		1966.8			
19	邵月华	男	黑龙江省	嫩江县	不详	1949.8		1988.3			
20	李青松	男	黑龙江省	嫩江县	党员	1987.6		2006.6			

第六章　资源优势及发展远景展望

第一节　县域资源

一、本县资源优势

嫩江县自然资源概况

地形地貌：地处松嫩平原连接大、小兴安岭女地的过渡地带，南部属松嫩平原区域，北部属大兴山地区域，地形地貌呈变化复杂、起伏较大、切割分散、相向交错等特点。县域最北端是大小兴安岭结合部，形成向南开口，节节下降的马蹄状地势，东部紧靠小兴安岭，地势由东北向西南倾斜，地势总特点是北高南低，东高西低，境内最高点位于白云乡黑岩峰西北处，海拔729.7米，按地貌类型划分，各类地貌比例是：低山面积2 855.3平方千米，占总面积的18.9%，丘陵面积6 128.7平方千米，占40.6%，占地面积6 125.2平方千米，占40.5%。

气候：县域内跨两个纬度，地形复杂。气候具有明显的区域性，分为四个气候区；南部温凉区、西南部冷凉区，中部寒冷区、东北部严寒区，整体属中温带半湿润大陆性季风气候，其特点是年平均气温较低，无霜期短，春季多大风、干燥，温度阶段性波动大，夏季雨热同季，热量充足，降水集中，秋季凉爽，干燥，降温急剧；冬季寒冷、漫长，干燥，年平均气温9℃，一月平均气温-23.3℃，极端最低气温47.3℃；月份平均气温21.2℃，极端最高气温40℃，最低月份平均气温-27.6℃，最高月份平均气温23.4℃，生长期年平均141天，无霜期年平均122天，最长达142天，最短为93天。年平均日照时数2 682.8小时，年总辐射3.7千卡/平方厘米，0℃以上持续期200天（一般为4月6日—10月24日）。年平均降水量482.4毫米，年平均降雨日数为126天，最多达172天，最少为127天，极端年最大降雨量达948.3毫米，极端年最少降雨量为290.6毫米，降雨集中在每年的6月至8月，8月最多。

水文：境内河流均属嫩江水系，嫩江为松花江北源，发源于大兴安岭北部伊勒呼里山中段南坡，源头左有南瓮河，右有南阳河，二源与根河江合称嫩江，全长1 370千米，嫩江干流纵贯县域西境，域内长度为404千米，按纳境内全部河溪，主要支流有科洛河、门鲁河、卧都河、固固河等7条一级河道，境内总长672千米，有泥鳅河、沭河、麦海河等37条二级河道，总长1 185.5千米，有泗怒河、塔溪河等8条三级河道，总长181.5千米，境内河流总长度2 446千米，河网密度0.16千米/平方千米，径流总量18.25亿立方米，境内最大河流为嫩江，从县域最北端多宝山镇嘎拉山林场至县域西部临江乡赤卫村流经境内联兴乡、海江镇、嫩江镇、前进镇，流域面积15 109.2平方千米，年均流量241.8立方米/秒。

自然资源：境内自然资源丰富，有土地、草原、森林、矿产资源等。

土地资源：第二次土地调查土地资源总面积2 281.9万亩，耕地面积1 027.54万亩（全口径），占土地资源总面积的45%，且土质肥沃，黑土类土壤占耕地面积的58.8%，特别适合小麦、大豆、玉米等农作物生长，可垦荒地288万亩。

草原资源：境内草原面积330.8万亩，占土地资源总面积的

14.5%，根据中国北方草原资源分类标准，境内草原资源中可利用草原分属三大类，沼泽草甸类，主要颁布在嫩江、门鲁河、卧都河、泥鳅河两岸，以湿中生，多年生草本植物为主，覆盖度为66%~96%，灌丛草甸类，主要颁布在地势较高的山坡和丘陵漫岗，林地边缘，属中生杂草类草，覆盖度55%~85%，蔬林草甸类，主要分布在台地、平岗、漫岗的中部和下部，属湿生型向中生型过渡的中间类型，覆盖度80%~85%。

森林资源：嫩江县历史上是森林资源丰富的地区之一，2017年末，县属国有林场11个，省级中央站黑嘴松鸡自然保护区一处国家级鸟类环志站一处，国家级林木良种基地一处，林业经营面积1 087万亩，其中国有面积693万亩，树种有柞、白桦、落叶松、黑桦、杨、樟子松、枫桦、糠椴、红皮云杉和柳，其中优势乡土树种为柞、白桦、落叶松和黑桦，湿地面积46万亩，耕地面积198万亩，森林覆盖率为34%，活动立木总蓄积量3 222万立方米。

矿产资源：境内矿产资源十分丰富，素有“地质之乡”，“矿产摇篮”的美誉，目前已发现矿产62种，其中已查明资源储量的有28种，主要为煤、钢、铁、锌、钼、沙金伴生金（岩金）、银、铂、铱、镓、铟、铼、镉、硒、大理岩、珍珠岩、沸石、蛋白页岩、蛇纹岩、黏土、石灰石、浮石、陶瓷土、花岗岩、水泥配料用黏土等。已发现有矿产中形成矿床的40余处（不含那条用砂、石、砖瓦用黏土），其中大型矿床5处，中型矿床13处，小型矿床22处，潜在经济价值3 180亿元，截止2017年底，已开发利用矿产12种，有矿山企业35个，生产煤200万吨，浮石1万吨，建筑石300万吨，砖瓦用黏土15万吨，矿业总产值8亿元，同比增长18%。

农业：耕地面积648万亩（县口径），人均20.1亩；可利用草原面积278万亩，林地面积952万亩，小麦、大豆等粮食总产量居全国第18位，全省排名第6位，是全国麦豆主要产区的重要高品粮生产基地，农业总产值从1949年696.5万元，增加到1978年的5 997.4万元，2017年达到127亿元，比上年增加7.1%，占GDP比重65%，农民人均收入13 763元，同比增长7.8%。

粮食作物以小麦、大豆、玉米、薯类等为主，2017年播种面积643万亩，同比增长0.1%；生产粮食作物总产量92万吨，人均2.9吨，其中小麦种植面积107万亩，同比增长11%，产量14.1万吨，玉米面积种植44.8万亩，同比增长44.9%，产量20.3万吨，大豆种植面积473.1万亩，同比下降5.3%，产量62.5 万吨，薯类种植面积0.2万亩，同比增长32.3%，产量347万吨，经济作物种植面积5.2万亩，同比下降6.0%，品种有甜菜（药材）、蔬菜、瓜果等。

畜牧业：以生猪、肉牛及黄牛、奶牛、羊、禽养殖为主，2017年末，生猪存栏39.5万头，出栏54.4万头，肉牛和黄牛存栏23.2万头，出栏10.8万头，奶牛存栏3.2 万头，羊存栏20.5万只，出栏13.6万只，禽存栏84.6万只，出栏116.2万只，2017年生产肉类总产量5.5万吨，其中猪肉3.5万吨，牛肉1.6万吨，羊肉0.2万吨，禽肉0.2万吨。禽蛋0.6万吨，产羊奶5万吨、羊毛600吨、羊绒3吨、畜牧业总产值17.5亿元（按现行价格计算）占农业总产值的13.8%（按可比价计算18.4亿元，占农业总产值的14.5%。

自然灾害：主要自然灾害有洪涝、霜冻、风雹等，洪涝灾年平均发生 次，主要发生在6–9月，最严重的一次发生在1998年5月21日—6月29日，连续降雨达40天，雨量达277.5毫米，占全年降雨量的60%左右，全县共有32 688户，127 226人受灾，进水和被水围困村屯105个，倒塌房屋4 517间，损坏房屋3 408间，农作物受灾面积87.8万亩，其中绝产面积45.6万亩，直接经济损失合计14 154万元，1999年6月4日，北部山区遭受霜冻灾害，受灾面积132 195亩，绝产面积2 191亩，受灾主要有县种畜场、门鲁河乡、座虎滩乡、霍龙门乡、多宝山镇、联兴乡、塔溪乡、白云乡、麦海乡等。黑宝山地区煤田开采区以采空区的地面塌陷，地裂隙为至，北部山区交通干线已以山体崩塌、滑坡为主，多宝山镇为地质灾害重灾区。

二、本县重点项目

黑龙江多宝山铜业股份有限公司多宝山铜（钼）矿二期扩建项目简介

黑龙江多宝山铜业股份有限公司成立于2006年1月，是紫金国际矿业有限公司的下属企业，注册资本20亿元。该矿分为1、2、3、4号矿带，是大型低品位、斑岩型铜矿。2015年至2017年处理量约2 500万吨、产铜8.75万吨，实现销售收入32亿元，利润5亿元，税费贡献6.2亿元。2016年7月，省政府与紫金矿业集团签订了“资源配置与一体化项目建设协议”，多宝山铜（钼）矿二期扩建项目正式筹建。

多宝山铜（钼）矿二期扩建项目于2018年9月19日获得核准批复，10月11日举行投产仪式。项目总投资27.2亿元，将引进国内最大的半自磨机，打造装备大型化、生产自动化、节能高效化现代矿山企业。在一期基础上，新增采矿规模4.5万吨/天、达到7万吨/天，新增选矿规模5.5万吨/天、达到8万吨/天。主要产品为铜、钼精矿粉，伴生金银。项目建成后，年产值可达40亿元，税利贡献10亿元，带动就业2 000人，将成为国内第二大、东北地区最大的产铜基地，为齐齐哈尔15万吨铜冶炼项目提供重要原料支撑。

2018年，预计产铜4万吨，销售收入16.1亿元，利润4.5亿元，税收贡献4亿元。

发展前景：嫩江县铜储量约为321.7万吨（其中：多宝山铜矿储量约为237万吨，铜山铜矿储量约为84.7万吨），目前两个铜矿已开采17.5万吨，剩余开采量252万吨，潜在经济价值巨大。从这个意义上来说，嫩江正在加快构建矿产开发产业链，全力打造中国北方新兴铜产业之都。多宝山铜矿二期扩建项目作为龙头企业，总投资27.2亿元，投产后，年产值可达到40亿元、税费贡献10亿元，在其中具有不可替代、十分重要的支撑作用。项目建成后，嫩江将一跃成为东北地区最大、国内第二大铜生产基地，工业增加值、税收指标在全省排名将大幅跃升，有望冲进全省十强县。

嫩江栗象商业地产有限公司现代农业服务综合体项目简介

嫩江栗象现代农业服务综合体项目由嫩江栗象商业地产有限公司投资建设，总投资6.6亿元，占地面积30.68万平方米，建筑面积24.2万平方米，主要建设农机市场、农资市场、农电商业综合楼及检测中心、货运物流园。是集农资销售，农机具生产、绿色农产品电子商务平台，涉农综合物流、金融服务、涉农技术培训、现代农业博览会等的现代农业服务一体化的综合性产业园。

从农资源头种子开始，拓展至化肥、农药、农机农具、农技培训服务、农副产品交易、电商、涉农金融等领域的综合性服务平台，以完整的供应链体系，为所有农资产品、绿色及有机农副产品提供可追溯体系，并建立销售渠道以及配套物流解决方案；整合涉农培训、售后等综合服务，做到一站式满足全部涉农需求。

项目建设期为2017年至2019年，一期建设任务于2018年4月27日全面开工，2018年底一期交付使用；2019年二期主要建设黑河市绿色农产品展示交易中心暨原粮交易中心、粮食仓储及绿色农副产品生产加工，项目整体将于2020年全部投入使用。建成后，年可实现销售收入10亿元，税金3 000万元，带动就业3 000人。同时，将成为辐射黑、蒙和加格达奇、呼伦贝尔、齐齐哈尔、黑河“两省四市”近5 000万亩耕地、规模最大、服务最广、受益“三农”的现代农业服务中心。

第二节　发展远景展望

嫩江社会经济发展远景展望

党的十九大作出了中国特色社会主义进入新时代这一重大政治论断，为嫩江深刻把握历史发展变革的新特征，提供了时代坐标和科学依据。嫩江发展也与全国同步进入了新时代、步入了新时期，嫩江正以全新视角，从新的历史节点、新的方位坐标来思考把握新的时代特征，谋划新嫩江的发展蓝图。

认清新时代，把握新特征，绘就新蓝图。今日嫩江，要以习近平新时代中国特色社会主义思想为指引，按照省市委战略安排，统筹推进“五位一体”总体布局和“四个全面”战略布局，全面贯彻新发展理念，以解放思想为先导，以推进供给侧结构性改革为主线，以提高质量和效益为中心，围绕建设现代化经济体系，坚定实施乡村振兴、产业振兴、扩大开放、创新驱动、绿色崛起“五项战略”，打造嫩江经济发展新格局，深入推进精准脱贫、深化改革、改善民生、社会治理、环境整治“五项攻坚”，满足人民美好生活新期待，奋力开启进军全省十强县、决胜全面小康全面振兴、建设现代化新嫩江的新征程。到2020年，与全国同步全面建成小康社会；到2035年，实现嫩江全面振兴、基本实现社会主义现代化；到21世纪中叶，建成富强民主文明和谐美丽的社会主义现代化新嫩江。

1.向着更加美好的“五个新”目标勇敢追求、勠力前行。

现代农业提质增效实现新跨越。现代农业产业体系、生产体系、经营体系基本形成，农业经营效益和现代化水平全面提升，实现农产品品质的最大化、价值的最大化，实现农村一二三产业融合发展，成为全国功能食品、绿色食品重要供给基地，打造现代农业先导区。

优势产业转型升级完善新体系。功能性农产品、绿色食品加工业形成全产业链，新型矿业产业形成高端产业链，新型清洁能源产业链形成规模，现代物流产业链与建设区域性中心城市相适应，互联网、大数据、人工智能与实体经济融合发展，打造新型工业潜力县。

城乡统筹协调发展构筑新格局。城市功能丰富完善，城市风貌特点鲜明，城市管理规范有序，成为区域性中心枢纽城市，实现撤县设市目标。乡风文明深入人心，农村环境极大改善，农民生活水平显著提高，形成城乡统筹协调发展新格局，嫩江的城市让生活更美好，农村让城市更向往，打造城乡一体示范县。

绿水青山永久持续打造新优势。生态系统涵养保护扎实推进，生态环境综合治理有效实施，蓝天、碧水、绿地、田园“四大环保行动”取得明显成效，绿色生态产业体系形成新的经济增长点，人民群众绿色理念、生态意识和环保行动力显著增强，嫩江成为山清水秀美丽之地，打造生态文明先进县。

民生事业长足发展迈上新台阶。社会公共服务体系健全完善，脱贫攻坚取得胜利。社会事业全面发展进步，民生领域改革取得扎实成效，基本实现教育现代化。社会公平正义得到基本保证，形成有效的社会治理体系，人民群众获得感、幸福感、安全感更加充实、更有保障、更可持续，打造民主和谐幸福城。

2.坚决落实上级部署奋力开启现代化新嫩江建设新征程。

党的十九大和省市委全会对经济社会发展作出重大部署，为新时代发展指明了方向。我们要聚焦这个方向，全面贯彻落实上级要求部署，抓好县委《决定》任务落实，决胜全面小康、全面振兴，奋力开启现代化新嫩江建设的新征程。

实现“五个新”目标，要坚定实施“五项战略”：

（一）实施乡村振兴战略。十九大报告提出的“实施乡村振兴战略”，是一个全面振兴的系统工程。我们要紧紧抓住这一重大机遇，牢牢把握国家和省市政策导向，加快推进农业农村现代化，让农业大发展、农村更美丽、农民更幸福。

要坚持产业先行引领乡村振兴。坚持资源主导产业，紧盯国家农业农村政策导向设计产业。要抓好高纬寒地特色农业，对接农业供给侧结构性改革部署，优化种植结构，稳大豆、增小麦、控玉米，增加杂粮杂豆及特色经济作物面积，建立科学轮作体系；实施大豆产业振兴工程和强筋小麦提升工程，提升规模化、品牌化、专用化、产业化程度，延长产业链，提升价值链。要发展科技农业，完善现代农业科技园区功能，打造全省领先科技园、产业园，促进农业科技成果转化。把畜牧业作为战略性产业培育，围绕打造全省高端肉牛、奶牛、生猪、肉马养殖基地，构建“龙头企业+适度规模示范场”发展模式，支持中兴牧业等龙头企业做大做强。要推进农村一、二、三产业融合发展，坚持以工业化、市场化思维谋划农业，以推进“粮头食尾”“农头工尾”为抓手，逐步走向“一产接二连三”的循环发展路径。特别是要紧盯农业部近日出台的“支持各地培育打造和创建农村一、二、三产业融合发展先导区”政策导向，对接国家和省粮食生产功能区、重要农产品生产保护区、特色农产品优势区等规划布局，加快编制产业融合发展规划。

要坚持打造主体助推乡村振兴。新型农民和新型农业经营主体是乡村振兴受益者，也是推动乡村振兴的主体。要大力培育新型职业农民和新型经营主体，推进规范社、联合社建设，引导具备条件的合作社实行企业化经营、进入资本市场融资。健全自治、法治、德治相结合的乡村治理体系，实施农村居民素质提升行动，着力引导农村党员干部带头摒弃生活陋习、养成文明习惯、提升文明素质、释放乡风文明之美。

要坚持生态宜居促进乡村振兴。全覆盖推进农村人居环境整治，加强“六改”工程建设，集中治理“五乱”现象，解决农村脏乱差问题。创新农村基础设施和公共服务设施决策、投入、建设、运行管护机制，全县统一规划打造重点乡村，加强农村道路、农田水利、网络基础设施建设，确保基础建设跟得上乡村发展需要。实施“特色小镇、美丽乡村”建设计划，开展田园综合体试点，以交通干线为依托，建设一批示范乡村，让市民对乡村更向往、农民对乡村更自豪。

（二）实施产业振兴战略。产业兴则嫩江兴。要以加快推进供给侧结构性改革为着力点，辩证分析嫩江县情，把嫩江地处“两省四市”间的独特区位、全省占一定分量的矿产、耕地资源和生态优势相结合的开发潜力、人口相对密集的基础作为构建优势产业的重点，坚定不移发展壮大“四大产业”，集中打造优势资源深度开发、特色产业链基本形成、重点企业龙头引领作用突出的现代产业新体系。

要做大做强绿色食品产业。深度挖掘绿色食品、农产品加工领域经济增长新潜力，着力做大做强“五大产业链”。加快推进以鸿兴面粉、非转基因动物饲料蛋白粉为重点的产业项目，提高大豆、小麦全产业链收益；抓好以燕麦乡酒业和十六膳食品运营为重点的产业项目，做长杂粮加工产业链；以绿农绿色食品加工为牵动，完善绿色食品产业链；以“两牛一猪”龙头企业为依托，构建饲养加工和特色养殖产业链。要紧盯市场供给侧需求，推动非转基因大豆种植基地、强筋小麦种植基地优势向深加工和产业优势转化，综合打造集大豆、小麦、玉米、杂粮、燕麦等于一体的绿色农产品加工产业集群，真正把绿色食品和农副产品精深加工打造成第一支柱产业。

要加快推进新型矿业产业。深度挖掘铜矿、金矿、银矿、非金属矿及配套产业新潜力，加快矿产资源开发利用，拓展矿业经济增长新空间。重点推进多宝山铜业二期、铜山铜矿改扩建等一批矿产加工项目，加大嫩江成功金矿、二道坎银多金属矿等矿产资源勘探、普查及科洛天然矿泉水资源开发力度。依托铜业优势，延伸产业链条，拉动配套产业发展。加快推进广拓硅藻页岩深加工、华亿珍珠岩保温板等一批新建材、新材料产业项目，大力发展新型墙体材料、新型保温隔热材料、建筑装饰装潢材料。

要壮大新型清洁能源产业。深度挖掘能源领域经济增长新潜力，探索发展太阳能、水能、风能、生物质能四大新型清洁能源，利用自然光照条件发展太阳能项目，利用嫩江干流水资源优势发展水电项目，利用风速优势发展风电项目，利用丰富秸秆资源发展固化燃料发电和乙醇、燃油、木质素提炼等生物质能源项目，逐步形成新型清洁能源产品新体系。重点推进嫩江县分布式发电市场化交易试点项目和红石砬水力发电、华西龙冶生物质发电、武汉凯迪生物质发电等项目。

要发展繁荣商贸物流产业。充分发挥我县地处“两省四市”交汇点的区位优势，打造以时代广场、商贸城、新一百等为集群的中心城区商务圈，建设以煤炭为重点的矿产品集散地，以大豆、小麦为重点的大宗农产品集散地，以农机农资为重点的农业生产资料集散地。加快推进现代农业综合体、地铁北站、大豆交易平台、电子商务、汽车综合服务等重点项目建设。

（三）实施扩大开放战略。建设现代化新嫩江，必须扩大对外开放。要紧扣嫩江发展战略定位，主动融入全省全国发展大局，更大范围内集聚资源和要素。

要推动城市升级聚集要素。城市是聚集发展要素的最佳载体。要把握撤县设市进入倒计时的有利契机，全面提升城市建设管理层次。要加快完善城市功能。统筹推进道路、管网、“三供两治”等基础设施改造，提升城市承载带动力；结合棚户区改造，建设特色街区，提升城市魅力。要塑造城市特色风貌。准确把握地域特质，把历史感与现代感有机结合起来，打造具有嫩江特色、符合区域特点的城市“符号”，建设标志性工程。要规范城市管理。持续巩固“创卫”成果，坚持把城市当成景区打造、按照客厅管理的理念，推进网格化、立体式、全天候管理模式，启动实施垃圾运转站、供水厂取水头、植物园等一批建设项目。要畅通城市联通内外交通网络。推进嫩双公路前进至嫩讷界段改扩建项目，实施多铜矿区至加黑公路建设项目，加速嫩江墨尔根通用机场建设进程，力争实现与哈尔滨、大庆、黑河、海拉尔及漠河通航，架起对外开放、跨越发展的桥梁。

要强化招商引资大上项目。坚持把招商引资作为加速转型、提升经济总量的重要工作来抓，立足优势、发挥特点、挖掘潜力、注重质量，紧跟国家产业政策导向，围绕做大做强“四大产业”和丰富完善产业链进行精准招商。以编制完成的70个重点招商项目为依托，在提高资金到位率、开工建设率、投产达效率上下功夫，重点推进河南芽豆、浙江绿农、上海电气、武汉凯迪等一批产业项目尽快投产达效；跟踪落实三聚碳基肥、丰源集团生猪养殖产业化、嫩江果蔬大市场、弘昊物流三期、秸秆综合利用等一批项目，努力取得重大实质性进展；继续抓好与上海彼利环保生活垃圾裂化发电、河北达达豆制品和腐竹加工、湖南长沙凤飞大豆深加工等项目对接。主动融入黑河“一带一路”中蒙俄经济走廊重要节点城市布局和分工，开展对俄进出口加工项目招商，提升经济发展外向度。

要拓宽营销渠道打开市场。切实解决“种强销弱”、质优价不优问题，创新农产品营销方式，通过线上线下相结合，完善嫩江农产品销售渠道。在营销上舍得投入，研究用好交易市场销售、“互联网+”销售、期货市场销售、联牌销售、订单销售、建立基地销售，积极引进专业营销团队，策划特色农林产品营销。聘请专业公司，对嫩江地方特色产品进行包装设计，充分展示核心优势。实施品牌营销战略，加快寒地黑土、绿色有机、原生态特色等品牌整合建设，整体打造和用好嫩江大豆、嫩江小麦、嫩江芸豆等国家地理标志商标。坚持“生鲜理念、便利营销”，统一打造“嫩江功能性食品”大品牌，加快培育注册一批“名、特、优、新、稀”的精品“嫩”字号著名商标，把燕麦乡食品、十六膳杂粮、嫩江春酒、辰鹰奶粉、食佳面粉、四合大豆油等品牌名气做大，实现嫩江农产品在中高端绿色食品市场的占有率和知名度有较大提升。

（四）实施创新驱动战略。创新是引领发展的第一动力，欠发达地区更需要通过创新加快追赶脚步。要深入研究有需求空间和供给优势的新经济新业态，深入研究对接全国大市场平台和载体，深入研究激发创新创业主体活力的措施，为建设现代化新嫩江提供支撑。

要大力培育新经济新业态。大力发展健康养老业，鼓励民间资本参与养老服务业，构建集体检、诊疗、康复、疗养、养老于一体的健康服务管理体系。做大做强旅游业，围绕驿站、民俗、抗联、知青特色文化，开发一批文化旅游产业项目；以尼尔基水库、高峰省级森林公园、墨尔根历史文化、科洛火山风光为轴，规划建设旅游线路，探索发展以观光农业为重点的特色旅游；全面推进“厕所革命”，完成景区（景点）评A和商务酒店评星工作，推进特色民宿建设，为旅游产业发展提供基础支撑。培育冰雪产业，做大寒地试车产业，全力打造“冰雪之冠”冬季旅游品牌+产品。拓展计算机服务业、租赁业、科技交流业、居民服务业、社会福利业和其他服务业应用，打造现代服务产业新格局。

要深入实施“互联网+”行动计划。全面推进电子商务进农村综合示范项目，筹建电子商务运营管理服务中心，提升“五个一工程”建设质量。引导企业和合作社自建电商平台，拓宽服务领域和服务内容，带动地方特色产品上行和下行，推动食品、建材、北药、试车等行业发展壮大，促进餐饮、娱乐、宾馆、通信、传媒、中介等系列服务业共同繁荣。整合全县电商资源，形成推介地方特色农产品的强大合力。

要培树各类创新创业主体。强化企业的创新主体地位，组织企业加强与科研院所、高等院校和科研机构合作，引进创新科技成果。鼓励、支持、引导非公有制经济健康发展，大力扶持中小微企业发展，建设中小企业孵化园。制定鼓励高校毕业生和农民创业政策，开展创新创业评比活动，激发大众创业、万众创新的热情。

（五）实施绿色崛起战略。生态资源是我们的宝贵资源，生态优势是我们的核心优势。要坚持把生态优先、绿色发展作为首要思维，看护好山、保护好水、守护好家园，让绿色成为嫩江发展最鲜明的“底色”。

要加强生态系统涵养保护。实施生态养育开发工程，扎实推进嫩江生态长廊建设，开展森林公园和湿地公园专项保护行动，高标准、高质量完成防护林、封山育林和提升修复绿化村屯等建设任务。争取国家黑土保护与利用整县推进试点项目，大力加强黑土保护、利用和修复。加强绿色矿山建设和环境恢复，全面推行“河长制”，深入开展“清河行动”，强化水资源保护。

要推进生态环境综合治理。实施创建蓝天、碧水、绿地、田园“四大环保行动”。全面加强环境污染综合治理，加快推进嫩江镇饮用水源地污染防治项目，实施城南垃圾堆放场封场及污染防治项目，完成城东垃圾处理厂验收并正式启用。进一步完善森林防火“两个机制、六个系统”建设，继续巩固森防工作成果，确保不发生重特大森林火灾事故。

要构建绿色生态产业体系。探索生态资源产业化新模式，培育以寒地小浆果为主的生态经济林产业，以赤芍、黄芪等优质药材为主的北药产业，以黑木耳为主的森林绿色食品产业，以优质经济林、绿化林为主的特色种苗产业，以森林公园和湿地公园为载体的森林生态旅游产业，以野猪、林蛙等多品种发展的林下特色养殖产业，打造一批示范园和示范场，构建绿色产业体系和空间格局。

实现“五个新”目标，要深入推进“五项攻坚”：

（一）深入推进精准脱贫攻坚。农村贫困人口全部脱贫，是党对人民作出的庄严承诺。要把脱贫攻坚作为保障和改善民生的“一号工程”，强化党政一把手负总责的责任制，坚持大扶贫格局，聚焦“两不愁、三保障、一收入”，扎实推进扶贫产业全覆盖，认真谋划因地制宜、因人施策的产业项目，探索开发合作社带动和产业引导基金等扶贫新模式，扎实推进光伏电站、特色种养殖等扶贫产业项目；扎实推进政策保障全覆盖，把住房、教育、医疗、饮水安全等政策落实到位。要在补足弱项上下功夫，着力消除产业扶贫、金融扶贫以及基础设施建设、公共服务等领域工作短板，解决精准不够、帮扶不力、档案不规范等问题，使我们脱贫攻坚的每一项工作都经得起考核和检验，做到脱真贫、真脱贫，确保嫩江的贫困群众与全国人民一道步入小康社会。

（二）深入推进深化改革攻坚。改革创新是破解发展难题的“金钥匙”。要紧跟中央和省市委改革步伐，上级部署的及时跟进落实，能够先试先行的积极向上争取，发展需要的坚决主动推进。要继续深化行政审批制度改革，实施市场准入负面清单制度，着力创新监管方式，规范市场行为，做到放得下、管得住、服务优。深入推进“三权”分置，完成土地确权登记颁证和农村集体资产清产核资工作。深化事业单位改革，推进政事分开、事企分开、管办分离。深化教育、医疗、文化等民生领域改革，让改革更精准对接发展所需、基层所盼、民心所向。总之，深化改革要统筹考量数量和质量、问题和破题、顶层和基层、内力和外力，对标对表、统筹推进，通过改革激发县域经济发展的活力和动力。

（三）深入推进改善民生攻坚。让老百姓过上好日子是我们一切工作的出发点和落脚点。要围绕“衣食住行、生老病死、安居乐业”12个字，把“幼有所育、学有所教、劳有所得、病有所医、老有所养、弱有所扶”各项措施落实到位，稳定扩大普惠性民生，提高优质民生供给。要提升社会保障水平，实施全民参保计划，实行城乡居民医疗保险市级统筹，全面推进机关事业单位养老保险制度改革，完成人社服务大厅建设，推进残疾人托养中心投入运营。要努力办好人民满意教育，扎实推进义务教育均衡发展，谋划实施墨尔根小学扩建、第一小学改扩建、高级中学教学楼宿舍楼新建和薄弱学校改造项目，完成职教中心省部级共建试点县和国家农职成教育示范县检查验收。要推进“健康嫩江”建设，实施全县贫困人口“健康扶贫”工程，积极筹建县级危重孕产妇和新生儿抢救中心。实施文化惠民工程、书香嫩江工程、驿站文化保护工程，扩大优质文化体育产品供给，积极推进图书馆改造，筹建文化艺术中心和体育运动中心，推出具有嫩江鲜明特色、体现嫩江优秀精神的精品力作，举办体现嫩江时代面貌系列文化体育活动，向外界传播好嫩江声音、讲好嫩江故事。

（四）深入推进社会治理攻坚。完善党委领导、政府负责、社会协同、公众参与、法治保障的社会治理体制，提高社会治理社会化、法治化、智能化、专业化水平。更加重视社会稳定工作，健全预防和化解社会矛盾机制，完善领导干部接访下访和包案化解制度，推进依法治访和诉访分离，引导群众依法有序表达合理诉求。推进司法体制改革，促进社会公平正义，切实提高领导干部运用法治方式解决问题的能力。坚持和弘扬良好的社会公德、职业道德、家庭美德和个人品德，打造更加民主文明和谐的嫩江形象。强化安全生产责任制落实，构建覆盖生产、交通、消费、食品药品、公共场所等重点领域全过程监管体系，坚决遏制重特大安全事故，提高应急处置和防灾减灾救灾能力。深入推进“平安嫩江”建设，构建立体化、信息化社会治安防控体系，依法打击和惩治黄赌毒等违法犯罪活动，完成看守所、拘留所建设，推进实施“雪亮工程”，确保人民安居、社会稳定。

（五）深入推进环境整治攻坚。把优化发展环境作为振兴发展的重要抓手，把发展环境整治工作持续抓在手上，一手抓落实责任，一手抓案件查办。要落实党政同责和第一责任人责任、中省市直牵头部门和配合部门责任、环境整治办及成员单位责任，通过落实落靠责任来传导压力，通过压力来推动工作扎实开展。始终坚持问题导向，聚焦不依法行政、不依法办事，部门利益法制化、执法工作随意化等突出问题，紧盯关键岗位、重点部门、涉企行为、服务窗口和关键人，严格落实“一案双查”和“一问三责”制度，下重拳、出猛药，坚决查处破坏发展环境的人和事。要全面深化流程再造，深入推进政府“放管服”改革和“四零”承诺创建，建立稳定、透明、可预期的投资营商环境。要建设诚信政府、诚信企业、诚信社会，建立守信激励与失信惩戒机制，打造规范有序、公平竞争的市场环境。

新时代催人奋进、新征程任重道远，使命呼唤担当、实干成就梦想。嫩江人民紧密团结在以习近平同志为核心的党中央周围，不忘初心、牢记使命，适应新时代，践行新思想，实现新作为，向着进军全省十强县、决胜全面小康全面振兴、建设现代化新嫩江的目标奋勇前进！

第七章　革命老区和老促会组织延革

革命老区与老促会

全县老区村名单

白云乡：（16个）

宝山村、青海村、富强村、白云村、清泉村、清良村

新民村、群山村、金桥村、三青村、麦海村、群合村

向阳村、聚宝村、北源村、长征村

塔溪乡：（5个）

沭河村、二十里河村、塔溪村、德永村、河北村

科洛镇：（4个）

科洛村、柏根里村、石头沟村、双泉村

霍龙门乡：（2个）

霍龙门沟村、新立村

嫩江县老区建设促进会组织沿革

为了促进革命老区的建设和发展，在老一辈革命家的关怀倡议下，经时任中共中央总书记江泽民同志亲自批示，中国老区建

设促进会于1990年7月正式成立，简称中国老促会，英文缩写：CCPCORA，系全国性非营利性社团。主要成员是从党政军领导机关退下来的老干部、老将军、老专家，以及社会知名人士和热心支持老区建设的各界人士。在国家省市相继成立老促会机构后，根据上级文件精神，嫩江县于1999年9月成立老促会。根据县委和县编委办有关文件精神，县老区建设促进会办公室，由县民政局代管。

老促会（1999.09—2003.12）

会长王国华1999.09—2003.12

副会长张庆山1999.09—2003.12

杨林1999.09—2000.01

宋少志2000.01—2003.12

秘书长刘靖1999.09—2003.12

副秘书长杨林2000.01—2003.12

办公室主任刘靖（兼）

老促会（2004.01—2007.02）

会长王国华2004.01—2006.08

副会长张庆山1999.09—2006.08

杨林1999.09—2006.08

王成江2006.09—2007.02

宋少志2004.01—2007.02

秘书长刘靖2004.01—2005.07

王矗2005.08—2007.02

秘书智守民2006.09—2007.02

办公室主任王矗（兼）

老促会（2007.03—2014.09）

会长王国华2007.03—2014.09

副会长韩绍鹏2007.03—2014.09

宋少志2006.09—2007.09

韩守林2007.10—2014.09

王成江2007.03—2014.09

秘书长王矗2007.03—2013.04

智守民2013.05—2014.09

副秘书长智守民2007.03—2014.09

办公室主任智守民（兼）

老促会（2014.10—2018.12）

会长单连学2014.10—2018.12

副会长王成江2014.10—2018.12

韩守林2014.10—2017.12

焦明东2017.12—2018.12

姜宝林2014.10—2018.12

张宝泉2014.10—2018.12

董坤2014.10—2018.12

秘书长智守民2014.10—2016.09

朱志勇2016.09—2018.12

办公室主任朱志勇（兼）

嫩江老区乡村史馆荟萃

嫩江县老区科洛镇石头沟村史馆

石头沟，因火山石遍布而得名。传说，早在元代辟建北路驿道和伦站时就已有村民居住；清康熙二十四年（1685年）设北路驿道五站（今科洛村）时始设站屯。石头沟村自辟为站屯至今，距今已达330年之久。

古人云：盛世修史，明时修志。建设“石头沟村史馆”，旨在挖掘石头沟村330余年的历史和厚重文化。以石头沟村古道驿站和抗日烽火为时代背景，追溯石头沟村其历清朝、越民国、经日伪、今改革四个不同历史时期的人文和近百年来的时代变迁。给人以启示，给人以教益。

建村史馆的宗旨：村史馆的建设首先把它当作本村的发展、建设、展示、教育自己的基地，再现石头沟村历史各个时期的生存、生活、生产和发展状况，揭示石头沟村先民从清时驿站建立发展史；二是红色文化传播教育基地。展示日伪统治、抗日烽火建立民主政权、土地改革、抗美援朝、人民公社、改革开放、现代化建设做出了不可或缺贡献的红色历史真谛，展示给后人；三是村史馆是青少年爱国主义教育基地；四是村史馆是农民科普教育基地；五是村史馆是对外宣传老区的窗口单位。

石头沟村简介

嫩江县科洛镇石头沟村位于科洛镇东部，东邻塔溪乡沭河村，南接南空等部队农场，西连科洛村，北接富民村。距镇政府18公里。现辖石头沟、合发、科新三个自然屯。村域面积46平方公里，全村共有560户，3 287口人，93 699亩耕地。

石头沟村地处小兴安岭山地与松嫩平原过渡地带，属科洛火山群丘陵状台地区。南有大椅山、小椅山、尖山，北有老黑山、孤山。属嫩江县中部寒冷区域。年平均气温-0.5℃ ~ 1.5℃，最低气温-45℃ ~ -47℃，最高气温33℃ ~ 35℃；年积温1 800℃ ~ 2 000℃；无霜期100—110天；年降水500 ~ 550毫米；年日照2 500 ~ 2 700小时。

石头沟村历史悠久。清康熙二十四年（1685年），北路驿道置五站科洛尔站时在今石头沟村设站屯；宣统元年（1909年）改设嫩江府第六区石头沟村；“中华民国”成立后，1916年改设嫩江县科洛乡石头沟村；1933年改设嫩江县第四区石头沟村；1946

年设为嫩江县第五区石头沟村；1958年为东方红人民公社石头沟生产大队；1959年为科洛人民公社石头沟生产大队；1967年改为向阳公社石头沟生产大队；1980年复称科洛公社石头沟生产大队；1984年为科洛乡石头沟村，2001年科新村并入，2002年科洛撤乡设镇时隶属科洛镇。

古道驿站

驿站先民：清代以前，由于资料不详，农业经济状况不明。清康熙年间这里已有农业生产活动。在驿站附近，大量的荒地被开垦、从事农耕的当地土著民族从驿站先民那里学到了先进的农耕技术。在漫长的历史长河里，石头沟村的驿站先民，饱受了饥饿寒冷、疾病侵袭和社会动荡的苦难，但他们在这块土地上，开垦荒地、努力耕耘、艰苦创业，营造了美好生活，创造出灿烂的边民文化和驿站文化。

驿站驿道用途：在清代沙俄侵略我国东北，墨尔根在反击沙俄侵略的雅克萨之战和墨尔根抗俄战争中，作为后勤补给运转基地，站屯石头沟是清政府向前线输送物资、兵员的必经之路，也是临时休息的重要站点和补给线。

驿站站房构造：根据历史记载，石头沟村地区内驿站站房在不同区域内形状格局均有不同，大体有三种类型，马架子、木刻楞、土窑子。

民俗风情，石头沟村驿站先民在很长的时间里受到清政府严格控制，他们只能在比较窄小的范围内活动，从而形成了封闭性的特点。经过长时期的繁衍，逐渐地形成了以家族为主的组织形式。同时，他们在进入东北地区以后，保留着其固有的信仰，同时也吸收着当地各民族的信仰习俗。站人在长达300多年的时间里，对于这一地区早期的开发做出了很大的贡献。在几百年来，驿站站民有着自己的生活方式，独特的手工艺，传统的民间技艺。

日伪残暴统治

残暴统治：石头沟村地处古道驿站要道，这里山清水秀，物产丰富。光绪二十六年（1900年）沙俄充当瓜分中国的急先锋，悍然发动侵略中国东北的战争，把掠夺的黑手伸向了墨尔根城，沙俄侵略者在一路经石头沟村向墨尔根和齐齐哈尔进发侵略途中，给石头沟村民带来了无尽的灾难。

在1933年至1945年日军占领嫩江长达10多年的时间里，殖民统治当局对石头沟村村民进行了残酷的剥削和压迫，生产遭到严重破坏，民不聊生。在农业上，一方面以国事用地，开拓用地为由大量占用农田。另一方面不顾农民死活强行“粮谷出荷”。生活必需品实行配给制，石头沟村百姓生活在水深火热中。

抗日烽火，在日本侵略者对石头沟村先后进行经济掠夺和军事侵略的同时，富于反抗精神的石头村村民不断有人加入到抗日队伍中来，配合抗联部队和各种抗日力量不断袭击日伪军。1939—1942年间，石头沟救国会为抗联送过多次粮食、衣物等物资，石头沟成为抗联三路军后勤保障的有力后方。

抗日救国会：1933年1月日军占领嫩江后，在石头沟村驻有混成15旅的一个联队，森警大队的一个分队，大椅山、小椅山开拓团。修有两条小公路，并建立营房。1938年抗联西征进入嫩江境内后，石头沟村在抗联三支队的宣传、发动、组织下，成立了抗日救国会（会长王井祥，成员范子玲、范长宽、范玉会等10余人），妇救会（会长范玉芳，成员6人），组织群众开展抗战活动。据现在健在的范芝平老人讲，1939年抗日救国会带领村民同日本开拓团开展斗争。7月份的一天，会长王枪手（王井祥）同范子玲、范玉会、范长宽等人带领十几个村民夜间摸到大椅山开拓团驻地，将2个日军杀死。

抗联战斗在石头沟村：1941年6月，抗联三支队得知有一批日军押送的军需物资由嫩江，经石头沟运往黑河。三支队与当地群众紧密配合，在石头沟村地势险要地带布下了天罗地网，仅用一个小时就结束了战斗。这次战斗摧毁军车7辆，打死打伤日军五六人，缴获一大批军需物资。取得了石头沟伏击战的胜利。抗联战士有2人牺牲，埋葬在石头沟西北沭河大桥南、后移入科洛革命烈士墓。石头沟村救国会会长王井祥、成员范子玲、范子宽等人参加了此次伏击战。

建政

参加剿匪：1945年8月12日抗联教导旅与苏联红军进驻嫩江，日本侵略军宣布无条件投降。盘踞在科洛镇境内的日本关东军和开拓团缴械投降，伪地方政权石头沟村公所随之垮台。国民党反动派为占领东北，抢夺人民抗日战争胜利果实，派人来嫩江收拢敌伪残余和地方武装，组建光复军和政治土匪，与人民、与民主政权相对抗，妄图实现国民党反动派在嫩江的统治。石头沟村村民在嫩江中共党组织的领导下对反动势力进行了针锋相对的斗争，保卫了胜利果实和新生政权。

土地改革运动：在中国共产党的领导下，石头沟村民纷纷加入到剿匪斗争和打击恶霸地主的行列中。随着民主政权建立和土地改革的完成，石头沟村消灭了封建土地制度，解放了生产力，经过土地调剂，发动群众，开展大生产运动，开荒种田，农业生产发生较大变化。

发展

互助合作与农业合作化：20世纪50年代初，为发展生产，响应中央号召，本着“自愿、互助”的原则，石头沟村先后组建了互助组，后又向初级社高级社过渡，废除了土地和生产资料私有制，实现土地集体所有制，加快了农业发展的步伐。20世纪50年代末至60年代中期，实行公社、生产大队、生产小队三级管理、三级核算后，石头沟村集体经济有较大增长。

人民公社化：人民公社化后的一段时间，由于受“五风”（共产风、瞎指挥风、强迫命令风、浮夸风、干部特殊风）和分配上吃“大锅饭”的平均主义倾向的影响，严重影响了群众的生产积极性，农业生产处于曲折的发展状态。“文化大革命”初期至70年代初期，受“左”的思潮影响，由于批判资本主义倾向和“割除资本主义尾巴”等，村农业经济滑坡十分严重。

知青往事：1955年，根据毛泽东主席发出知识分子到农村去的号召，走与工农相结合的道路。一些知识青年还自我门路投亲靠友落户石头沟村，知青与村民一道参加黑龙江的生产建设。这里曾培育了等知青名人。这些知识青年为了弘扬北大荒精神，把青春奉献给了石头沟村这片黑土地，为石头沟村的发展建设献出了青春和热血。广大知青与农村干部群众风雨同舟，患难与共，结下了深厚的情谊；返城后，他们以在北大荒磨炼出来的拼搏奋斗、自强不息的精神开始了第二次创业历程。

改革年代：中共十一届三中全会后，党的工作重点转移到社会主义现代化建设，坚持四项基本原则，坚持社会主义制度，坚持全面开放，石头沟村经济，社会教育，文化卫生，新农村建设，交通设施都得到长足发展。1983年至1998年这一期间，农村经济体制改革深入发展，农业生产责任制进一步完善，石头沟村1997年人均收入比1970年增长5倍。

腾飞

进入21世纪，全村农业经济、科技文化、教育体育和社会各业得到突飞猛进的发展。2001年建设村商店，村办公楼、联通基站，现有大马力拖拉机42台、联合收割机18台。有公共图书室1个，藏书3 000册；有文化活动广场1处，常年经常在文化大院举办秧歌、健身操表演等文化活动；全村现有广播喇叭12只，通响率100%，数字电视用户838户，入户率100%；经常参加活动的人员占常住人口的24%。2014年末，全村现有小学生67名、初中生63名、高中生41名，大学生31名。全村现有卫生所3所，病床21张，每千人拥有医疗床位9张；村安全饮用水普及率达65%；村卫生厕所普及率63%；新型农村合作医疗参保人数2 379人，参保率97.1%。2014年末，全村共有最低生活保障户数52户、89人；五保户25人；享受退伍军人优抚待遇7人；80周岁以上高龄老人17人；村社区服务设施1个；参加新型农村社会养老保险761人，参保率58%。村交通十分便利，S301省道（标志）过境通往黑河市、嫩江县城、塔溪乡；途径石头沟村各路客车日均发送18班次。全村现有邮政投递点3个，乡村邮通率100%；年征订报纸50余份、杂志30余册；有电信服务网点1个；电话交换机总容量512门，固定电话用户508户，移动电话用户840户，宽带接入用户108户。居民储蓄存款余额978万元。2014年末，全村经济总收入3 050万元，人均收入12 200元；随着经济快速发展，农民生活水平明显提高，提前步入小康社会。村屯面貌发生巨大变化。近年来，石头沟村先后被评为“全县护林防火先进村”“全县泥草房改造先进村”“全镇美丽乡村建设先进村”。

在科洛镇党委、政府的领导下，在新形势的鼓舞下，石头沟村“两委”班子根据本村实际情况，扬长避短，发挥优势互补，锐意改革，逐步形成了明显的地方特色。镇村两级“怀富民之情、谋帮民之策、施惠民之举”，带领全村百姓，团结拼搏、开拓进取、艰苦创业，围绕“发展生产、生活富裕、民风文明、村容整洁、管理民主”的方针，以建设生态美丽乡村为目标，把石头沟村建成环境优美、社会稳定、生活和谐、村民安居乐业的新农村。朴实勤劳的石头沟村民，在镇村两级党组织的带动下，正充满信心，为把家乡建设成为繁荣富庶的新农村而努力。一个具有现代气息，崭新的石头沟村，正展现在世人面前。

物华天宝，人杰地灵。历史悠久，文化灿烂。石头沟村史馆，是石头沟村人的一份宝贵精神财富，是走出家乡远离故土的人们认识家乡、了解家乡的一份特殊礼物，也是后辈缅怀先人寻根觅祖的可靠依据。

嫩江县老区白云乡史馆

革命老区白云乡基本情况

白云乡位于嫩江县城东南90公里处，小兴安岭南麓，科洛河上游北岸，东邻孙吴县，南与五大连池市隔河相望，北与爱辉区接壤，1971年建垦区，2001年原麦海乡并入，行政区域面积1 234.5平方公里，辖16个行政村，68个自然屯，4 228户，18 328人，耕地面积43.7万亩。2016年全乡实现社会总产值3.54亿元，粮食总产2.96亿斤，农民人均纯收入14 216元，2016年全省“百强乡镇”评比列61位，较上年比跃升17位，被评为省级文明乡镇。白云乡是抗联三路军西征以后的主要游击区，在党的领导下，前赴后继，英勇战斗，为中国革命的胜利作出应有贡献，是国家认定三类革命老区。

白云乡早期人类活动

据考证，白云乡早在元明清各朝以来就有达斡尔、鄂伦春、鄂温克等民族沿科洛河两岸打鱼、捕猎，繁衍生息。“中华民国”成立后，这一带已有达斡尔、鄂伦春、鄂温克等多个部族在这里活动。新中国成立后至20世纪70年代初期，不断有人来到这里开荒建点。白云乡在置垦区前的近半个世纪里，生活在这一带的少数民族、汉族等原住民，饱受了饥饿寒冷、疾病侵袭、战火硝烟和社会动荡的苦难，他们在这块土地上，开垦荒地、努力耕耘、艰苦创业，营造了美好生活，谱写了时代的文明乐章。

白云麦海游击区抗日烽火

1933年至1945年的日伪统治时期，白云乡是东北抗联三路军朝阳山根据地的重要游击区。这一带先后是各路义勇军、绿林军、抗日联军与日本侵略者打游击，经常出没的地区。在革命战争年代，老区白云乡游击区，有悲壮、有牺牲，更有“逐日军，复东北”的壮举。1938年末，抗联六军十二团在王钧率领下，首次进入嫩江，从朝阳山根据地出发，经麦海、白云游击区，直扑南齐岭（今长福乡云龙村）警察分署等地，纵横嫩江气壮山河。

1939年初，抗联西北临时一支队在张光迪陈雷带领下，在今天白云乡——塔溪乡交界处的松木山（即松木砬子）两次战斗牺牲60几人。随后，抗联十二团攻打嫩江一号飞机场，三支队攻打科洛警察署、沐河森警大队，和奇袭霍龙门车站、攻打罕达气金矿等战斗都是来回从白云游击区和朝阳山根据地休整、出发。抗联战士们为祖国统一而战，为民族解放而前赴后继的牺牲精神和爱国主义精神，将永远镌刻在中华民族的史册上，永远激励着后人奋发图强

渐进发展中的老区白云乡

20世纪70年代初期置垦区时，这里是蓝天一片，荒地一块。嫩江县海江、前进、伊拉哈等几个乡以村为单位组建白云各村的居民点。艰苦的不能再艰苦，困难的不能再困难。

在实行联产承包责任制后，白云乡经济社会各业得到了长足发展。全乡广大农民的生产积极性和创造性得到了极大的提高，农业生产得到了发展，集体和农民收入明显增加。1983年至2000年这一期间，农村经济体制改革深入发展，农业生产责任制进一步完善，白云乡2000年人均收入比1978年增长5倍。

扶贫攻坚工作取得新成效

白云乡现有贫困户144户236人，其中低保户50户85人，五保户50户61人，残疾户1户3人，一般贫困户43户87人。一是成立了工作领导小组，由人大主席主抓，配备工作人员4人。贫困户信息录入国家扶贫系统，建立贫困户档案，做到户有表，村有册，乡有档案，精准扶贫户档案有单独档案室，档案柜和办公设备，由乡扶贫办公室统一归档管理。二是各包乡局、乡包扶干部和村级帮扶人员多次深入全乡各户宣传扶贫政策，张贴宣传单，张贴标语、条幅。通过广泛宣传，做到家喻户晓。对贫困户进行分析，找出贫困户真正的致贫原因，调动贫困户的积极性帮助贫困户找项目、找信息、找出路，研究制定脱贫计划，并帮扶实施。三是发展庭院经，引导农户栽植冰葡萄，种植冰葡萄的农户给予秧苗每棵补贴，现已覆盖全乡22个村屯，116户，面积430亩。四是黑山猪养殖。分别为宝山村、白云村、金桥村、聚宝村等13个村贫困户提供仔猪229头。并与养殖户签订合同，按市场行情回收（15元~20元）。五是食用菌合社（可以实现家门口务工增收）就近输出劳动力100多人。六是特色种植：水飞蓟、白瓜子。种植水飞蓟白云乡通过争取政策，给予每亩补贴250元，现有四个村屯种植，分别金桥村、群合村、麦海村、三青村面积达3 000亩。鼓励支持北原村白瓜子种植500亩，乡政府给予补贴。在县处级领导和包乡局的包扶下，我们乡村两级共同努力力争在2019年底实现全部脱贫。

腾飞中的革命老区白云乡

进入21世纪，国家加大对革命老区投入力度以来，全乡农业经济、科技文化、教育体育和社会各业得到突飞猛进的发展。

乡域经济稳步增长。一是经济综合实力显著增强。2000年全乡人均收入仅2 600元，近年来，上级出台了各项惠农政策，乡党委实施了种植、养殖、流通、劳务输出等增收工程，使白云乡人民群众人均收入逐年提高，农民人均收入由2005年的4 126元，到2016年人均纯收入提高到14 216元，与2 005比增长245%。二是调整农业结构，引导宝山、聚宝、群山、新民四个示范村“整村推进”土地流转达20余万亩。发展特色种植，百亩葵花示范，万亩小麦示范，地栽木耳100万袋，庭院栽植冰葡萄430亩，种植中草药种植450亩。发展特色养殖，建设年出栏3 000头生猪养殖基地。三是合作经济组织发育壮大。2011年以来，新增合作经济组织20个，现合作经济组织达76个，促进农村劳动力转移，实现农民增收。

基础设施逐步完善。一是加强道路交通建设。2012年与七星泡农场共同筹资800多万元建设完成星云连心桥和连接星云连心桥15.7公里的白色路面，解决群众卖粮难的问题，提高了粮食销售价格；2013年投资24万元，取直修建中储粮一场后身0.8公里县乡公路，方便群众出行；2014年投资760万元，修建群合村至孙吴县出口路8.9公里，贯通嫩江与孙吴县的交通；2015年向上争取资金修建白云乡至新民林场麦新公路24公里；2016年向上争取，修建北源村至塔溪乡塔丰村10.7公里道路，解决白云乡西北与塔溪乡道路交通不便难题。五年来全乡共投入2 900多万元，硬化、修建乡村公路240公里，维修、新建桥涵140座，打通白云乡东、南、西、北四条交通出口路改善交通环境，促进经济发展。二是推进城乡一体化建设。2013年聘请哈尔滨工业大学规划设计院做了乡域镇村体系规划和集镇区建设规划，将现有的16个村规划为一个中心集镇。两个中心村、三个基层村。整体搬迁白云乡村三屯27户，整理完成旧宅基地拆迁和土地复垦工作，盘活了村闲置的土地资源，同时解决了水灾危害隐患，保障群众生命财产安全。三是开展农村环境综合整治。投资26万元，在白云乡直设立生猪定点屠宰场和处理病疫性畜尸体“尸化点”；投资60万元，在白云和青良2个村新建路边水沟6 500米，设置新型环保垃圾箱20余个，设专人和车辆，进行清理运输。对重点村屯及道路进行绿化、美化亮化。2011年投资40余万元，安装新民村4个屯自来水，为12个村屯打深水井12眼，保障群众饮用水安全。

社会事业快速发展。一是文体活动广泛开展，投入280元建成960平方米白云社区及文化活动中心一栋，基础设施配套齐全，投入172万元建设8 000平方米的百姓广场；投入95万元，建成各村文化大院、农家书屋16个，组建秧歌队12支、篮球队6支，配备音响、体育设施20余台套；向上争取项目资金，建设聚宝、三青、青良3个文体广场；乡村匹配资金55万元，新增有线电视用户800余户，使全乡有线电视入户率达到90%以上。同时，利用乡村文化场所平台，定期组织广场舞、“电影下乡”、“重大节日文艺会演”等活动，推动群众文体活动常态化开展。二是民生事业惠及群众。2012年投入60万元，安装乡直太阳能路灯116盏；投资25万元，修建便民服务大厅。2013年招商引资300余万元，建成1 300平方米的商贸楼，促进白云乡直经贸流通。采取民办公助的方式先后扶持建设白云乡五保家园、蓝天幼儿园，使白云人民老有所养、幼有所托。三是关心支持教育事业发展，每年从财政拨付一定的资金，用于优秀教师和学生的奖励补助，调动师生积极性，提高教学质量和升学率。2017年白云中学考取县高级中学11人，排全县前列。四是低保、五保供养政策落实到位。兑现低保户、五保户救助补贴资金205.5万元；51名五保人员入驻五保家园集中供养；新农合参合率99%。

弘扬老区精神，发挥基地作用。白云乡史馆位于白云乡乡直，于2015年10月建成并投入使用。乡史馆一直发挥着党史育人的功效。既是广大党员干部党史教育基地，又是青少年爱国主义教育基地。建馆以来，白云乡党政机关干部、企事业单位、学校、各党支部、村委会等经常组织党员干部、师生到乡史馆开展修德教育活动。临近乡镇和隔河相望的五大连池朝阳乡也慕名而来以增加人生阅历，使得史馆的教育功能逐渐凸显，同时乡党委充分利用五四青年节、六一儿童节、七一建党、八一建军节等重大节日开展系列活动。让更多的党员干部、群众和学生能够牢记这段党的光辉历史，奋发图强为实现伟大中国梦全面努力奋斗。

嫩江县老区塔溪乡史馆

塔溪乡，相传境内东南山上有石塔，下有小溪，故名。清康熙二十四年（1685年），黑龙江将军辟建北路驿道，于此设“喀尔喀图站”，属墨尔根副都统辖地。清宣统元年（1909年），嫩江府于此设置第七区。塔溪乡自辟为驿站至今，距今已达330年之久。

建乡史馆的宗旨：乡史馆的建设首先把它当作本乡的发展、建设、展示、教育自己的基地，再现塔溪乡历史各个时期的生存、生活、生产和发展状况，揭示塔溪乡先民从清时驿站建立发展史；二是红色文化传播教育基地。展示日伪统治、抗日烽火建立民主政权、土地改革、抗美援朝、人民公社、改革开放、现代化建设做出了不可或缺贡献的红色历史真谛，展示给后人；三是乡史馆是青少年爱国主义教育基地；四是乡史馆是农民科普教育基地；五是乡史馆是对外宣传老区的窗口单位。

塔溪乡简介

塔溪乡距县城87公里，史称“四站”。全乡行政区划面积1,760.3平方公里，嫩黑公路横贯东西，交通便利。境内有5个部队农场、1个国营农场和1个国营林场。全乡共有耕地49.43万亩，草原33万亩，水面4.6万亩。塔溪乡辖10个行政村，20个自然屯，总人口8 728人，3 209户。2016年，全乡社会总产值实现3.21亿元，种植业产值实现1.65亿元，畜牧业产值实现1.05亿元，非国有经济产值实现0.51元，农民人均纯收入达到14 300元。境内有沭河和二十里河河流。境内最大的沭河，从至流经境内，境内无霜期100—110天，属第五、六积温带，年降雨量550~650毫米，年积温1 850℃~2 050℃。

塔溪乡历史悠久。清康熙二十四年（1685年），黑龙江将军辟建北路驿道，于此设“喀尔喀图站”，属墨尔根副都统辖地。清宣统元年（1909年），嫩江府于此设置第七区。“中华民国”成立后，1916年设置塔溪乡，1929年改为第四乡，隶属嫩江县管辖。东北沦陷后，初为第五区，1939年3月改设塔溪村。1945年“九三”抗日战争胜利后，1946年3月设置第六区，1955年5月改为塔溪区。1956年3月，撤区划乡，分设新民、沭河、进化3个乡。同年12月，将进化乡并入新民乡。1958年3月，将新民、沭河两个乡合并为塔溪乡，同年9月改称塔溪人民公社。1967年1月更名为反修公社，1980年1月恢复塔溪公社原名。1984年5月，改为塔溪乡。

古道驿站

清康熙年间这里已有农业生产活动。在塔溪驿站附近，开始有大量的荒地被开垦,清政府解禁后，驿站先民向来到这里从事农耕的汉族先民学到了先进的农耕技术。在漫长的历史长河里这些驿站先民在这块土地上，创造出了灿烂的边民文化和驿站文化。在漫长的岁月里，塔溪驿站先民长时间里受到清政府严格控制，他们只能在比较窄小的范围内活动，形成了封闭性的特点。经过长时期的繁衍，逐渐地形成了以几个家族姓氏为主的组织形式。这些驿站先民在长达300多年的时间里，对于这一地区早期开发做出了很大的贡献。

在几百年来，驿站站民有着自己的生活方式，饮食文化特点独特鲜明，以小鱼疙瘩汤、砍刀面、刀削面和马肉干为主。独特的手工艺，传统的民间技艺。根据历史记载，这一地区内驿站站房在不同区域内形状格局均有不同，大体有三种类型，马架子、木刻楞、土窑子。在清代墨尔根城反击沙俄侵略者战争中，作为后勤补给运转基地石头沟站屯是清政府向前线输送物资、兵员的必经之路，也是临时休息的重要站点和补给线。

沙俄入侵

塔溪（四站）地处古道驿站要道，光绪二十六年（1900年）沙俄充当瓜分中国的急先锋。一路俄军由海兰泡出发，于8 月1日夜间渡黑龙江占领黑河，瑷珲城。之后，沙俄侵略者一路经塔溪（四站）、科洛（五站）向墨尔根城（今嫩江县城）和齐齐哈尔进发，沙俄侵略军给古驿站道沿途、塔溪（四站）、三站、二站（村）等站站民带来了几近毁灭性的灾难。

日伪统治

1933年1月日军占领嫩江后,原驻四站（今塔溪乡驻地）南大营的东北军降日，改编为伪满洲国军。1940年3月，日伪在塔溪沐河村始设森林警察队。1941年，伪军混成十五旅调驻塔溪南大营。1944年末，伪骑兵二十一团移往洮南，由伪步兵十八团进驻四站。在那个血与火的岁月里，塔溪乡人民为反对外来列强、为剿匪斗争、保护资源，做出了不懈的努力，付出了极大的牺牲。

抗联烽火

1939年初松木山战斗。这次战斗抗联在西北临时一支队张光迪陈雷带领下，在今天白云乡——塔溪乡交界处的松木山（即松木砬子）与日军交火，共两次战斗抗联牺牲60余人。1940年5月5日下午5时许袭击伪沐河森林警察队战斗，这次战斗是抗联三支队为响应中共北满省委和抗联第三路军总指挥部关于纪念“红五月”的号召，对为虎作伥的伪沭河森林警察队进行打击。

建政剿匪和“土改”

1945年8月12日抗联教导旅小分队与苏联红军进驻嫩江，日本侵略军宣布无条件投降后，盘踞在塔溪境内的日本关东军和伪军缴械投降，伪地方政权在塔溪境内的统治随之垮台，在中国共产党的领导下塔溪（四站）开始着手建立民主政权。随着人民民主政权建立，1946年6月塔溪乡开始完成土地改革、减租减息运动，塔溪乡消灭了封建土地制度，解放了生产力，经过土地调剂，发动群众，开展大生产运动，开荒种田，农业生产发生较大变化。

人民公社化和“文化大革命”

人民公社化后的一段时间，由于受“五风”（共产风、瞎指挥风、强迫命令风、浮夸风、干部特殊风）和分配上吃“大锅饭”平均主义倾向的影响，严重影响了群众的生产积极性，农业生产处于曲折的发展状态。

改革开放

党的十一届三中全会召开后，在实行联产承包责任制后，塔溪乡经济社会各业得到了长足发展。全乡广大农民的生产积极性和创造性得到了极大的提高，农业生产得到了发展，集体和农民收入明显增加。1983年至2000年这一期间，农村经济体制改革深入发展，农业生产责任制进一步完善，塔溪乡至2000年全乡人均收入比1978年增长5倍。特别是最近几年，党委和政府把山区资源当作新的经济增长点，在充分挖掘山地、湿地、草原经济上做足了文章，面对城市龙头和市场需求，调整养殖产品结构。目前，全乡挽马养殖994匹，黑山猪385头，养肉牛2 201头，养山羊9 948只，养鸡2.8万只，种植白瓜子1 000亩，专业特色户达203

户，人员达406人，产值达1.5亿元，户均收入超过70万元，多种经济收入占全乡总收入的46%，这些新型的经营主体，带动一大批“农创先富”的“靠山吃山”的致富带头人。

腾飞

进入21世纪，全乡农业经济、科技文化、教育体育和社会各业得到突飞猛进的发展。先后完成孙家屯1 000米水打沟治理工程；土窑子屯、塔河屯、兴安城屯、河北屯和乡直桥涵建设；沭河村和德永村卫生厕所建设；全乡累计发放危房改造资金115万元；沭河村“三带百村”整村推进改造房屋364栋；维修及新建1 961平方米的10个行政村村级文化活动场所；维修养护西荒屯至大卜场屯至四合点、永明屯至老干部局点、杨树屯至5 711部队农场等三条防火通道116公里；完成全乡92公里通村屯道路路肩加固工作；硬化通村通屯道路72公里，全乡10个村实现了村村通水泥道路；沭河村、德永村和兴驿村实现了村内道路全部硬化；在全乡20个自然屯安装467盏太阳能路灯；在兴驿、塔峰、沭河、塔溪、二十里河、杨树等村安装7套体育健身器材；在全乡各村主街安装锌钢及水泥栅栏11 352米，农民生产生活条件得到进一步改善。打井4眼，铺装自来水管线28 000米，解决了沭河、德永、永明等村屯人畜饮水安全问题；建成11个总面积为14 600平方米的村级综合文化广场；规范建设了3个农家书屋；新建乡87平方米的便民服务中心；全乡常住人口符合政策生育率达90%，妇检率85%以上；社区卫生服务机构覆盖率达到90%，合作医疗参保人数7 639人，参合率达到100%。

在县委、县政府的领导下，塔溪乡高举中国特色社会主义伟大旗帜，以邓小平理论、“三个代表”重要思想、科学发展观为指导，认真贯彻党的十八大、十八届五中、六中全会和习近平总书记系列重要讲话精神，全面落实中央、省市县各项决策部署，坚持扬长避短、扬长克短、扬长补短，结合塔溪实际，紧紧围绕“农业立乡、牧业兴乡、山产品富乡、生态大乡”的总体目标，进一步解放思想，抢抓机遇，真抓实干，以坚持深化改革、坚持全面开放、坚持绿色发展、坚持民生为本为指导原则，为建设富裕、生态、和谐、美丽塔溪而努力着。

后 记

老区是革命的摇篮，是中国革命胜利的基础。《嫩江县革命老区发展史》是按照中央和省、市委老促会的工作部署进行编撰的。本书根据嫩江县历史发展轨迹，记录了在中国共产党领导下的嫩江老区人民不畏强暴进行反帝、反封建的斗争和奋力进取进行社会主义建设的风雨历程，也承载了嫩江老区全体党员干部和人民群众不懈奋斗的岁月情怀。

《嫩江县革命老区发展史》是在县委、县政府高度重视、支持下，由县老促会精心组织实施，根据黑龙江省老促会《关于转发〈中国老促会关于编纂全国1 559个革命老区县发展史的安排意见〉的通知》及黑河市老促会要求完成编写的。对重大历史问题的把握，以中共中央《关于建国以来党的若干历史问题的决议》《中国共产党历史》（第二卷）等有关党史著作为准绳，以辩证唯物主义史观、实事求是的态度记录和评价历史。

本书编撰工作中，以嫩江县档案馆的历史文献和资料为基础，查阅《中国共产党嫩江历史》《嫩江老区志》及中共嫩江县委、县政府历史档案，嫩江各系统、各部门资料及农垦系统和省有关部门志、史料300余卷（份）。按照“着实准确、叙述清晰”的原则，采用编年体和纪事本末体相结合的撰写体例，以科学的态度，客观记录和评价历史，其中数据多采用《黑龙江省嫩江县国民经济统计资料汇编》（1949—1978）中的统计数据。

由于编者水平所限，史料留存缺失，且编委会研究力量有限，在谋篇布局、史实表述、叙事详略、文字语法等方面存在不当之处，敬请广大读者和专家批评指正。在此，谨向给予《嫩江县革命老区发展史》编纂工作大力支持，热情提供资料的单位和参与编纂工作的全体人员，表示衷心感谢！